AFECTOS Y DESAFECTOS
LAS DIVERSAS SUBCULTURAS POLÍTICAS EN LIMA

Hernán Chaparro

Afectos y desafectos

las diversas subculturas políticas en Lima

IEP
INSTITUTO DE
ESTUDIOS
PERUANOS

Serie: Perú Problema, 59

Horacio Urteaga 694, Lima 11
Telf.: (51-1) 332-6194
www.iep.org.pe

ISBN: 978-9972-51-718-1
ISSN: 0079-1075
Impreso en Perú

Primera edición: Lima, noviembre de 2018
600 ejemplares

Hecho el depósito legal
en la Biblioteca Nacional del Perú: 2018-17991

Registro del proyecto editorial
en la Biblioteca Nacional: 31501131801184

Corrección:	Sara Mateos
Asistente editorial:	Yisleny López
Diagramación:	Silvana Lizarbe
Diseño de carátula:	Gino Becerra
Cuidado de edición:	Odín del Pozo

BIBLIOTECA NACIONAL DEL PERÚ
Dirección de Gestión de las Colecciones

320.9852 Chaparro, Hernán, 1958-
C523 *Afectos y desafectos: las diversas subculturas políticas de Lima* / Hernán Chaparro.-- 1a ed.-- Lima: Instituto de Estudios Peruanos, 2018 (Lima: Tarea Asociación Gráfica Educativa).

318 p.: il.; 23 cm.-- (Perú problema / Instituto de Estudios Peruanos; 59)

Bibliografía: p. [305]-318.
D.L. 2018-17991
ISBN 978-9972-51-718-1

1. Cultura política - Perú - Lima 2. Democracia - Perú - Lima - Opinión pública 3. Gobernabilidad - Perú - Lima 4. Participación política - Perú - Lima I. Instituto de Estudios Peruanos (Lima) II. Título III. Serie

BNP: 2018-498

Índice

Agradecimientos

A mi esposa y a mis hijos, que me alentaron siempre a persistir en el trabajo de publicar esta investigación y contribuyeron al texto con sus comentarios. A GfK, Conecta y a todo el maravilloso equipo que la conforma; fue mi casa por 15 años y en ese período recibí el apoyo de la institución y de mis compañeros de trabajo para llevar adelante este estudio. Un especial agradecimiento a Jean-Christophe Salles, que respaldó la ejecución del proyecto, y a Laura Amaya, que me ayudó en muchas etapas del mismo incluyendo diversos aspectos del análisis y la simpática idea de resumir los tipos de subculturas en un personaje tipo. A Patricia Zárate y a Jorge Aragón, por su paciencia en escucharme y ayudarme en organizar las ideas cuando esto era un buen deseo y un esquema preliminar. A Fernando Tuesta, por sus comentarios y sugerencias sobre el texto. A Militza Angulo, por su apoyo en la revisión de la redacción y su contribución a darle fluidez a un texto que luchaba por dejarse leer mejor. A Ricardo Wiesse, por permitirme usar uno de sus cuadros para la carátula y así expresar cómo siento a los limeños. Finalmente, al Instituto de Estudios Peruanos, en particular a Ricardo Cuenca que se mostró siempre interesado por el tema, así como a Ludwig Huber y Odín del Pozo que me fueron orientado en los avatares de la publicación.

Introducción

El objetivo de esta investigación fue identificar las principales características de la cultura política en Lima, los elementos que la estructuran y las clases de cultura política o subculturas que hay en la ciudad. Algunos estudios y encuestas dan cuentan de ciertos patrones autoritarios en el Perú (el apoyo a la "mano dura", por ejemplo) y la pregunta es, por un lado, si todos somos así, y por otro qué hacer con esta situación. En un momento en el que la gobernabilidad del país requiere ser reconstruida, es fundamental saber cuál es el vínculo de la ciudadanía con la política y qué retos plantea este escenario a las agrupaciones políticas, líderes y gobernantes. Los ciudadanos ya no son los de antes y es necesario entender este proceso de cambio.

Durante la década de 1970 y, sobre todo, de 1980, algunos actores políticos y académicos argumentaron que el hecho de pertenecer a un nivel socioeconómico bajo o muy bajo y de vivir en las zonas periféricas de Lima (los llamados conos norte, sur y este), se asociaba a ciertas características sicosociales (la solidaridad, por ejemplo) y a una simpatía o militancia político-ideológica de izquierda. Así, se consideraba que como producto del proceso de migración a la ciudad y de la construcción de un espacio propio en ella, así como de la condición socioeconómica, se desarrollaban una conciencia y prácticas de clase vinculadas a la izquierda. Murakami (2000), uno de los primeros investigadores en analizar de manera estructurada el estudio de la cultura política en el país, reseña bien este momento al dar cuenta de la vigencia, sobre todo en la década de 1980, de lo que él denomina un enfoque "positivo" de los sectores populares (con sus variantes progresista y liberal) y otro "escéptico". Por su parte, con otros argumentos, Golte y León (2014) subrayan que en aquellos años un enfoque relacionaba la pertenencia a un sector socioeconómico con un patrón de actitudes políticas y sociales orientadas al cambio social y político.

Sin embargo, desde la década de 1990, el comportamiento electoral y las opiniones y actitudes que han recogido las encuestas entre los llamados sectores populares, demuestran que entre ellos hay segmentos que simpatizan con propuestas autoritarias o populistas, por un lado, o que priorizan el desarrollo personal por sobre el colectivo, por el otro. Aragón (2010) cita trabajos sobre la cultura política llevados a cabo en países comunistas en proceso de transición democrática, que cuestionan que las ideas políticas se relacionen directamente con la condición económica de las personas y que, además, advierten de las posibles consecuencias de un sistema democrático que no muestra resultados, entre ellas, el desencanto con la democracia. En lo que se refiere al Perú, varios autores[1] apuntan, directa o indirectamente, la predominancia de una cultura política autoritaria, plebiscitaria o populista, en la que la percepción de las instituciones políticas (agrupaciones políticas, Congreso, Poder Judicial, etc.) es negativa, presentándose una evidente mezcla de apatía y anomia y una preferencia por el contacto directo con las autoridades mediante prácticas clientelistas u "obristas" (Muñoz 2013). La crisis política surgida a mediados del año 2018 por las escuchas telefónicas a jueces y fiscales —el llamado caso Lava Juez—, solo permite comprobar que esta situación sigue empeorando.

Como se señala en los trabajos de Carrión y Zárate, del Instituto de Estudios Peruanos (IEP), todo esto nos ubica en un escenario en el que la democracia está en riesgo o es inestable debido al escaso apoyo que recibe de la ciudadanía. Sin embargo, aun vinculando ese patrón

1. Véase Carrión, Zarate y Seligson (2006, 2008, 2010, 2012); Carrión, Zárate y Zechmeister (2014); Murakami (2000); Parodi y Twanama (1993); Portocarrero, Ubilluz y Vich (2010) y Reyna (2010).

autoritario con la débil legitimidad de la democracia, otros estudios[2] plantean interesantes matices sobre la cultura política peruana. Si bien no profundizan en su análisis, sí identifican actitudes que no se ajustan al patrón y que, más bien, se acercan al concepto de "ciudadano crítico" desarrollado por Norris (1999). Se trata, pues, de ciudadanos que pueden apoyar la democracia, pero que no están contentos con su desempeño. La pregunta es, entonces, ¿hay más de un patrón de cultura política en el país? ¿Estas actitudes son pro o antisitema?

En el Perú, la estructura social ha cambiado profundamente en los últimos años[3] y esto ha supuesto, a su vez, una transformación en las formas en que nos relacionamos y en las actitudes hacia diversos asuntos sociales y políticos. Un ejemplo de ello es que el concepto de "clase social" está en plena discusión (Crompton 1997) y que el de "clase media" también es un tema polémico desde hace un buen tiempo (Desco 2003, Huber y Lamas 2017, Portocarrero 1998), más ahora que se habla —o debate— sobre la existencia de una nueva clase media en el Perú. Sin entrar en la discusión conceptual, se estima que en Lima Metropolitana (Lima y Callao), el sector medio tradicional y emergente (los niveles socioeconómicos B y C, respectivamente) ha pasado de un 44,4% en 2007 a un 65,4% diez años después, lo que representa casi un 50% más de personas integrando estos sectores. Por tanto, es razonable que nos cuestionemos si estos cambios en las condiciones materiales no han llevado también a modificar el modo de pensar o de sentir de las personas y, de ser así, cuáles son las características de la estructura subjetiva resultante de estas complejas transformaciones sociales y económicas.

Es evidente que nuestra subjetividad se construye en un entorno social distante de un mundo industrializado, donde los procesos de modernización están más consolidados y las instituciones son más sólidas. Los planteamientos sobre modernización y cambios en la cultura

2. Véase Camacho (2010); Tanaka (2007); Tanaka y Zárate (2002) y Alfredo Torres (2010).

3. Desarrollo de una clase media, reducción de la ruralidad, contracción de los sectores obreros frente al autoempleo o de las micro y pequeñas empresas en el sector comercio y servicios, informalidad, etc.

política en los países industrializados y posindustrializados desarrollados por Inglehart (2000) son una interesante fuente de ideas, pero no pueden aplicarse mecánicamente a entornos que tienen sus propias particularidades (Gu 2013, Gu y Bomhoff 2012). Lo que más bien predomina en las relaciones sociales de producción en el mundo urbano peruano son el autoempleo, la micro y pequeña empresa, y el sector comercio y servicios. El proceso de urbanización y crecimiento de nuevos sectores medios está ligado, sobre todo en las grandes ciudades, al fenómeno de la migración y al desarrollo del sector terciario, un escenario en el que la cultura del esfuerzo y la solidaridad puede coexistir con una lógica del "vale todo" que va minando nuestro capital social (Díaz-Albertini 2010, Murakami 2000).

A estos factores habría que añadir todas las estrategias que cualquier persona que reside en Lima tiene que desarrollar para lidiar con el transporte, la seguridad ciudadana o cualquier trámite, sobre todo en una entidad pública. La reciente crisis del sistema de justicia a la que aludimos líneas arriba, que revela el profundo nivel de corrupción que hay en nuestras instituciones, pone en evidencia también que parte de nuestro día a día pasa por actuar y decidir en contextos donde la corrupción impera (comisarías, juzgados, colegios, hospitales, etc.). En los mercados, en los pequeños talleres, en las combis, pero también frente a la televisión, en los medios sociales o leyendo los diarios en los kioscos, se construye o refuerza la cultura en general y la cultura política en particular. Esta última puede estar cambiando en función de un sistema político que presenta problemas, pero también es probable que la transformación de la estructura social y económica esté afectando directa o indirectamente esta construcción sicosocial.

En la ciudad de Lima, entre los años 2011 y 2014, se puso de relieve este cambio de mentalidad en los llamados sectores populares. Luego de un accidentado proceso electoral en el que no era la favorita, Susana Villarán accedió al cargo de alcaldesa desde una representación de izquierda. Ya en el poder, fueron los sectores de menos recursos los que la criticaron y se opusieron a sus propuestas de reforma, así como a su proyecto de "construir ciudadanía", en lugar de dedicarse a hacer obras de cemento. Tales planes, especialmente la reforma del transporte y del mercado mayorista, suponían poner orden en una ciudad donde la informalidad económica, institucional y sicosocial es significativa. Así, se buscó ordenar institucionalmente la vida urbana, y ese esfuerzo se encontró no solo con sus propias dificultades, sino con una gran resistencia por parte de diversos grupos de interés (transportistas, comerciantes, etc.) y de importantes sectores de la población. En el proceso electoral de 2014 fue elegido alcalde de la ciudad para el periodo 2015-2018 —con más del 50% de los votos— el exburgomaestre Luis Castañeda (2003-2006, 2007-2010). En una encuesta realizada durante la fase final de la campaña electoral (Datum 2014), el entonces candidato fue el más asociado con la frase "Robará, pero hará más obras" (49%). Aun así, fue el elegido para volver a ocupar el sillón municipal.

Por otro lado, en esa misma encuesta se recoge un comportamiento electoral que traza una imagen de la población de Lima desconectada de las agrupaciones políticas y bastante diferente de la que predominaba en la década de 1980, en pleno auge de la izquierda (Tuesta 1983, 2014a). En este tercer periodo de Castañeda, su nivel de aprobación es mucho menor, pero no por las acusaciones de malos manejos —su vinculación con el caso Comunicore nunca lo ha afectado—, sino porque sus obras se han "desplomado" ante los ojos de todos.[4] Podemos corroborar entonces que si ha robado, esto nunca lo ha perjudicado: lo que la ciudadanía no le perdona es que las obras no marchen.

Frente a esta situación, es inevitable preguntarse por las actitudes sociales y políticas de quienes viven en Lima. Eso es lo que hacemos en esta investigación. ¿En su conjunto predomina, tal como lo han señalado Murakami (2000) y otros, una cultura política autoritaria, plebiscitaria o populista? ¿Todos los habitantes de la capital son así? Y de ser esta configuración actitudinal la predominante, ¿qué hacer? ¿Es adecuado que un partido que aspire a ejercer el poder tenga que relacionarse con la ciudadanía a través de una estrategia populista para conseguir su respaldo? ¿Es aceptable que una organización política que renuncie al populismo esté

---

4. Y hay que añadir que la inacción ante el caos del transporte, un tema que la gestión de Susana Villarán puso en agenda, también contribuyó a disminuir su nivel de aprobación.

destinada a no recibir apoyo? Como se preguntaba Alberto Adrianzén en un artículo publicado en el diario *La República*, ¿es una alternativa el "populismo democrático de izquierda"?

En este estudio buscamos entender mejor la cultura política en Lima, identificar las subculturas políticas que hay en la ciudad y reflexionar sobre las consecuencias que ello puede tener para quienes aspiran al poder y a hacer política. El primer capítulo es una rápida revisión del concepto de "cultura política", su origen y su actual desarrollo, y un repaso de los principales estudios sobre cultura política en el Perú. En el segundo capítulo se presenta, en primer lugar, el modelo teórico planteado por Morán y Benedicto (1995), que sirvió como referencia inicial para el análisis de la cultura política en general y de las subculturas políticas en Lima, y, en segundo lugar, los resultados de nuestra investigación sobre la cultura política limeña. En el tercer capítulo se revisan los estudios sobre subculturas políticas en Lima, para luego desarrollar uno de los aspectos centrales de este trabajo: la identificación y descripción de los diferentes tipos de cultura política que hay en nuestra capital; si bien existen aspectos que pintan a cualquier limeño, hay matices en esta paleta ciudadana. Finalmente, en el cuarto capítulo se discute las consecuencias de estos hallazgos para el ejercicio de la política.

Todo el análisis se basó en el desarrollo de ocho dinámicas grupales desarrolladas entre mujeres y hombres residentes en Lima de 18 a 55 años de edad, así como en la aplicación de 1530 encuestas a ese grupo etario, en todos los estratos socioeconómicos de la ciudad.

1

Cultura política: bienvenida la real subjetividad

1.1 Evolución del concepto de cultura política

El concepto de cultura política, que para algunos es más un enfoque o un paraguas para el análisis político, ha tenido un largo recorrido.[1] Como diversos autores han señalado,[2] durante las décadas de 1950 y 1960, la sociología política estadounidense, a partir del hito que representaron los trabajos de Gabriel Almond (1956; Almond y Verba 1970, 1980; Almond 1999), trató de entender qué factores apoyaban el desarrollo y sostenimiento de la democracia luego de la ruptura que significaron el fascismo y el nacionalismo, así como por las dificultades que acarreaban las llamadas "naciones nuevas" surgidas del proceso de descolonización de los años cincuenta. Se trataba de la respuesta académico-política de los Estados Unidos –nueva potencia mundial luego de la Segunda Guerra Mundial– al cuestionamiento del modelo democrático liberal, así como de una forma de "explicar las condiciones necesarias para la

---

1. En los años noventa, Gabriel Almond señalaba que había "tal vez 35 o 40 obras teóricas y empíricas acerca de la cultura política, posiblemente un centenar de artículos [...] y más de un millar de citas en la bibliografía pertinente" (1999: 202). Posteriormente, Murga (2008) menciona la existencia de, por lo menos, 60 títulos relevantes acerca del tema producidos entre 1980 y 2005.
2. Almond y Verba (1980); Formisano (2001); García (2006); Morán y Benedicto (1995) y Murga (2012).

reconstrucción de la democracia en los países europeos y la construcción en 'las naciones nuevas'" (Murga 2012: 15).

Como bien plantea Murga (2012), la propuesta de utilizar el concepto de cultura política fue una alternativa entre otras que se presentaron en aquel momento para analizar el desarrollo de la democracia (por ejemplo, Huntington 1972; Lipset 1996). En este contexto, Almond se interesó en la cultura política, en particular en la cultura cívica, porque asumió que esta influía en la creación y mantenimiento de un gobierno democrático. Según este autor, el desarrollo económico y el ordenamiento institucional son importantes, pero insuficientes, para constituir y sostener la democracia; se necesita, por tanto, una determinada cultura política.

Ahora bien, los estudios de Almond incorporaron no solo la dimensión cultural sino también los primeros desarrollos de la sicología política estadounidense,[3] lo que dio pie a que se considerase la dimensión subjetiva en el análisis político. En otras palabras, lo sicosocial ingresó como mediación entre el sujeto y la política: "¿Existe una cultura política democrática, una pauta de actitudes políticas que fomente la estabilidad democrática, que, en algún sentido, 'resulte apropiada' al sistema político democrático?" (Almond y Verba 1970: 529). En tal sentido, nuestro interés por analizar la cultura política limeña no solo es contribuir a la gobernabilidad, sino profundizar en un concepto que puede ser útil para los estudios sobre sicología política en el país.

Si bien el propio Almond (1999) señala que la inserción de variables subjetivas en el análisis de los fenómenos políticos se puede rastrear desde los griegos (Platón, Aristóteles) y encontrar en pensadores como Maquiavelo, Montesquieu y Rousseau, fue él quien acuñó el término y lo desarrolló. Así, en 1956, escribió un primer artículo en el que trataba conceptualmente el tema y luego publicó diversas obras, entre las que destaca *La cultura cívica. Estudio sobre la participación política democrática en cinco naciones* (1970 [1963]), en coautoría con Sidney Verba.[4]

---

3. Denominada por sus representantes "enfoque sicocultural".

4. En este trabajo, Jiménez Blanco estudia la cultura política de Estados Unidos, Inglaterra, Alemania, Italia y México.

De acuerdo con Morán y Benedicto (1995), Formisano (2001), Heras (2002) y Murga (2008, 2012), luego de esta primera etapa que corresponde a la década de 1960 y en la que predominaron los estudios denominados "behavioristas" —a pesar de que se centraron en las actitudes y no en los comportamientos—, surgió una corriente que criticó los sesgos y dificultades metodológicos y conceptuales de estos primeros trabajos. Como señala José Jiménez Blanco en la presentación de la primera edición en castellano del mencionado libro de Almond y Verba, el "sociocentrismo", la fuerte carga ideológica proestadounidense (o proanglosajona) y las limitaciones del enfoque metodológico fueron objeto de una crítica constante. En esa obra, el sistema democrático anglosajón y la cultura cívica se planteaban como la meta de un proyecto de desarrollo político subyacente; por ello, a pesar de que el objetivo inicial había sido distanciarse de un enfoque normativo, se le criticaba haber caído en él.

Posteriormente, ya en la década de 1980, se produjo lo que Inglehart (1988a) denominó "el renacimiento" de la cultura política. En esta tercera etapa hubo numerosas divergencias sobre el uso del concepto.[5] Al respecto, Wilson (2000) identifica, por lo menos, cinco enfoques en competencia.[6] Por su parte, Heras (2002) señala que durante este periodo predominaron dos: el enfoque comparativista y el interpretativista.

En el primer caso —el enfoque comparativista—, están los estudios de política comparada que retoman el concepto original para revisarlo, profundizarlo y complejizarlo, tanto en el aspecto teórico como en el metodológico. Aquí destacan los trabajos de Inglehart, entre otros. En tales estudios, acercarse a la cultura política para entender el desarrollo y, sobre todo, la gobernabilidad de la democracia, continuó siendo un tema central. Si bien se tiende a analizar esa cultura en función de la gobernabilidad, se pasa de

---

5. Morán y Benedicto (1995); Formisano (2001); Murga (2008) y Jasny (2013).

6. 1) El comparativista, que él llama "de aprendizaje social" (Inglehart); 2) el del carácter social (Huntington); 3) el de la epistemología cognitiva (Chilton); 4) el interpretativo (Merelman y Dittmer); y 5) el de la teoría cultural (Wildavsky, principalmente). Incluso hay quienes consideran que el concepto fue solo una promesa que no se cumplió o que resultó innecesaria, y que el apoyo a la democracia depende principalmente de variables vinculadas al desempeño del Estado o de la economía (Przeworski et ál. 1996, 2000).

conceptos como el de "ciudadano leal" –propio de los trabajos iniciales de Almond–, al de "ciudadano crítico" (Norris 1999) o "ciudadano asertivo" (Dalton y Welzel 2014), para dar cuenta de las disonancias entre los valores democráticos/expresivos y el funcionamiento concreto del sistema democrático. Si en la propuesta inicial de Almond y Verba lo que tenía que cambiar o desarrollarse era la cultura política ciudadana, sin cuestionar el sistema, en estos enfoques se puso un mayor énfasis en la necesidad de modificar las instituciones para que respondan a las demandas de las nuevas culturas políticas.

El enfoque interpretativista –vinculado a las críticas que se hicieron en la década de 1970– reúne perspectivas diversas, tales como la fenomenología, la antropología estructuralista y el interaccionismo simbólico. Este enfoque se distancia del "sicologismo" que percibe en los estudios comparativos, y propone una mirada de la acción social y de la cultura desde una perspectiva que incluya lo estructural y lo simbólico. Se pone el foco en las estructuras de interacción social y simbólica, es decir, en la intersubjetividad. Por tal motivo son importantes tanto los sujetos como sus interacciones, el grupo del cual forman parte y el entorno con el que se relacionan. Asimismo, la propuesta metodológica es diferente, pues hay una mayor preocupación por comprender la cultura política en su relación con el sistema, así como su significado, considerando el contexto histórico y social.[7]

Además de esta diversidad de miradas teóricas, en este tercer momento se observa, como bien señala Murga (2008), diferentes líneas de investigación que analizan nuevos problemas o profundizan algunos ya planteados, pero desde una perspectiva metodológica distinta o más avanzada.[8] En términos metodológicos se plantean diseños y técnicas más sofisticados, tanto para el recojo de información como para su análisis. En estos trabajos, la

7. Los trabajos reunidos en *Cultura política en el Perú: tradición autoritaria y democratización anómica* (Portocarrero, Ubilluz y Vich 2010) son un buen ejemplo local de este enfoque. A una escala mayor, trabajos como los de Dittmer (1977) o Merelman (1998) dan una idea clara de él.

8. Estudios que se centran en los nuevos perfiles de la cultura política (Putnam 2000), en la relación entre los valores y la cultura política (Inglehart 1988a, 1991, 2000), en la desafección política (Torcal y Montero 2005) y en la tolerancia política (Sullivan et ál. 1982), entre otros temas.

cultura política también se vincula a la reflexión sobre la democracia, pero ya no solo para explicar cómo surge o se mantiene esta forma de gobierno, sino para comprender el vínculo de la ciudadanía con el sistema político en su conjunto y qué clase de sistema (democrático o no) nace de esta relación. Por otro lado, los trabajos ya no solo se centran en los aportes de académicos de Estados Unidos o Europa; América Latina, Asia y África se suman a la reflexión a través del estudio de casos (Heras 2002).

Aragón (2010) señala que los estudios sobre cultura política fuera del mundo desarrollado han atravesado dos etapas. En la primera, este tipo de cultura cobra importancia como una de las variables del mantenimiento y consolidación de los regímenes democráticos recién instalados en América Latina, África, Asia y luego en los países poscomunistas. En la segunda etapa —gracias a los estudios comparados del Latinobarómetro, la Encuesta Mundial de Valores y el Proyecto de Opinión Pública de América Latina (LAPOP, por sus siglas en inglés), entre otros—, los análisis se afinan y la discusión se complejiza metodológica y conceptualmente.

Como señalan Carreira da Silva, Clark y Brito (2013), el análisis contemporáneo de la cultura política es una "amplia iglesia" que acoge diversos tipos de argumento: desde muestras representativas para recopilar datos sobre valores, actitudes y opiniones, hasta acercamientos más interpretativos que utilizan distintas técnicas cualitativas para entender cómo surgen las identidades políticas y comprender los aspectos simbólicos de la política, lo que lleva a discusiones sobre por qué algunas identidades étnicas se radicalizan.

1.2 Estudios sobre la cultura política en el Perú

La mayoría de los estudios que se han ocupado de la cultura política en el país son relativamente recientes.[9] Existen análisis con un enfoque comparativista, así como otros que se podrían enmarcar en el

9. Aludimos a Abugattas (2004); Alarcón (1991); Aragón (2010); Calandria (2011); Camacho (2010); Camacho y Sanborn (2008); Chávez (1998); Carrión, Zárate y Seligson (2006, 2008, 2010, 2012); Carrión, Zárate y Zechmeister (2014); De la Flor (2000), Macassi (1994); Martínez (2003); McClintock (1981); Murakami

interpretativista. Se trata de trabajos empíricos con técnicas cualitativas, encuestas, análisis de fuentes secundarias, análisis de discursos o una combinación de todo ello; ensayos y revisiones teóricas; estudios de caso en zonas urbanas o rurales, al igual que otros con muestras más extensas que abarcan Lima o parte de ella, diversas ciudades del país o todo el territorio nacional.

En todos estos estudios —así como en diferentes sondeos realizados por empresas encuestadoras en coyunturas electorales y no electorales (Ipsos, Datum, GfK)—, se evidencia un fuerte proceso de desencanto con la política, en general, y con la democracia, en particular, que atañe a las instituciones y a los actores políticos. Desde hace años, por ejemplo, los índices de aprobación del Poder Judicial y el Congreso se sitúan por debajo del 20%. En la encuesta de GfK realizada en septiembre de 2017, ambos obtuvieron apenas una aprobación del 19%. Por su parte, Carrión, Zárate y Seligson (2010) señalaron que el Perú (junto con Belice, México y Guatemala) tiene uno de los índices más altos de apoyo a un posible golpe militar. Finalmente, los trabajos desarrollados en el marco del LAPOP[10] enfatizaron los bajos niveles de satisfacción y apoyo a la democracia que hay en el Perú, en comparación con los demás países de Latinoamérica.

En un contexto en el que cerca de la mitad de la población de Lima no puede o tiene dificultades para definir qué es la democracia (Díaz-Albertini 2010), Alfredo Torres (2010) registra que solo el 27% la apoya y está satisfecho con ella (los "demócratas institucionales"); el 29% la apoya pero está insatisfecho con ella y pide más resultados (los "seudodemócratas"); el 25% no la apoya y se mantiene distante (los "indiferentes"), y el 19% no la apoya y preferiría un régimen autoritario (los "proautoritarios").

Muchas veces, observando estas cifras, surge la idea de que las actitudes antisistema están creciendo entre la ciudadanía. Sin embargo, consideramos que, tal como señala Finifter (1970), algunas de ellas pueden interpretarse como "ortofuncionales", es decir, más que como actitudes

---

(2000); Portocarrero, Ubilluz y Vich (2010); Stokes (1989); Tanaka (2007); Tanaka y Zárate (2002); Torres (2010) y Vega Centeno (1994).

10. Carrión, Zárate y Seligson (2006, 2008, 2010, 2012); Carrión, Zárate y Zechmeister (2014).

disfuncionales, apáticas, anómicas o autoritarias, como actitudes políticas que tienen el potencial de generar cambios sobre la base de su tensión con el sistema. En efecto, interpretar al populismo, el autoritarismo o las actitudes seudodemocráticas como piezas o síntomas de una dinámica mayor, nos permite pasar de la frustración a la esperanza. Desde este punto de vista, los satisfechos con el funcionamiento de la democracia podrían ser un peligro para su consolidación, y los indiferentes y autoritarios serían una amenaza, pero los insatisfechos constituirían una fuente potencial de cambio.

Dalton y Welzel (2014) han resumido estudios de fines de la década de 1990 y hablan de los "demócratas asertivos" para referirse a un grupo específico de personas que apoyan la democracia como ideal, no cuestionan su legitimidad, pero están insatisfechas con el funcionamiento de sus instituciones. ¿Son este tipo de ciudadanos simplemente "antisistema", o sus actitudes son una señal de que el sistema no está funcionando y de que puede cambiar para beneficio de todos? Yendo en contra de lo que plantearon Almond y Verba (1970), ¿no deben ser las instituciones y las élites que las conforman las que han de cambiar para resolver las demandas ciudadanas que se expresan en las actitudes y la cultura política existentes? Como bien señala Aragón (2010), los estudios centrados en el "ciudadano crítico" o en el "demócrata insatisfecho", en quienes la disconformidad no cuestiona la legitimidad de la democracia,[11] dan cuenta de cómo dicha legitimidad constituye un proceso de largo aliento que demanda continuos ajustes al sistema.

Precisamente, una de las principales críticas al estudio de Almond y Verba (1970) –análisis que influyó por mucho tiempo en los trabajos que adoptaron el enfoque comparativista– es que no cuestiona ni revisa el modelo y funcionamiento de la democracia. Si bien hay conceptos que aluden a la asertividad o importancia de la crítica al sistema, todavía prima la mirada que evalúa cuán funcionales a la democracia son las actitudes políticas. Del mismo modo, muchas de las tipologías se organizan y nombran en función del apoyo o rechazo a la democracia de estas actitudes (Aragón 2010). En

11. Que, como indica el autor, provienen principalmente de los trabajos sobre cultura política en los países desarrollados (Dalton 1999, Norris 1999).

suma, se deja de lado la relación entre las actitudes políticas y el sistema, así como la comprensión de las características y la razón de ser de tal vínculo.

Por ello surgen las siguientes interrogantes: ¿cuáles son estas actitudes en Lima?; ¿son todas iguales?; ¿cuán extendidas están?; ¿cómo se estructuran?; ¿qué significan?; ¿qué relación tienen con el sistema? Como ya hemos señalado, se habla hoy de un ciudadano diferente al de décadas atrás, que en términos de actitudes políticas tiene una tendencia autoritaria, plebiscitaria y es presa fácil de medidas populistas. La reelección de Castañeda y las dificultades de Villarán para conectar con las demandas de los sectores de bajos recursos son una prueba de ello.

Pero ¿todos los habitantes de Lima son iguales? Consideramos que no, y respondemos a esta pregunta desde un enfoque de subculturas políticas. Con ello buscamos salir de las etiquetas o del pesimismo para acercarnos al ciudadano y comenzar a diseñar estrategias que incorporen esta dimensión intersubjetiva de la política.

Si revisamos los estudios sobre cultura política en el Perú, podemos comprobar que se han realizado pocas investigaciones sobre sus subculturas. Probablemente, esto tenga relación con la dificultad, señalada por Crabtree, de mejorar la legitimidad de la democracia en un país con una gran diversidad cultural que, además, atraviesa toda su geografía: "La reciente historia del Perú muestra cuán difícil puede ser lograr esto en un país donde muchas culturas o más precisamente, subculturas, coexisten" (2010: 376).

En los últimos cincuenta años, el fenómeno migratorio que ha afectado tanto a Lima como a otras ciudades del Perú ha suscitado la superposición de las características étnicas, regionales y sociales de sus habitantes, un hecho que ha dado lugar al nacimiento de las denominadas "culturas híbridas" (Crabtree 2010: 378). Así, desde este crisol cultural han emergido nuevos sistemas de valores, creencias e identidades que han reemplazado a otros, y desde allí deben surgir nuevas formas de liderazgo y de cultura política. Por tal motivo, las instituciones democráticas tienen que encontrar otras formas de hacer política. Como señala Crabtree, "A fin de recobrar legitimidad, políticos y partidos necesitan comprender mejor la topografía política de la tierra donde están cultivando apoyo. Una forma de que estas nuevas preferencias culturales se hagan sentir es a través del desarrollo de nuevas formas de hacer política que retomen la diversidad cultural" (2010: 379).

En consecuencia, nuestra investigación trata de entender esta nueva "topografía política" de Lima, con el fin de que las agrupaciones políticas incorporen estas demandas y reconstruyan su relación con la ciudadanía, en un contexto de fuerte pérdida de legitimidad de estas entidades y de crecimiento de organizaciones vinculadas a la economía ilegal que terminan consiguiendo curules, puestos en los gobiernos regionales y alcaldías. En una encuesta de GfK, realizada en julio de 2014, un preocupante 88% manifestó que: "A los partidos solo les interesan los votos de la gente, no sus opiniones".

En los estudios mencionados sobre cultura política en el país se han tratado temas como la gobernabilidad, el autoritarismo, el capital social, la legitimidad o el apoyo a las agrupaciones políticas. Todos describen una cultura política en la que destaca la insatisfacción y en la que conviven segmentos democráticos con otros antidemocráticos o autoritarios. No obstante, no se conocen bien las características de cada uno de estos segmentos ni su relación con el sistema, ni se sabe qué proporción representan en la sociedad. Stokes (1989) plantea diferencias entre tipos de dirigentes más y menos tradicionales, y Tanaka y Zárate (2002) hablan de "una suerte de conciencia republicana" en algunos sectores en los que el apoyo a la democracia se da entre personas con un mayor nivel de conocimiento, interés y confianza interpersonal. Sin embargo, lo que se describe como patrón dominante es una cultura política que se denomina "plebiscitaria" (Murakami 2000, Parodi y Twanama 1993), la cual evalúa al sistema y a la democracia en función de su capacidad para responder a sus demandas materiales. Las conclusiones suelen ser pesimistas y advierten del riesgo de que dicho fenómeno se fortalezca y aliente propuestas populistas o autoritarias, o como indicó Mario Vargas Llosa en la campaña presidencial de 2009, a tener que "elegir entre el sida y el cáncer terminal". Nuestra idea es que las actitudes deben ser comprendidas antes que calificadas, y que su sentido y presencia deben explicarse en relación con el sistema político, antes que evaluar si son funcionales o no a la democracia. Coincidimos por eso con Aragón, quien al comentar la propuesta de Burbano de Lara (2003), menciona:

> [...] si el objetivo es comprender la relación entre cultura política y democracia en América Latina, la estrategia no debe ser medir cuán lejos o cerca están las percepciones y actitudes individuales hacia la política y la democracia de un modelo establecido de cultura democrática o cívica. Por el contrario, la tarea

> debe ser, primordialmente, entender la racionalidad, las causas y las consecuencias de estas orientaciones individuales. (Aragón 2010: 314)

Como señala Vergara (2007) en un ensayo sobre las elecciones presidenciales de 2006, la ciudadanía no es ni amnésica ni irracional. Hay un sentido que debe ser entendido para, a partir de ahí, formular propuestas de cambio. En esa línea —tomando en cuenta los estudios que abarcan el conjunto del país—, los trabajos de Tanaka y Zárate (2002), Tanaka (2007), Camacho (2010), Carlos Torres (2010) y el conjunto de análisis de Carrión y Zárate en el marco del LAPOP (2006, 2008, 2010, 2012, 2014) han buscado captar con mayor detalle las variables que conforman la cultura política peruana y la relación que hay entre ellas, así como aspectos de la coyuntura, demográficos, institucionales, económicos, etc.

Tanaka y Zárate, por ejemplo, señalan que "la ciudadanía evalúa la democracia, en gran medida a partir de sus resultados" (2002: 6), y que la legitimidad del sistema democrático se relaciona con el índice de aprobación del Presidente, la evaluación del desempeño de las instituciones y las expectativas económicas. Estos autores encuentran, sin embargo, cierto sentimiento de responsabilidad y eficacia política entre los ciudadanos, e identifican a un minoritario "núcleo republicano" en el cual el apoyo a la democracia y este tipo de valores estarían vinculados a un mayor nivel de interés en la política, a un mayor índice de información sobre esta materia, así como a un grado de confianza interpersonal más elevado. Se trata, pues, de un sector de la población que durante el gobierno de Fujimori fue crítico del régimen y que en los comienzos del de Toledo lo apoyaba o era más tolerante.

Tanaka (2007) amplía su reflexión con los datos del Latinobarómetro para poner énfasis en lo voluble que es la cultura política peruana, en tanto depende del desempeño del gobierno y de otras variables políticas, económicas y sociales. Este autor considera que las actitudes evaluadas muestran una complejidad que debe distanciarnos de una descripción dualista de la cultura política peruana, entre democrática y autoritaria. Asimismo, distingue dos tendencias en un contexto general de fuerte insatisfacción con la democracia: un bajo nivel de legitimidad institucional y grandes expectativas que plantean problemas de gobernabilidad. Según Tanaka, ambas tendencias se percibieron en los resultados electorales de 2006: una cultura política crítica, antisistema, que puede apoyar a un *outsider*, y otra más moderada que valora los cambios graduales sin ir en contra de la institucionalidad vigente.

Por su parte, Camacho y Sanborn (2008) desarrollan su análisis a partir de los datos que brinda el módulo de Gobernabilidad, Democracia y Transparencia de la Encuesta Nacional de Hogares. Así, observan que hay una relación lineal entre desempeño del Estado (medido a través de los índices de pobreza y de carencias y del indicador de ruralidad, que ya no es un tema de percepción) y el apoyo a la democracia. A su vez, encuentran relaciones no lineales entre otras variables sociodemográficas (edad, gasto, nivel educativo) y el nivel de confianza en las instituciones, así como la evaluación del régimen que mide el mencionado módulo. En los ámbitos de menor nivel educativo y entre los de menor gasto, al igual que entre los de mayor nivel de educación y entre los de mayor gasto, el nivel de confianza en las instituciones y la evaluación del régimen son más bajos que entre los grupos intermedios. Ello nos permite identificar a tres grupos, de los cuales nos interesa destacar dos.

Por un lado, están las personas que se asemejan a lo descrito por Norris (1999) a través del concepto de "ciudadano crítico": las que apoyan la democracia, pero muestran un bajo nivel de confianza institucional y de evaluación del régimen político. Estos ciudadanos residen en los distritos con un nivel de desempeño estatal elevado, tienen más capacidad de gasto que el promedio y un mayor nivel educativo. En suma, son los que apoyan la democracia, pero están insatisfechos con su desempeño.

El otro grupo lo conforman las personas con un bajo nivel de apoyo a la democracia, pero que, además, muestran un bajo índice de confianza institucional y de evaluación del régimen. Residen en distritos con un nivel de desempeño estatal menor (donde hay más pobreza) y son quienes poseen un menor gasto y nivel educativo. Debido al tipo de data utilizada, resulta imposible identificar otros patrones actitudinales; sin embargo, podría asumirse que en este grupo sería mayor el apoyo a propuestas autoritarias, incluso en un sistema democrático.

Finalmente, quienes residen en distritos con un nivel de desempeño estatal intermedio muestran los mayores índices de confianza institucional y de evaluación del régimen político, aunque su nivel de apoyo a la democracia es mediano.

Carlos Torres (2010) también utilizó el módulo de Gobernabilidad, Democracia y Transparencia de la Encuesta Nacional de Hogares, pero consideró tres años en su análisis –2002, 2004 y 2006– para evaluar qué variables podían explicar mejor el apoyo a la democracia, al menos tal como se mide en esta encuesta. De tal manera, identificó que este apoyo se relaciona con el sexo (es mayor entre las mujeres), el nivel educativo (el apoyo aumenta cuanto mayor es este nivel), el sentido de identidad (menor apoyo a mayor orgullo por su religión o etnia/raza que por su país), y la percepción de respeto a derechos y libertades y de aumento de la corrupción (con una mayor tendencia a formas no democráticas de gobierno cuanto mayor es esta percepción). Considerando que en este análisis el nivel de ingresos no mostró tener peso alguno, el autor concluyó que la sola condición de pobreza económica no lleva a tener un bajo apoyo a la democracia. Las dificultades en el proceso de modernización y de fortalecimiento de un Estado de derecho –la percepción de falta de derechos políticos y de que no se está luchando contra la corrupción; los llamados "beneficios políticos"– muestran ser más importantes en el desarrollo de actitudes antisistema que las carencias económicas por sí solas. Se plantea, entonces, que ser pobre no es suficiente para tener una actitud antisistema (o al menos un bajo apoyo a la democracia); se tiene que percibir, además, mucha corrupción y ausencia de ciertos derechos políticos.

Los trabajos desarrollados por el Barómetro de las Américas, como parte del LAPOP,[12] han abordado diversos temas en sus cinco publicaciones. Su acercamiento al concepto parte de una preocupación por la estabilidad de la democracia. De este modo, se plantea que una democracia estable depende de su grado de legitimidad, así como del nivel de tolerancia de la población. Nos centraremos en sus análisis de la legitimidad (el apoyo al sistema político), la tolerancia política, el apoyo a la democracia, la satisfacción con esta forma de gobierno, el apoyo a los golpes de Estado, la confianza en las instituciones estatales y políticas, y las actitudes hacia el rol del Estado.

---

12. Carrión, Zárate y Seligson (2006, 2008, 2010, 2012); Carrión, Zárate y Zechmeister (2014).

La estabilidad democrática, a la que entienden como dependiente del "apoyo de los ciudadanos al sistema político"[13] y de la "tolerancia a los derechos políticos y la participación de otros",[14] puede ubicarse en cuatro situaciones que se resumen en la siguiente tabla:

	Alta tolerancia	Baja tolerancia
Alto apoyo al sistema	Democracia estable	Estabilidad autoritaria
Bajo apoyo al sistema	Democracia inestable	Democracia en riesgo

Hay que resaltar que los perfiles desarrollados en el informe de 2014, que nos representan como una "democracia en riesgo" (personas con bajo apoyo al sistema político y baja tolerancia), son los predominantes, y que esta situación de menor apoyo al sistema y mayor tolerancia se ha repetido en todas las mediciones realizadas desde 2006. Si a ello se suman los perfiles que nos describen como una "democracia inestable" (personas con alta tolerancia y bajo apoyo al sistema), se llega a alrededor del 60% de la población, un escenario también presente desde 2006. En la medición de 2014, el grado de apoyo al sistema político disminuyó (45,2%), alcanzando niveles similares a los obtenidos en el año 2008. Esto nos volvió a ubicar en los últimos niveles del conjunto de la región latinoamericana, donde nunca se ha superado el punto medio de la encuesta (50%). Asimismo, se observa que, al igual que en las mediciones anteriores, el Perú está entre los países con más baja tolerancia política (42,8%); en el estudio de 2014 se sitúa en el puesto 20 de 25 países.

Cabe precisar que en el estudio de 2010 se señala que el nivel de apoyo al sistema político depende principalmente de la percepción de "qué tan bien el gobierno está realizando su labor de combatir la pobreza y el

---

13. Medido por actitudes hacia el Poder Judicial, percepción de protección de los derechos básicos, respeto general a las instituciones políticas, orgullo por el sistema político y grado en que se considera se le debe apoyar (véase Carrión, Zárate y Seligson 2010).

14. Se mide preguntando el nivel de aprobación al hecho de que las personas "que siempre hablan mal de la forma de gobierno" voten, participen en manifestaciones pacíficas, puedan postular a cargos públicos y hablen en la televisión.

desempleo" (es decir, de su desempeño económico), de la apreciación de la gente sobre cuánto ha mejorado o empeorado su situación económica en comparación con el pasado inmediato, y del nivel de aprobación de la gestión del Presidente. Como se ve, el respaldo político depende en gran medida de cómo se perciben los resultados de la gestión económica.

Desde 2006, los estudios mencionan que el nivel de apoyo a la democracia[15] —es decir, el apoyo general y relativo a esta forma de gobierno— es bajo y no ha tenido cambios significativos. En el estudio de 2010 se muestra que en el Perú ese apoyo se relaciona con la evaluación del desempeño económico del gobierno (combate a la pobreza y al desempleo), con el interés de las personas por la política y con el nivel de riqueza material. Igualmente se encuentra una relación entre esa actitud y el lugar de residencia y la edad: hay un mayor apoyo a la democracia en las zonas urbanas y entre la gente mayor.

Este escaso apoyo a la democracia, que nos ubica entre la inestabilidad y el riesgo, no ha derivado sin embargo en un apoyo a un golpe de Estado. Ya en 2012 se mostró que el llamado "descontento político" —entendido como un menor nivel de apoyo al sistema y poca confianza en las instituciones políticas— afecta el apoyo a la democracia, a la participación política, a la aprobación de protestas y al Estado, pero no conduce a justificar un golpe. Sin embargo, si bien no apoyarían una acción de esa naturaleza,[16] las personas descontentas sí podrían tolerar acciones poco democráticas. Ese año también se identificó que el sentimiento de eficacia política se ubicaba en un nivel medio-bajo con respecto a la región. Si la gente está descontenta con el funcionamiento de la democracia y percibe que no tiene mayor

---

15. Medido a partir de la pregunta: "Cambiando de nuevo el tema, puede que la democracia tenga problemas, pero es mejor que cualquier otra forma de gobierno. ¿Hasta qué punto está de acuerdo o en desacuerdo con esta frase?".

16. En el estudio de 2012 se asocia el apoyo a un golpe de Estado con la edad (los jóvenes apoyan más una salida de este tipo en determinadas situaciones), nivel educativo (cuanto más bajo el nivel, mayor el apoyo), percepción de la economía nacional y victimización por delincuencia. En el informe de 2010 se lo relaciona no solo con la percepción de la economía nacional, la edad y el nivel educativo, sino también con el grado de riqueza material, el desempeño económico del gobierno y la percepción de inseguridad.

capacidad de influir en ella, no llega a sorprender que un 50% considere que en el país hace falta una "mano dura". En efecto, tenemos una situación en la que, si bien no se respalda abiertamente la intervención de las Fuerzas Armadas en la política, sí se tiende a estilos autoritarios o populistas en la dinámica democrática electoral.

En cuanto al nivel de satisfacción con la democracia[17] en el Perú, al igual que con los otros indicadores, este se encuentra entre los más bajos de la región. En el estudio de Carrión, Zárate y Zechmeister (2014), un 62% decía estar muy insatisfecho o insatisfecho con esta forma de gobierno. En tal sentido, Carrión, Zárate y Seligson (2010) muestran que ello se asocia a una gran diversidad de percepciones y actitudes relacionadas con la economía, la política y la sociedad.[18] Al menos su vínculo con el índice de aprobación presidencial podría explicar por qué el nivel de satisfacción mejora luego de un cambio de gobierno, para empeorar en la medida en que la gestión avanza y el índice de popularidad disminuye.

Finalmente, los trabajos del LAPOP identifican una percepción negativa del rol del Estado. Si bien se habla de actitudes mixtas (demanda de intervención para solucionar brechas entre ricos y pobres, pero reticencia a que asuma un papel activo en la economía), se observa una tendencia a buscar una menor injerencia. Esto último se vincularía con el "descontento político" (poca confianza en el Congreso, las agrupaciones políticas y el sistema de justicia[19]), con el mencionado descenso del apoyo al sistema político, con la escasa aprobación de la labor presidencial, con la baja evaluación del desempeño del gobierno en la lucha contra la corrupción (casi el 90% considera que esta práctica se encuentra algo o muy generalizada) y con la inseguridad ciudadana. Como es previsible, solo un porcentaje muy

17. Medido a través de una escala tipo Likert: muy satisfecho, satisfecho, insatisfecho, muy insatisfecho.

18. Percepción del desempeño económico del gobierno, de la situación económica del país, de la crisis económica y de la disminución del ingreso familiar, del nivel de aprobación de la gestión presidencial y de la victimización por corrupción.

19. Desde 2006, en todas las mediciones, las instituciones más representativas (el Congreso y las agrupaciones políticas), al igual que el sistema de justicia, han tenido las evaluaciones más bajas.

reducido manifiesta estar dispuesto a pagar más impuestos para que la inversión del Estado aumente.

En síntesis, los diversos trabajos desarrollados como parte del LAPOP muestran una situación de bajo apoyo al sistema político (a la democracia) y de fuerte insatisfacción, que si bien no conduce necesariamente a pensar en un golpe de Estado, sí configura una cultura política favorable a propuestas populistas o autoritarias que, en democracia, establezcan una "mano dura" para resolver los problemas que el sistema no logra solucionar. Como las actitudes hacia la intervención del Estado son mixtas, la expectativa de encontrar un "justiciero" termina depositándose en el líder político o el Presidente, más que en una institución. De esta manera, lo que predomina es una democracia en riesgo o inestable. Las investigaciones reseñadas indican que estas actitudes no solo se vinculan a la situación económica de las personas (cuál es y cómo la perciben), sino a una percepción de que las demandas de carácter político no están siendo atendidas. Por último, si bien los trabajos revisados muestran que hay otros patrones actitudinales, lo que predomina es preocupante.

2

Cultura política en Lima

Si bien el objetivo de nuestra investigación es Lima, y también lo que Murakami denomina el enfoque de "la conciencia o cultura política",[1] este trabajo constituye la primera parte de un esfuerzo de mayor aliento sobre la cultura política en el país. Aspiramos, pues, a que este libro contribuya a encontrar la mejor manera de aplicar el concepto y a identificar las subculturas relevantes en la construcción de la democracia en el Perú.

Lima concentra un tercio de la población total, casi el 40% de la población urbana del país, y cerca de la mitad de sus habitantes no ha nacido en esta ciudad. Evidentemente, el proceso de migración ha generado todo un cambio económico, social, cultural y político (Matos Mar 2010) que constituye un buen punto de partida para un trabajo de esta naturaleza.

La discusión sobre qué aspectos conforman una cultura política, en general, y cómo está estructurada la cultura política limeña o peruana, en particular, es un reto y a la vez un debate abierto. Por ello, consideramos que este estudio es parte del mosaico que mencionaba Becker para explicar la forma en que se debe construir conocimiento en las ciencias sociales, en contraposición al enfoque positivista:

---

1. En este enfoque, el estudio de las actitudes políticas no se hace a través de casos sino de muestras más amplias que suelen cubrirse utilizando encuestas.

> La imagen del mosaico es útil [...] Cada pieza que se añade a un mosaico añade algo para entender el cuadro total. Cuando son muchas las piezas que se han colocado podemos ver, con mayor o menor claridad, los objetivos o la gente que componen el cuadro y sus relaciones mutuas. Las distintas piezas aportan cosas diferentes a nuestra compresión: algunas resultan útiles a causa de su color, otras porque aclaran el contorno de un objeto. Ninguna de las piezas desempeña un papel fundamental pues, si carecemos de su aporte, existen todavía otras maneras de llegar a una comprensión del todo. (Becker, en Balan et ál. 1974: 30)

En cuanto a nuestra investigación, en el anexo 1 se detallan sus aspectos metodológicos. En síntesis, primero se llevó a cabo un estudio exploratorio con el fin de obtener una aproximación inicial acerca de cómo la ciudadanía percibe la política, los afectos y vínculos que se tienen con ella y con sus personajes, y cómo es su autopercepción en este proceso. Luego, a partir del modelo teórico planteado por Morán y Benedicto (1995) y lo observado en la fase exploratoria, se aplicó una encuesta en Lima a 1530 personas de 18 años a más, de todos los estratos socioeconómicos. Con los resultados se obtuvo una descripción de la cultura política en Lima. Posteriormente, se desarrolló un análisis multivariado para identificar qué variables y dimensiones se pueden tomar en cuenta como parte de esta cultura y cuáles no. Para acabar, se identificaron diversas subculturas políticas en la capital y se analizaron sus características y significado.

2.1 Un esquema para analizar la cultura política y las subculturas políticas en Lima

Los criterios para estudiar una cultura o subcultura política son diversos. Algunos analizan los complejos procesos históricos, otros solo consideran las variables demográficas; mientras que algunos se centran en los valores, otros miden actitudes políticas específicas, configuraciones ideológicas o alguna combinación de ambas. Por ejemplo, Murga (2008) comenta el trabajo de Van den Broek y Heunks (1994), quienes desarrollan un estudio sobre tipos de cultura política solo a partir de la orientación y participación políticas. En la orientación política, consideran la derecha e izquierda, el individualismo económico cultural, los valores posmaterialistas y las actitudes políticas (tales como la confianza institucional, la tolerancia y el interés político); en la participación política, toman en cuenta tres tipos: la participación convencional, la no convencional y la desobediencia. ¿De qué depende, entonces, que se escoja una u otra variable en el análisis de una cultura política?

Es en una situación como esta en la que vuelve a cobrar importancia el debate sobre si la cultura política constituye una teoría, un concepto o solo un enfoque útil como gran paraguas para desarrollar una hipótesis o realizar estudios de caso. ¿Qué variables se deben tomar en cuenta para perfilar una cultura o subcultura política? Al revisar estudios basados en encuestas, nos dimos cuenta de que normalmente trabajaban solo con unas cuantas variables (demográficas, actitudinales) para, en función de ellas, establecer tipologías diversas. Lo usual es analizar aspectos específicos, más que el conjunto de una cultura o subcultura (apoyo a la democracia, satisfacción, actitudes hacia el sistema político, etc.).

Por ello, nuestra intención ha sido considerar el conjunto de variables que se pueden incluir en el concepto de cultura política, y no solo dos o tres de ellas, con el fin de realizar tipologías a partir de cruces bivariados, correlaciones o regresiones logísticas y ver qué variables influyen en la que se haya tomado como dependiente. Por eso comenzamos nuestro análisis con el enfoque general sobre cultura política propuesto por Morán y Benedicto (1995). Estos autores nos brindaron un punto de partida para identificar y analizar las dimensiones de la cultura política en Lima, así como las variables que la componen. Así definimos el contenido de los instrumentos de trabajo (la guía de dinámicas grupales y el posterior cuestionario) y organizamos un plan de análisis.

De la misma manera, fue importante su análisis de la cultura política como una entidad teórica multidimensional, pues la mayoría de los trabajos pone énfasis en algún aspecto significativo de esta cultura (que puede incluir más de una variable), pero sin tratarla en conjunto. Por ejemplo, los estudios vinculados al proyecto de la Encuesta Mundial de Valores se centran en los valores asociados a los procesos de modernización, y en los trabajos del LAPOP se miden diversos factores (el apoyo al sistema político, a la democracia, la satisfacción con la democracia, etc.), pero en ninguno de ellos se plantea un análisis global.

De esta manera, el enfoque multidimensional de Morán y Benedicto nos permitió construir un esquema para desarrollar o determinar indicadores empíricos a través de los cuales se pudieran observar las orientaciones hacia objetos de la cultura política. Como señalan estos autores, se trata de "un inicial trabajo de definición y desarrollo del modelo dimensional" que deriva en establecer indicadores, aunque "queda bastante camino por recorrer hasta llegar a construir un modelo estructural de cultura política que reúna todos los requisitos formales y de contrastación empírica necesarios para poder ser calificado como tal" (Morán y Benedicto 1995: 29). Aun así, su propuesta es un avance importante que ordena el análisis y que funciona, como sostenía Blumer (1982), como un "concepto sensibilizador" que ayuda a pensar. Este planteamiento parte de un enfoque en el que se considera:

> [...] la cultura política como la estructura resultante de la articulación de los diferentes procesos de relación que los ciudadanos mantienen con lo político en general y con el sistema político en particular (Bean 1993) [...] nuestra tarea ha consistido en organizar de forma sistemática –y de acuerdo con nuestra hipótesis de dimensionalidad– aquellos aspectos o componentes que consideramos fundamentales para obtener una imagen amplia e integrada de las relaciones ciudadano-política. (Morán y Benedicto 1995: 30)

Ahora bien, con este enfoque se indaga dos grandes temas: el individuo en tanto "ciudadano-actor" que establece relaciones con lo público en general y con lo político en particular; y las actitudes y vínculos del ciudadano con el sistema político. En este último punto se toma en cuenta su relación con actores e instituciones vinculados tanto al *input* (o aspecto político) como al *output* (o aspecto administrativo). En tal sentido, se trata de un enfoque que dialoga con la propuesta inicial de Almond y Verba, pero que profundiza y afina sus dimensiones.

Sobre la base de la relación entre ciudadano y sistema político, Morán y Benedicto consideran cuatro dimensiones: una centrada en el ciudadano (el individuo-ciudadano), otra que se enfoca en el vínculo del ciudadano con la política, y dos que evalúan las actitudes del ciudadano hacia el sistema político y sus actores (la imagen del sistema político y los resultados de la acción institucional). En cada dimensión se definen componentes y cada uno de ellos se caracteriza a partir de diversas variables.

Las cuatro dimensiones de la cultura política según Morán y Benedicto (1995)

El individuo-ciudadano
La vinculación ciudadano-política
La imagen del sistema político
Los resultados de la acción institucional

La primera dimensión se refiere a las creencias que constituyen el marco de referencia a partir del cual la persona plantea su relación con el mundo de las significaciones colectivas y se construye como actor político, real o potencial. En este punto se indaga sobre sus valores sociales (confianza, tolerancia y actitudes frente al orden social, etc.), creencias políticas básicas (sentimiento de eficacia/competencia políticas, autoidentificación ideológica, entre otras) y socialización política. Lo importante de esta dimensión es que las variables ahí incluidas tienen en común su independencia de los temas de coyuntura política. Se toman en cuenta como "principios subyacentes que guían el desarrollo de actitudes y comportamientos" (Morán y Benedicto 1995: 31). De este modo, se busca que no solo las variables coyunturales y políticas expliquen lo político.

La segunda dimensión —la vinculación del ciudadano con la política— ahonda en las relaciones que el individuo mantiene con la esfera política en general y con el sistema político en particular. La conforman cuatro componentes: la implicación política personal (el interés político, el conocimiento político, etc.), el consumo de información política, el asociacionismo y la participación política (tanto electoral como "no convencional"). En términos generales, se pueden considerar dos grandes áreas en esta dimensión: la implicación (la propiamente dicha y el consumo de información derivado de ella) y la participación (social y política). Dicho de otro modo, una vinculación más pasiva (interés por la política, consumo de información sobre asuntos políticos, entre otros) o más activa (asociacionismo, participación política convencional o no convencional). Como dicen los autores, si bien el consumo de información política o el asociacionismo no tienen necesariamente una repercusión directa sobre la implicación y la participación políticas, "como ha sido reiteradamente demostrado en múltiples investigaciones, constituyen condiciones de posibilidad de gran importancia en ambos casos y, sobre todo, mecanismos que favorecen la conversión de las disposiciones actitudinales en conductas políticamente orientadas" (Morán y Benedicto 1995: 32).

La tercera y cuarta dimensiones —la imagen del sistema político y los resultados de la acción institucional— están relacionadas con las evaluaciones del sistema político. Por un lado, aparecen "las imágenes de los ciudadanos sobre el sistema político y su capacidad de representación" y, por otro, "los juicios que se realizan sobre los productos resultantes de la actividad institucional del sistema" (Morán y Benedicto 1995: 30). En general, se indaga sobre la efectividad y legitimidad del sistema político tratando aspectos vinculados tanto al *input* como al *output*.

La tercera dimensión está en el terreno de los *inputs* y aborda dos cuestiones: la legitimidad del sistema democrático y la efectividad (satisfacción de expectativas y demandas) del sistema político (actores y agrupaciones políticas, el Legislativo y las demás instituciones públicas). Se estudian las concepciones y expectativas que la gente tiene respecto de la democracia, la valoración de su funcionamiento y los juicios sobre diversos actores e instituciones en tanto canales de representación. En el caso de esta investigación, considerando la crisis institucional y la importancia que se les da a los actores, nos pareció conveniente dedicarle un espacio a las creencias y evaluaciones sobre determinados actores políticos (candidatos, líderes, Presidente, etc.) como una forma de analizar la cultura política.

La última y cuarta dimensión —los resultados de la acción institucional— se centra en la evaluación ciudadana de los *outputs* del sistema político, en particular, de las acciones del gobierno, sobre todo en lo institucional. Como también señalan Carrión, Zárate y Seligson (2012), la evaluación que hace el ciudadano sobre la efectividad de la acción institucional (o de los actores) repercute en la legitimidad y el apoyo político al sistema. Se abordan, por un lado, los juicios sobre acciones específicas del gobierno de turno (el impacto de políticas concretas) y, por otro, las actitudes hacia el rol del Estado en el bienestar colectivo y personal.

Como señalaron Morán y Benedicto, su planteamiento parte de una elaboración conceptual inspirada en el modelo inicial de Almond y Verba, que busca cubrir diversas dimensiones de lo que se ha denominado cultura política. Una limitación de este esquema es que es un análisis básicamente descriptivo de los datos que estaban a la mano en aquel momento en los estudios del Consejo Superior de Investigaciones Científicas (CSIC). No obstante, como indican sus autores, es el punto de partida de un camino por recorrer en el que se necesita más trabajo

ESQUEMA DIMENSIONAL DE LA CULTURA POLÍTICA SEGÚN MORÁN Y BENEDICTO (1995)

1. Dimensión: Individuo-ciudadano como actor
   - 1.1 Componente: Valores sociales
     - 1.1.1 Valores de referencia personal (valores individuales, confianza interpersonal).
     - 1.1.2 Valores de referencia colectiva (materialismo frente a posmaterialismo).
     - 1.1.3 Representaciones del sistema social (percepción de orden social).
   - 1.2 Componente: Creencias políticas básicas
     - 1.2.1 Orgullo cívico.
     - 1.2.2 Sentimientos de identidad política (izquierda, derecha).
     - 1.2.3 Sentimientos de competencia política (eficacia política).
   - 1.3 Componente: Socialización política
     - 1.3.1 Socialización familiar (autoritarismo/participación en la vida familiar, transmisión de lealtades políticas).
     - 1.3.2 Socialización en el ámbito escolar (educación política en la escuela, comportamientos participativos).
     - 1.3.3 Socialización en el grupo de pares/ámbito laboral (participación en el lugar de trabajo).
2. Dimensión: Vinculación ciudadano-política
   - 2.1 Componente: Implicación política personal
     - 2.1.1 Interés por la política.
     - 2.1.2 Lo político en las relaciones sociales.
     - 2.1.3 Conocimiento de la política.

2.2 Componente: Política y medios de comunicación

2.2.1 Exposición a fuentes de información (audiencia de los medios).
2.2.2 Grado de información política (consumo de información política).

2.3 Componente: Asociacionismo

2.3.1 Asociaciones voluntarias (participación en asociaciones "no políticas").
2.3.2 Sindicatos (identificación y afiliación sindical).
2.3.3 Partidos políticos (identificación y afiliación partidaria).

2.4 Componente: Participación política

2.4.1 Actividad política de los ciudadanos.
2.4.2 Participación electoral (motivaciones del voto, causas y valoración de la abstención).
2.4.3 Participación política no convencional.

3. Dimensión: Imagen del sistema político

3.1 Componente: El sistema democrático

3.1.1 Antecedentes de la democracia.
3.1.2 La concepción de la democracia (características del sistema democrático y comparación con otros regímenes).
3.1.3 Valoración del funcionamiento de la democracia.

3.2 Componente: Actores e instituciones políticas democráticas

3.2.1 Agentes sociales y políticos.
3.2.2 Partidos políticos (importancia de los partidos en la vida democrática, evaluación de su labor, cercanía a los partidos).
3.2.3 Instituciones parlamentarias (funcionamiento y eficacia del Parlamento, juicios sobre los representantes).
3.2.4 La administración (funcionamiento de la administración, opiniones sobre los funcionarios).

4. Dimensión: Resultados de la acción institucional

4.1 Componente: Juicios sobre la labor del gobierno

4.1.1 El impacto de la gestión gubernamental (eficacia de la gestión, repercusiones en la vida de los ciudadanos).
4.1.2 Los procesos de toma de decisiones políticas.
4.1.3 Equidad de los procesos políticos.

4.2 Componente: Estado y bienestar social

4.2.1 Áreas de responsabilidad de la actuación estatal (funciones del Estado, presencia del Estado en la vida económica).
4.2.2 Expectativas sobre el Estado de bienestar.

empírico y, además, modelos analíticos que trasciendan las descripciones. Creemos que el trabajo de exploración cualitativa y el análisis factorial realizados en esta investigación aportan en dicho sentido.

En el recuadro reproducimos el esquema planteado por Morán y Benedicto (1995). Como señalamos líneas arriba, en cada una de las dimensiones hay distintos componentes (por ejemplo, valores, creencias políticas básicas), y en cada componente, diversas variables.

Como podrá observarse en las siguientes líneas, ordenamos la presentación de resultados tomando como referencia las cuatro dimensiones planteadas por Morán y Benedicto, pero las hemos llamado: i) el poblador de Lima como actor social y político, ii) la vinculación con la política, iii) las actitudes hacia el sistema político, y iv) las actitudes hacia la acción del Estado y del gobierno. Luego reunimos los resultados de las dinámicas grupales con los de la encuesta, con el fin de ilustrar mejor lo que encontramos en cada dimensión.

A continuación, analizaremos detalladamente cada una de estas dimensiones.

2.2 El poblador de Lima como actor social y político

2.2.1 Aspectos sicosociales

A pesar de no estar directamente vinculados con la vida política, los aspectos sicosociales tienen que ver con la cultura y ayudan a entender las diversas formas que tienen los ciudadanos de relacionarse con lo público en general y con lo político en particular.[2] Como parte de estos aspectos, hemos incluido un análisis de los valores, la confianza interpersonal, la percepción del cumplimiento de normas sociales y la de desigualdad.

---

2. En el modelo factorial que se presenta en el anexo 1 se excluyeron los valores, porque la varianza explicada mejoraba sin ellos. Sin embargo, creemos que sí hay una relación y el trabajo cualitativo brinda evidencias sobre ella. Queda para futuros trabajos analizar cuál puede ser la relación entre valores y cultura política con el fin de integrarlos en un modelo, asumimos, más complejo.

Dado que en el estudio cualitativo identificamos que el lugar de nacimiento es una variable importante en la ubicación simbólica de los pobladores (el discurso de los *limeños* frente al de los *provincianos* en Lima), la consideramos para el análisis cuantitativo. Aunque la palabra *provinciano* puede tener una connotación peyorativa, lo cierto es que en las dinámicas grupales la gente recurrió tanto a este término como al de *limeño* para hacer diferencias entre unos y otros. Esta situación es muy semejante a la descrita años atrás por Degregori, Blondet y Lynch (1986), así como por Golte y Adams (1990). Si bien treinta años después puede haber cambiado mucho, todavía hay un sector importante que se siente "provinciano en Lima" (Degregori, Blondet y Lynch 1986), aunque es evidente que el significado de esta palabra es más complejo hoy. Se trata, pues, de miradas de unos a otros que pueden ser estereotipadas, pero que marcan una dinámica de interacción que debe tomarse en cuenta:

> Lo que pasa es que los limeños son muy flojos. En cambio, los de otra provincia vienen de frente a trabajar porque quieren progresar. Allí es donde empieza la dificultad, la envidia y el egoísmo. Los limeños quieren ganar más por ser limeños, y no es así. Tienes que trabajar más si quieres ganar más. (Adulto, hombre, NSE C)
>
> Yo pienso que la gente de provincia es más metódica, ellos, o sea, la gente de provincia, viene, trabaja acá y logra alcanzar sus objetivos, en cambio el limeño como que es un poco más relajado. (Adulto, hombre, NSE E)

Seguidamente, de acuerdo con el lugar de nacimiento, se definieron tres grupos: los *limeños*, nacidos en Lima, al igual que sus padres (que solo representan el 20%); los *limencianos*, personas nacidas en Lima pero cuyo padre o madre (o ambos) han nacido en otra localidad (37%), y los *provincianos*, residentes en la ciudad de Lima, pero nacidos en el interior y con padres que también son de otra localidad (43%). En otras palabras, alrededor del 80% tenía una relación directa o indirecta con el interior del país, un hecho que va más allá de lo meramente geográfico. En casi todo el análisis solo comparamos los resultados del *limeño* con los del *provinciano* porque es donde se observan más contrastes; normalmente, los del *limenciano* están en un punto intermedio entre ambos.

2.2.1.1 Valores

Resulta interesante analizar los resultados obtenidos a partir de la escala de valores de Schwartz (2003).[3] Siguiendo este modelo, los valores con los que más se identifican en Lima son los de universalismo y benevolencia (73% del Top Two Box, en adelante T2B, en cada caso),[4] seguidos de la autodirección (69%), la seguridad (69%) y la tradición (66%). Si bien son resultados importantes para el conjunto de la población limeña, nos dan aún más luces cuando nos detenemos en ciertos segmentos.

Tabla 1
Valores de Schwartz (T2B, suma de puntajes 5 y 6)

Valores	T2B (%)
Universalismo	73
Benevolencia	73
Autodirección	69
Seguridad	69
Tradición	66
Conformidad	60
Logro	50
Estimulación	44
Hedonismo	38
Poder	27
Total de participantes	1530

3. Según su modelo, los valores pueden reducirse a diez grupos motivacionales que, a su vez, se agrupan en cuatro grandes dimensiones: autotrascendencia (universalismo y benevolencia); conservación (conformidad, tradición, seguridad); mejora de uno mismo (poder, logro y hedonismo); y apertura al cambio (estimulación y autodirección).

4. El Top Two Box o T2B es la suma de los puntajes extremos positivos (4 y 5) en una escala tipo Likert. En este caso, estamos hablando de escalas que van del 1 al 5, donde 1 es el puntaje más bajo y 5 el más alto.

Gráfico 1
Esquema de valores de Schwartz,
T2B (suma de puntajes 5 y 6)

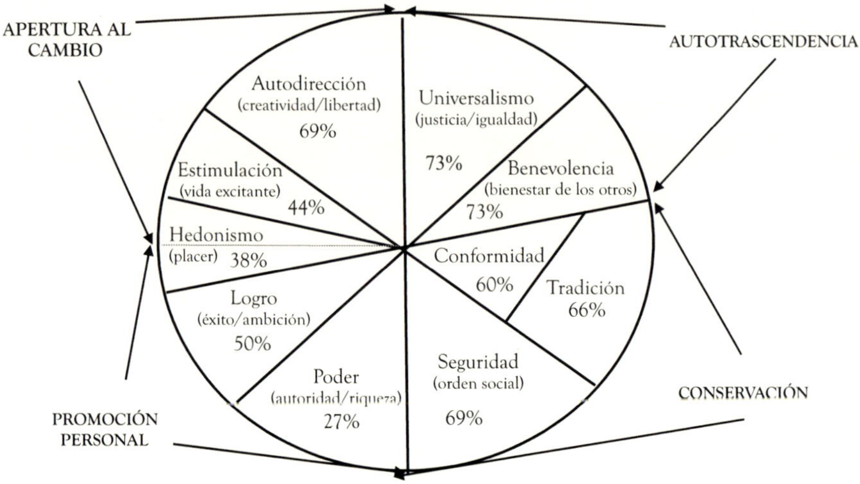

Ahora bien, ¿qué es lo que nos dicen estos puntajes? En primer lugar, el predominio del universalismo nos recuerda que, en las dinámicas grupales, siempre se reclamó igualdad y justicia en una sociedad que se percibe como muy vertical e injusta. En este contexto, cuando se preguntó en los grupos qué entendían por democracia, sobre todo en los segmentos de menos recursos, se mencionó la idea de justicia e igualdad para todos.

> [...] igualdad de oportunidad para todos. Yo creo que eso es la democracia, no ir cada cuatro o cinco años a votar sino tener todos las mismas oportunidades. (Adulto, hombre, NSE C)
>
> Justicia para el pueblo, a lo que todos nos parezca bien, y nos haga un bien. (Joven, mujer, NSE D)

En consecuencia, la noción de democracia se relaciona con esos valores y con la percepción de que no los hay en la vida cotidiana. En segundo lugar, la importancia de un valor como la benevolencia nos habla de la preocupación por ayudar a la gente de nuestro entorno y de la lealtad con las personas más cercanas. Tanto en los grupos de discusión como en la encuesta, la familia y el entorno inmediato (barrio, amigos, etc.) mostraron ser muy importantes y uno de los pocos espacios donde hay confianza. Como veremos más adelante, los altos niveles de desconfianza interpersonal dialogan, por oposición, con la importancia que se le otorga a cuidar de la gente del entorno: tu familia, tu barrio, tus conocidos, "los tuyos". Más allá de este espacio, todo se vuelve incierto. A resultados semejantes ya llegó Díaz Albertini (2010) en su interesante trabajo sobre capital social en Lima.

En tercer lugar, valorar la autodirección supone darle importancia a la creatividad e ingenio para plantear ideas nuevas y tomar decisiones de manera autónoma. Incluso, uno de los ítems que compone este valor ("tomar sus propias decisiones acerca de lo que hace. Le gusta tener la libertad y no depender de los demás") fue el más mencionado (T2B: 76%). La autodirección expresa un valor que en las dinámicas grupales apareció como la idea de que el poblador de Lima es *recursero* e ingenioso, pues ante cualquier problema, tiene una salida creativa. No obstante, esta facultad para la supervivencia implica cierto distanciamiento de las normas sociales, de la institucionalidad y una forma de adaptación que retroalimenta la idea de que la sobrevivencia, o eventualmente el éxito, pasa por el no cumplimiento de las normas.[5] Lo más probable es que la historia de la "conquista de Lima", en la que muchas veces quien llegó a la ciudad tuvo que moverse fuera de las normas, así como la cotidianidad de un sistema institucional que no funciona en diversos niveles o que lo hace de manera corrupta (tráfico, seguridad, justicia, trámites diversos, etc.), refuercen este valor.

Por otro lado, la valoración de la autonomía frente a las normas o, si se quiere, frente al poder, tiene que entenderse en un contexto en el que, tanto en la exploración cualitativa como en la encuesta, la gente manifestó que quienes están en el poder abusan del mismo y son corruptos.

5. Es un valor que, de acuerdo a Schwartz, se ubica en el lugar contrario a la conformidad y tradición. En ese sentido, resulta interesante que el valor denominado "autodirección" no sea opuesto al universalismo ni a la benevolencia, sino a la tradición y a la conformidad.

En la encuesta, por ejemplo, un 62% considera que no todos somos iguales ante la ley y un 78% está de acuerdo con que las autoridades son las primeras en no cumplir con las normas. Por lo tanto, la importancia que se le da al valor de la autodirección tiene que comprenderse en este escenario de creencias. Se percibe que la ley no es la misma para todos y que predomina el "vale todo". En el estudio exploratorio se vio cómo esta visión del poder genera un fuerte sentimiento de impotencia entre los ciudadanos, que deriva en reclamos de "mano dura" como una forma de poner orden y hacer justicia.

En cuarto lugar, la importancia de valores como la seguridad y la tradición en Lima aluden, respectivamente, al reclamo de vivir en un lugar seguro, así como de tener un Estado fuerte, capaz de proteger a los ciudadanos, y al valor que tienen para la población las costumbres e ideas vinculadas a su cultura y religión. Esta aparente contradicción con el valor de autodirección se entiende mejor cuando se analiza qué ocurre en cada uno de los segmentos que componen la ciudad. Las mayores diferencias tienen que ver con el lugar de nacimiento (*limeños* frente a *provincianos*), que a su vez está relacionado con diferencias culturales, y con la edad.

En ese sentido, entre los *limeños*, la autodirección (la libertad y no depender de los demás), al igual que los valores de logro (49%) y hedonismo (40%), que tienden a lo individual, son mayores que entre los *provincianos*. Los *limeños* buscan, en mayor proporción, tener autonomía e independencia (T2B: 83%), así como innovar y ser creativos en su día a día (T2B: 76%). Aunque los valores de tradición y conformidad están presentes en este grupo (52% y 51%, respectivamente), son bastante menos importantes que el de autodirección (casi por 30 puntos de diferencia). Por otro lado, en el caso de los *provincianos*, después de la autodirección (66%), son importantes los valores de tradición (T2B: 61%) y conformidad (T2B: 58%). Entre ellos, destaca el buscar comportarse siempre de manera correcta (T2B: 63%), una mayor tendencia a la modestia y humildad (T2B: 67%), así como un respeto por las tradiciones (T2B: 55%) (véase gráficos 1 y 2 del anexo 2).[6]

---

6. De manera coincidente, quienes nacieron en provincia tienen una mayor orientación hacia valores de sobrevivencia (62%), en el sentido que le dan Inglehart y

Como puede observarse, los *limeños* y los *provincianos* poseen patrones diferentes en estos ejes. Por un lado, tenemos al *provinciano* que busca igualdad de oportunidades y el bienestar de su entorno familiar y allegados, que también valora la autonomía y la libertad para decidir, pero que no gusta de mostrar lo que tiene y que respeta más las tradiciones. En oposición, el *limeño* tiene otra mentalidad: también valora la igualdad de oportunidades y el bienestar de su entorno, pero cultiva su independencia y está más dispuesto a experimentar situaciones nuevas. Además, se orienta hacia los intereses propios (logro y hedonismo) y su definición de éxito/progreso implica disfrutar de la vida y engreírse, vivir el presente. En suma, son resultados que recuerdan lo observado en el nivel cualitativo por Parodi: claras diferencias entre los proyectos de vida de quienes se pueden considerar "limeños tradicionales" y los "migrantes provincianos" (Parodi 1986; véase gráfico 3 del anexo 2).

En suma, todas estas descripciones son congruentes con el discurso desplegado en las dinámicas grupales. En ellas se utilizó un juego de *collage* para que los participantes expresaran cómo veían a los limeños y se les describió como personas creativas e ingeniosas, alegres, fiesteras, que pueden estar pasando por momentos difíciles, pero que aun así se divierten.

ANDINA/Héctor Vinces

Welzel (2006), a diferencia de los limeños, entre quienes predominan las personas autoexpresivas (55%).

Somos muy fiesteros, muy amigueros, así estemos mal, pones una radio, unas chelas y tu parrilla. (Adulto, hombre, NSE A/B)

ANDINA/Norman Córdova.

Sin embargo, en estas mismas dinámicas grupales, los *provincianos* que viven en Lima (por lo general, los mayores y los de niveles socioeconómicos más bajos) no se identificaban con esta versión del *limeño* alegre y hedónico. Ellos, más bien, se definieron como gente emprendedora a la que le ha costado mucho esfuerzo conseguir lo que ahora tienen. Por eso, se consideran más cuidadosos con el dinero que los *limeños* y no tan ostentosos como ellos. Además, creen injusto que por ser *provincianos* tengan menos beneficios que los *limeños*, a quienes calificaron de *flojos*, porque todo lo quieren fácil:

El limeño es vago y ladrón. (Adulto, hombre, NSE D)

Hasta cierto punto, esta dinámica de *limeño-provinciano* nos remite a la figura de autoridad-súbdito (Portocarrero 2010), en la cual la autoridad (el *limeño*) es odiada por abusiva. Como se mencionó en los grupos y se describe más adelante en la encuesta (véase anexo 1), hay una imagen de sociedad injusta y jerárquica, en la que cada quien hace lo que quiere y los que están en el poder abusan. De manera semejante a lo que sugiere

Nugent (2012) sobre la representación de los sectores populares, en la que hay una ecuación simbólica que equipara al migrante o provinciano con "pobre, andino y sin poder", vemos que en la cultura política limeña también hay una ecuación implícita que identifica a quienes están en el poder con "ricos, políticos, congresistas, *limeños*". Desde esta perspectiva, el *limeño* no solo despierta sentimientos negativos por su asociación a una forma de ejercer el poder, sino también la animosidad del *provinciano*.

Por otro lado, la edad es una variable que permite observar diferencias en algunos valores que priorizan más lo individual, como la búsqueda del logro, la estimulación y el hedonismo más presentes en la población joven (18 a 24 años). De hecho, en este segmento hay una mayor proporción de personas orientadas al logro (T2B: 57%), a la estimulación (T2B: 46%) y al hedonismo (T2B: 48%).[7] Esto lleva a que los jóvenes sean más exigentes con las instituciones que deben darles un servicio y que además busquen que se lo haga de manera rápida. En consecuencia, los jóvenes reclaman con mayor énfasis que sus mayores por aquellos aspectos que consideran que les corresponden —como veremos más adelante, la relación con lo público se da en tanto los afecte en lo personal—. El análisis de las medias poblacionales confirma los altos niveles que alcanzan tales valores entre los más jóvenes[8] y los porcentajes muestran la misma tendencia: las personas mayores tienen valores más tradicionales. Entre estos últimos (de 40 a 80 años), hay una mayor vinculación con valores altruistas y de entrega hacia los demás. Este segmento en particular tiende más a la participación vecinal y también se encuentra más involucrado con asociaciones civiles y políticas en las que es necesario trabajar en equipo.

---

7. Estos porcentajes coinciden con los resultados de estudios realizados por GfK sobre valores (2012), en los que se observa que entre la gente más joven, los valores personales pesan más que los que se orientan a la colectividad.

8. Estimulación (M = 4,20; DT = 1,03), logro (M = 4,46; DT = .93) y hedonismo (M = 4,27; DT = 1,03). Por el contrario, las personas de 40 a 80 años sobresalen por sus mayores niveles de tradición (M = 4,65; DT = .81) que el resto de grupos de edad.

Si se analizan estos dos grupos de edad según el eje de valores de sobrevivencia/valores expresivos definido por Inglehart (Inglehart y Welzel 2006), se pueden apreciar diferencias entre ellos. En el grupo más joven de limeños predominan los valores expresivos (54% frente al 46% de valores de sobrevivencia), mientras que en los segmentos de mayor edad (40 a 80) ocurre lo contrario: el 61% privilegia los valores de sobrevivencia (búsqueda de seguridad material, bienestar económico, orden, baja confianza), frente al 39% que le da más importancia a los expresivos. En suma, se trata de una generación de jóvenes más hedónica, que busca experiencias nuevas, que quiere libertad, que desea expresar su opinión y que se inclina más al logro personal que las generaciones anteriores; dicho de otra manera, esta generación tiene un vínculo diferente con lo público.

Tales resultados muestran un cambio de mentalidad entre los pobladores de Lima, que probablemente se relacione con el crecimiento económico de los últimos años, que ha permitido que la nueva generación sea más optimista, esté más ávida de nuevas experiencias —y, por ende, le otorgue más importancia a temas como el disfrute de la vida, las emociones positivas y el reconocimiento social— y tenga una mayor motivación de logro. De este modo, se espera que las generaciones mayores tengan esquemas más conservadores y que, por ello, puntúen alto en valores como la tradición y el mantenimiento del *statu quo*. La gente de 40 a más años pasó su niñez, pubertad y parte de su adolescencia (los más jóvenes) entre las acciones de Sendero Luminoso (1980 a 1992), la hiperinflación del primer gobierno de Alan García (1985-1990) y los años del llamado *fujishock* (1990-1995). En cambio, aquellos de 25 a menos años, por poner un corte de edad que marque diferencias, vivieron parte de su niñez y adolescencia en un país cuyo producto bruto interno (PBI) creció de manera sostenida entre 4% y 7% durante algo más de diez años (Jaramillo y Zambrano 2013). Este crecimiento económico se produjo en un contexto de gran fragilidad institucional (Ganoza y Stiglich 2015), no obstante marcó una diferencia con los años anteriores.

En síntesis, destaca la imagen de un habitante de Lima preocupado por la igualdad, la justicia y el bienestar de su entorno familiar y allegados, que valora la autonomía como una forma de enfrentar la vida.

Como vimos, hay ciertos valores asociados a uno u otro grupo, *limeños* y *provincianos*, pero la búsqueda de justicia e igualdad (el universalismo de Schwartz) es un elemento transversal. Además, hay que mencionar que el valor de universalismo es más alto entre las personas que indican tener más interés en la política (véase tabla 1 en el anexo 2).

En las dinámicas grupales se pudo observar la importancia que la población de Lima le otorga a la igualdad y justicia, porque se percibe que es lo que menos se da. Son, pues, clivajes que se organizan respecto del acceso al poder; pero que se vinculan, entre otros elementos, con la percepción de diferencias socioeconómicas, étnicas o de lugar de origen:

> Acá en Lima hay mucha desigualdad en lo que son razas étnicas, tú eres cholo, eres menos; y porque [yo] soy blanco, soy más; eso está mal. (Joven, hombre del NSE A/B)
>
> La ley es de los ricos. (Joven, mujer, NSE D)
>
> Es que es verdad, la ley no es igualdad. (Joven, mujer, NSE C)

2.2.1.2 Confianza interpersonal

Así como los valores, la confianza interpersonal es un aspecto clave para las relaciones entre los ciudadanos y en particular para el capital social. Si bien se desarrolla primero en el ámbito social, es un aspecto que, según autores como Putnam (1994), también logra influir en la cultura política.

En general, solo tres de cada diez personas en Lima confía en los demás (T2B: 31%).[9] Esto varía según el entorno específico al cual nos estemos refiriendo: cuando se trata de la confianza en la gente del vecindario, el indicador mejora: cuatro de diez confían (T2B: 42%). Pero si se pregunta por la gente de Lima, en general, solo dos de diez lo hacen (T2B: 19%) (véase gráfico 4 en el anexo 2).

---

9. El indicador de confianza interpersonal se construyó a partir de las preguntas: qué tanto confía en la gente de Lima (generalizada) y qué tanto en la gente de su comunidad o vecindario (particularizada), en una escala del 1 al 4, en donde 1 = Nada confiable, 2 = Poco confiable, 3 = Algo confiable y 4 = Muy confiable.

Lo mismo ocurre cuando se analizan las medias del indicador generado de confianza interpersonal.[10] La media general es de 2,11 (DT = .64), lo que confirma el bajo nivel de confianza interpersonal en la ciudad. Asimismo, la gente de la comunidad o vecindario se percibe como más confiable que la de Lima.[11] Ello se relaciona con lo que se hemos encontrado en investigaciones previas en nuestro país: somos una sociedad con bajos niveles de confianza interpersonal y estamos entre los países de la región más desconfiados[12] (Carrión, Zárate y Seligson 2006, 2008, 2010; Amaya, Espinosa y Vozmediano 2011; De la Flor 2000; Díaz-Albertini 2010). Como se dijo en las dinámicas grupales, solo se confía en la familia e, incluso, algunos ni siquiera en ella. Estas diferencias entre el grado de confianza en "la gente de Lima" y el que se tiene en el "vecino" nos recuerdan lo señalado por Degregori, Blondet y Lynch (1986) cuando describen cómo en la década de 1980 se creaba una identidad de "vecino" entre los que protagonizaban invasiones, frente a una Lima que no terminaba de integrarlos. En la actual coyuntura, aunque por otros motivos, da la impresión de que tampoco se logra construir vínculos más allá del ámbito más cercano:

> Nadie es confiable ahora. Porque hay muchos estafadores, que engañan, corruptos, hay delincuencia, no se puede confiar al cien por ciento. (Adulto, hombre, NSE C)
>
> Tú confías y al otro día te vacían la casa, la única confianza es tu madre, no hay amigos, ni en nada [...]. (Joven, mujer, NSE C)
>
> [...] ni en la familia... para mí en nadie, porque hay un día que ni en tu sombra [...]. (Joven, hombre, NSE A/B)

---

10. Conformado por el indicador de confianza generalizada y confianza en su comunidad o vecindario.

11. La media y desviación estándar de confianza en la gente de la comunidad o vecindario (M = 2,30; DT = .81) es significativamente más confiable que la media de la confianza en la gente de Lima (M = 1,91; DT = .69; t = -19.58; p < .001).

12. En la publicación de 2010, Carrión, Zárate y Seligson ubican al Perú como el país donde la confianza interpersonal es más baja. Un 43% decía que la gente de su comunidad era muy/algo confiable. El mismo indicador es de 55% para 2014, pero no se tiene un análisis comparativo para la región.

Al observar los resultados por nivel socioeconómico se encontró que la confianza interpersonal, si bien resulta baja en todos los segmentos, se reduce de un NSE a otro: comparativamente hablando, el segmento A/B confía más en su entorno que el NSE D/E, así como el segmento C confía más que los niveles D/E (véase tablas 2 y 3 en el anexo 2). Al revisar los porcentajes, esta tendencia es efectivamente mayor en los estratos más bajos. Así, en el NSE D/E solo un 25% confía en los demás, un panorama que mejora levemente en el NSE A/B (T2B: 36%) y en el NSE C (T2B: 31%).

Estos resultados son preocupantes pues, como ya se ha visto, la fragilidad de los vínculos sociales fuera del ámbito familiar perjudica la convivencia ciudadana, así como la participación cívica y política (Klesner 2007). Parte de nuestro capital social se fundamenta en la confianza interpersonal. Si la gente no confía en las personas que no pertenecen a su entorno, no se relaciona. En el contexto actual, la confianza se concentra en el entorno inmediato y se debilita en el ámbito extragrupal. En tal sentido, preocupa ver la enorme desconfianza que despiertan las instituciones:

> [...] un país bastante informal, no estamos seguros de nada, siempre tenemos un temor, todo es un desorden, si vas a una institución, no sabemos si nos atenderán bien, mucha burocracia. (Adulto, hombre, NSE A/B)
>
> Yo he visto varias veces que la misma policía que te tiene que dar seguridad, no te la da. Cuando me robaron mi bicicleta, el policía no se metió y me fui a la comisaria y lo reconocí y le dije su vida. (Joven, hombre, NSE A/B)
>
> [...] uno desconfía de la policía, de los medios de comunicación, de las empresas aseguradoras que no cumplen lo que prometen [...]. (Joven, mujer, NSE C)
>
> Somos desconfiados, como dice Paola, por eso no quieren colaborar [...] piensan que no se va a llegar al fin. (Adulta, mujer, NSE C)

2.2.1.3 *Percepción del cumplimiento de las normas*

Podría decirse que vivimos en una cultura anómica o alienada, en la que predomina la sensación de que lo que ocurre en la política es algo que trasciende la voluntad de las personas o de que la acción política no tiene ningún sentido (Lane 1962). Una de las percepciones que más caracteriza a los habitantes de Lima es la de que en nuestra ciudad todo el mundo hace *lo que le da la gana*. Cuando tal sensación se incrementa, provoca no solo un malestar general sino también un mecanismo de adaptación a este *modus operandi*; de lo contrario, como se comentó en los grupos, uno queda como el tonto o el *lorna*. En suma, la percepción de incumplimiento de las normas de convivencia aumenta la desconfianza y refuerza la estrategia de solución individual. Se perpetúa un círculo vicioso que no contribuye a construir un valor público y que favorece a la corrupción, en todo ámbito, como una táctica de sobrevivencia.

La mayoría de los participantes en los grupos focales, sin importar el nivel socioeconómico, consideró que por lo general "no hay respeto por las normas" y que se han desarrollado una serie de mecanismos para no cumplirlas. Ahora bien, este comportamiento con las normas puede estar reforzándose con la actitud de incumplimiento por parte de políticos y funcionarios. Cuando se habla ya no solo de normas sociales sino de las mismas leyes, la gente dice que nadie las respeta y que tampoco hay quien las haga respetar, pues la Policía o el Poder Judicial son muy corruptos y "todo es coima". De algún modo, las personas justifican su incumplimiento de las normas o leyes amparándose en la idea de que la autoridad no cumple su función. En los grupos se habló de una "informalidad generalizada" para dar cuenta de este proceso.

En este contexto, las personas no cumplen las normas porque asumen que las demás tampoco lo van a hacer. Se genera así un círculo perverso que hace recordar el postulado de Thomas sobre las profecías autocumplidas o el concepto de anomia:

> La gente se pone a pensar para qué voy a llegar temprano si todos van a llegar tarde. (Adulta, mujer, NSE A/B)

A partir de esto, se generó un indicador de percepción de incumplimiento de normas basado en la frecuencia con que se observan conductas como comprar un artículo robado, aceptar un soborno o *coima*, meterse en una cola sin respetar el turno, sacar la basura a la calle en cualquier momento o no pagar impuestos. La pregunta textual era qué tan frecuentes se consideraban estos comportamientos en el ciudadano limeño (véase gráfico 5 en el anexo 2).

La media de este indicador es de 3,61 (DT = 1,04), lo que equivale a decir que la población en Lima tiende a percibir una frecuencia relativamente alta de incumplimiento de las normas. Teniendo en cuenta el conjunto de aspectos evaluados, seis de cada diez personas consideró que las normas se incumplen siempre o casi siempre (T2B: 62%). Cabe añadir que la percepción de incumplimiento de normas fue más alta en el NSE C (T2B: 66%), aunque en general se trata de un sentir compartido por todos los ciudadanos.

Esta percepción de falta de respeto por las normas lleva a que la convivencia comunitaria se vea como algo difícil o imposible:

> Entre los mismos vecinos, cada uno vive su vida. (Adulta, mujer, NSE A/B)

Así, se observa que la gente no "respeta el derecho del otro" y que en lugar de buscar un acuerdo, trata de imponer su punto de vista, haciendo de esto una situación conflictiva: "el que puede, puede". Ahora bien, cuando se preguntó por mecanismos sociales que ayudaran a resolver los conflictos, se mencionaron estrategias basadas en el vínculo afectivo interpersonal, más que en acuerdos racionales/generales de cumplimiento:

> [...] se arregla con cerveza, hay confianza y se da mayor comunidad. (Adulto, hombre, NSE C)

2.2.1.4 *Percepción de desigualdad*

Un tema que resulta transversal a todos los segmentos es la profunda convicción de estar viviendo en una sociedad que, de diferentes formas, se define como injusta y, por tanto, como poco democrática. En los grupos se mencionó que el trato desigual guarda relación con la desconfianza social reinante: "no te sientes identificado". El *otro* es un extraño, por eso se le da un trato que marca la desigualdad: "así no hay comunidad, no hay trabajo en equipo, no hay unión". Por otro lado, las diferencias que se asocian a la desigualdad no son consideradas fruto del esfuerzo, sino del aprovechamiento, el engaño o el abuso.

Asimismo, en todos los grupos se afirmó que los peruanos no somos iguales ante la ley. Se consideró que hay una estructura vertical de relaciones, en la que los actores vinculados al poder siempre abusan de él. Se indicó, también, que en tal ubicación de "privilegio" están "los ricos, los políticos, los empresarios", entre otros. En suma, hay un fuerte sentimiento de alienación que hace que las personas perciban que poco o nada pueden influir en las situaciones que viven:

> [...] la ley está hecha para unos, y [hay] otras para otros. (Adulto, hombre, NSE C)
>
> La ley es de los ricos. (Joven, mujer, NSE D)
>
> Es que es verdad, la ley no es igualdad. (Joven, mujer, NSE C)

Como puede observarse, tanto en lo que respecta a la distribución de recursos como al acceso al poder, predomina la percepción de desigualdad. La sensación de que los habitantes de Lima no somos iguales ante la ley es importante y estructura los vínculos ciudadanos.

Al analizar los resultados de la encuesta, se aprecia cómo este sentimiento abarca todos los segmentos. Al respecto, el 83% consideró que "el país está gobernado por unos cuantos grupos poderosos", el 62% (sin grandes diferencias por NSE) manifestó que los peruanos no somos iguales ante la ley, y para el 76%, en el país se hacen diferencias según el estrato económico y social (véase gráfico 6 en el anexo 2).

Este sentimiento de desigualdad se hizo patente en una dinámica de grupo, cuando uno de los participantes señaló que una bodega (un negocio pequeño) sí puede ser multada por la SUNAT (la autoridad tributaria), pero que a Telefónica no se le aplican sanciones.

Todas estas opiniones conducen a una fuerte frustración: ¿cómo pedir justicia en una ciudad donde al grande no lo tocan y al chico sí?:

> [...] al gran empresario que evade durante años no lo tocan, entonces eso también genera resentimientos. Y somos un país que tenemos mucho resentimiento. El resentimiento viene del abuso, de la corrupción. Por ejemplo, una señora pone una tienda, su bodeguita, que con las justas puede sobrevivir. Viene la SUNAT y la cierra teniendo el negocio en su casa. Pero

a la Telefónica le aprueban un recontrato debiendo 100 millones de soles. (Adulta, mujer, NSE C)

Se sabe que un alto índice de percepción de injusticia se asocia con un alto nivel de anomia (Finifter 1970). Por ello, el panorama no es alentador: la gran mayoría de los encuestados consideró que las autoridades son las primeras en incumplir las normas (T2B: 78%), una apreciación que fue mayor en el NSE C (T2B: 81%). En esa línea, sin diferencias entre NSE, un 83% opina que el país está gobernado por unos cuantos grupos poderosos que solo buscan su propio beneficio.

Estamos, pues, ante un ciudadano desconfiado y que reacciona, que no solo percibe una fuerte desigualdad, sino que además considera que las normas no tienen legitimidad y que, por lo tanto, no hay por qué respetarlas. En las dinámicas grupales abundaron las menciones a casos de informalidad y de falta de respeto a las normas: impuntualidad, buses que paran donde quieren y gente que sube y baja donde le da la gana, falta de respuesta de las empresas de servicios a los reclamos de sus clientes, productos que son imitación de marcas conocidas, gente que orina en la calle.

Frente a esta percepción de incumplimiento de las normas y de que en Lima cada quien hace lo que quiere, se advierte una necesidad de cambio. Casi el 80% señala que la sociedad peruana necesita reformas profundas (65%) o radicales (13%) o, en última instancia, de una "mano dura" para gobernar. Al respecto, el 71% (T2B) estuvo totalmente muy de acuerdo/de acuerdo con la frase "En este país se necesita mano dura para gobernar" (66% en el nivel A/B, 73% en el C y 74% en el D/E). La demanda de "mano dura" termina siendo la forma en que una ciudadanía desesperada busca igualdad y justicia en un entorno que se percibe dispar y sin instituciones o autoridades que respondan. Predomina la sensación de no ser capaz de influir en las decisiones relevantes, de que todo es un desorden en una estructura política, económica y social muy jerarquizada.

En síntesis, hay una característica que prevalece entre los habitantes de Lima: una preocupación por la igualdad y la justicia. Si se considera la escasa confianza interpersonal que hay, es entendible que esta inquietud se centre más en el bienestar de la familia o de las personas más cercanas (el 82% valora la protección de su familia). Como se decía en los grupos, la confianza alcanza, en el mejor de los casos, a la familia y a los vecinos, no "a la gente de Lima". Habría que averiguar en futuras investigaciones hasta qué punto "el vecindario", considerado en algún momento el referente de identidad comunitario (Degregori, Blondet y Lynch 1986), se ha masificado y despersonalizado. Además, como se dijo, hay una percepción de que se respetan muy poco las normas de convivencia y esto probablemente refuerce el valor de autodirección (actuar con libertad y autonomía) en un entorno poco predecible. La lógica del *recurseo*, del "mil oficios", tendría que ver con esta situación en que se considera que se necesita libertad para adaptarse a un entorno cambiante. Es probable que los valores de tradición, seguridad y conformidad descritos por Schwartz se articulen a partir de esta vivencia de inseguridad y escasa predictibilidad. Se aprecia mucha inequidad y eventualmente por ello se valora mucho la búsqueda de bienestar de los demás y la igualdad en el trato (valor de universalismo).

Hemos encontrado diferencias, principalmente por edad y lugar de nacimiento. Pero, asimismo, hallamos que entre las mujeres y entre las personas de menor nivel educativo los valores de sobrevivencia son mayores. Tomando los extremos, un joven varón nacido en Lima, que posee un cierto nivel educativo, tiene un conjunto de valores opuesto al de una persona mayor, mujer, nacida en el interior y con un bajo nivel educativo. El contraste de valores entre los jóvenes y los mayores, así como entre los que tienen padres nacidos en Lima y aquellos cuyos padres son migrantes, llama poderosamente la atención sobre el rumbo que tomará la ciudad en el futuro. La apertura al cambio (valoración de la libertad, búsqueda de experiencias y de placer) es más propia de aquellos que pertenecen, por lo menos, a una segunda generación de migrantes (los llamados *limeños*), que de los *provincianos*, entre quienes los valores de tradición poseen un mayor peso. Igualmente, entre los más jóvenes, más allá de su origen, esta apertura al cambio junto con la búsqueda de éxito y de bienestar material son más importantes que entre los mayores. Al menos en términos generacionales, ya se puede tener una idea de las actuales tendencias sicosociales. Probablemente, en la medida en que las nuevas generaciones maduren, su patrón de valores se extienda.

2.2.2 Actitudes políticas

Siguiendo a Morán y Benedicto (1995), además de las actitudes y valores sociales, evaluamos ciertas creencias y actitudes hacia la política que estos autores denominan "creencias políticas básicas". En este caso, hemos analizado el grado de tolerancia política, la autopercepción ideológica y la percepción de eficacia política. Descartamos, en cambio, los aspectos vinculados a los procesos de socialización política, porque consideramos que requieren de un estudio más profundo.

2.2.2.1 Tolerancia política

Para medir la tolerancia política, utilizamos un indicador promedio de los cuatro ítems que conforman dicha escala y que tratan sobre el nivel de aprobación o desaprobación respecto de que sectores que se oponen al sistema político ejerzan algunos derechos: el derecho al voto, el de participar en manifestaciones, postular a un cargo público u aparecer en la televisión para dar declaraciones (véase gráfico 7 en el anexo 2).

Luego de recodificar este indicador, en una escala del 1 al 100 obtuvimos una media de 65,4 (DT = 16,2), lo que nos ubicó en un nivel intermedio-alto de tolerancia, sin diferencias significativas entre los grupos demográficos. Este resultado difiere considerablemente de los 49 puntos que recoge el estudio del LAPOP, el cual solo considera a Lima Metropolitana (Carrión, Zárate y Seligson 2012). Tal diferencia podría deberse al tipo de escala utilizada: el LAPOP considera una escala del 1 al 10, mientras que para esta investigación utilizamos una del 1 al 5. Además, el LAPOP enfatizó que "se está hablando no solo del gobierno de turno, sino del sistema de gobierno", algo que no hicimos en esta encuesta. Por consiguiente, nuestros resultados podrían estar recogiendo más la actitud de la gente ante quienes discrepan con el gobierno.

2.2.2.2 Izquierdas, centros, derechas: autodefinición ideológica

Un aspecto que nos interesaba analizar es la autodefinición ideológica del limeño. La manera más tradicional de evaluar este indicador es a través del continuo izquierda-derecha. Luego del análisis, encontramos que casi seis de cada diez habitantes de la ciudad (55%) se autodenominan de centro, un 20% se considera de derecha y solo un 10% se define de izquierda, mientras que el 15% restante no especifica una autoidentificación.

Como era de esperar, estos resultados varían considerablemente según el nivel socioeconómico. Así, en el NSE D/E hay una mayor proporción de personas que se autoperciben de izquierda (13%) —aunque esta sigue siendo baja— que en el A/B, en el cual la gente que se declara de esa posición política representa apenas el 5%.

Por su parte, la autopercepción de derecha se incrementa considerablemente en el NSE A/B, en el que llega a conformar un 36%, convirtiéndolo en el segmento socioeconómico donde más predomina esta posición política. Por otro lado, hay una mayor presencia de gente de centro en el NSE B (61%). Por género, los hombres tienden a declararse más de izquierda (11%) que las mujeres (8%), mientras que, por edad, entre las personas de 40 a 80 años hay una mayor proporción que se describe de derecha (23%) que en el resto de grupos etarios. Finalmente, el 63% de las personas con un nivel educativo superior se autocalifica de centro, frente al 22% con un menor nivel educativo que se declara de derecha; un 18% no precisa una posición política.

¿Pero qué significa ser de izquierda o ser de derecha? Los resultados permiten ver que la definición de estas ideologías políticas varía mucho según la autopercepción. Por ejemplo, para la gente que se autopercibe de izquierda, esta ideología responde a un deseo de "tener una sociedad más justa para todos" (62%) o a sentir que se pertenece "a la clase trabajadora" (42%). Ahora bien, esta segunda forma de definir a la izquierda recurre más a un elemento de pertenencia e identidad que a una posición ideológica. Además, un 15% dice que ser de izquierda es "ser pobre/tener bajos recursos" (véase gráfico 8 en el anexo 2). Tales autodefiniciones se relacionan con lo que plantearon Degregori, Blondet y Lynch (1986) cuando reflexionaban sobre la identidad popular en la década de 1980, e indicaban que en el discurso de la gente de los barrios populares, más que una identidad de clase, lo que se percibía era un sentimiento de pertenecer al "pueblo": "Parte del pueblo, trabajador, pobre, en contraposición al no-pueblo, explotador, rico" (1986: 160).

Por el contrario, para la gente que se define de derecha, ser de izquierda es ser "un comunista o socialista" (42%); ser un "radical/extremista/terrorista" (29%) o "de oposición al gobierno" (26%). En suma, el de izquierda es visto como un rival peligroso. Como se puede observar, el discurso del *terruqueo* se explaya en terreno propicio (véase gráfico 8 en el anexo 2).

Para la gente que se autopercibe de derecha, este término ("ser de derecha") expresa un "deseo de justicia para todos" (53%). Ello quiere decir que los que se autoperciben de derecha y de izquierda se definen a sí mismos con los mismos objetivos. Debemos recordar que los valores de universalismo, sumamente importantes para todos los habitantes de Lima, aluden a esta valoración de la justicia y la igualdad. Así pues, las diferencias están en otros aspectos. Por otra parte, entre las personas que se autodefinen de derecha, una segunda interpretación de este término es su asociación con un aspecto ideológico, con una actitud favorable al libre mercado (34%). Entre la gente de izquierda, ser de derecha significa "pertenecer a los poderosos" (35%), "tener dinero" (31%) o "ser capitalista" (31%). De nuevo, en las categorías que se utilizan desde la izquierda hay una fuerte presencia de tópicos que aluden a la pertenencia grupal ("los poderosos") más que ideológica. Resulta interesante comprobar cómo cada grupo se percibe a sí mismo buscando la igualdad y la justicia y ve al otro como un "enemigo" (comunista/extremista o poderoso/capitalista) (véase gráfico 9 en el anexo 2).

Es una paradoja que, por un lado, haya estas miradas que polarizan y que, por otro, la búsqueda de igualdad (el universalismo de Schwartz) sea transversal a la autopercepción ideológica en Lima. Sin importar si uno se ubica en la izquierda o en la derecha, la justicia figura como el principal objetivo.

2.2.2.3 *¿Podemos influir en la política? ¿Creemos que nos escuchan?: eficacia política*

En su clásico trabajo sobre cultura cívica, Almond y Verba le otorgan mucha importancia al concepto de "competencia subjetiva" o "competencia política", descrita como "un conjunto de creencias sobre la capacidad de influencia del ciudadano sobre las élites" que se relaciona con estar dispuesto o no a participar en política, así como con el nivel de satisfacción y lealtad con el sistema. Para estos autores, la posibilidad real de influencia de la ciudadanía se define como: "El grado en que las autoridades gubernamentales actúan en beneficio de ese grupo o individuo, debido a que dichas autoridades creen que se exponen a determinada pérdida ([...] a ser criticados, a perder votos) si no actúan de esa manera" (1970: 215).

Si la clase política percibe o cree que los ciudadanos pueden influir sobre su situación, se tendrá un elemento de equilibrio. Por el contrario, si considera que, haga lo que haga, la opinión ciudadana no es gravitante, actuará fuera de control (que es lo que a menudo ocurre). De algún modo, este concepto se relaciona con la idea de Inglehart sobre la importancia de los valores autoexpresivos, los que estarían en la base de la demanda de cambios en el sistema para que los canalice. En particular, entendemos la "eficacia política" como la autopercepción de tener la capacidad de influir en el gobierno central o local. En otras palabras, es lo que los ciudadanos perciben de sí mismos (Lane 1959, 1962). La eficacia política (que es más la percepción de ser capaz de) fue evaluada a través de un indicador construido para la investigación mediante una escala del 1 al 100. Así pues, se utilizó la escala desarrollada por Durand y Smith (1996) que mide aspectos relacionados con la eficacia política interna (EPI) y la eficacia política externa (EPE).[13] En el primer caso, se evalúa la capacidad autopercibida de participación y competencia en asuntos políticos locales y nacionales; en el segundo, la percepción que tiene la persona de ser escuchada por quienes toman decisiones en los gobiernos local y central.

Los resultados mostraron que hay una percepción de baja eficacia política (M = 43,1; DT = 12,5), con algunas diferencias significativas básicamente por sexo y nivel socioeconómico. En cuanto al sexo, se vio que los hombres tienen una mayor percepción de eficacia política que las

13. "Personas como yo pueden realmente influir en lo que el gobierno hace" (EPI) y "A los que gobiernan el país les interesa lo que piensa la gente como yo" (EPE).

mujeres,[14] y en lo que respecta al estrato socioeconómico, se encontró que esta percepción es mayor en los niveles más altos y que se reduce conforme disminuye el nivel. Estos resultados coinciden con la bibliografía previa, que indica que ser mujer y pertenecer a un nivel socioeconómico bajo se correlaciona con una menor eficacia política (véase tablas 4 y 5 en el anexo 2).

Por otro lado, el nivel educativo es una variable que genera diferencias en la percepción de eficacia política, pues la educación está muy ligada a la calidad y cantidad de información que se maneja, así como a la seguridad personal de ser capaz de opinar o de participar en situaciones relacionadas con la política (Almond y Verba 1970). Esto se confirma cuando comparamos la percepción de eficacia política entre quienes tienen un nivel educativo básico (hasta secundaria) y quienes tienen estudios superiores. Claramente, la educación es un factor diferenciador: la gente con mayor grado de instrucción se percibe más eficaz en materia política (véase tabla 6 en el anexo 2).

La otra cara de la moneda se presenta en los niveles socioeconómicos más bajos, donde hay más gente con menos años de estudio y donde la posibilidad de intervenir o de quejarse se percibe como menor. Esto representa un problema importante, pues el grueso de la población de Lima pertenece a los NSE C, D y E. La misma situación se observa entre el grupo de *provincianos* y el de *limeños*: estos últimos destacan por su mayor percepción de eficacia política (*limeños*: 48,73; *provincianos*: 42,10). Es decir, los *limeños* se sienten más capaces de influir que los *provincianos*.

Líneas arriba veíamos cómo los ciudadanos perciben que hay inequidad e injusticia porque consideran que la gente en situación de poder (entre ellos, los políticos) abusa de él, en lugar de ayudar. Veíamos que predomina el sentimiento de impotencia en la sensación de que la capacidad de influir en los asuntos públicos es desigual. Tales resultados de eficacia política contribuyen a profundizar sobre ese tipo de

---

14. En cuanto al sexo, luego de utilizar la prueba paramétrica T de Student para muestras independientes, se encontró que los hombres ($M = 44{,}1$; $DT = 12{,}7$) tienen una mayor percepción de eficacia política que las mujeres ($M = 42{,}1$; $DT = 12{,}1$; $t = 3{,}09$; $p < .005$).

configuración de cultura política. Se percibe, además, una sociedad jerarquizada en la que los que ejercen el poder actúan en beneficio propio y no escuchan. La percepción de baja capacidad de influencia prevalece, pero no está distribuida por igual. Entre las mujeres, las personas de menor nivel educativo, los *provincianos* y los de menor nivel socioeconómico, esta percepción y la de injusticia son mayores. Tal situación conduce a estar dispuesto a escuchar a candidatos que generen la ilusión de poder canalizar las demandas frustradas.

Un tema que hay que destacar es que se ha identificado una correlación baja, pero positiva, entre el sentimiento de eficacia política interna y el interés general en la política ($r\ (1530) = .201$, $p < .01$). De este modo, hay una relación entre la idea que tiene la gente de poder influir en las decisiones políticas y su nivel de interés en la política. Si bien habría que hacer otro tipo de análisis para ver la causalidad y ahondar en otras variables relacionadas con esto, es posible suponer que si una persona se siente capaz de influir, se interese más por lo que ocurre en el entorno político y, al revés, que la poca percepción de eficacia política, que es lo que predomina en Lima, sea una variable relacionada con un escaso interés, una distancia emocional y cognitiva con lo que sucede en la capital y el país, sobre todo, en aspectos vinculados al *input* (partidos, Congreso, etc.): la llamada desafección política descrita por Torcal y Montero (2005).

Por otro lado, hay una relación entre la percepción de eficacia política externa ("A los que trabajan en el gobierno/mi municipio les interesa lo que piensa la gente como yo") y la eficacia política interna ("Personas como yo pueden realmente influir en lo que el gobierno/mi municipio decide"). Dado que evaluamos ambos ítems en esta investigación, planteamos una correlación de Pearson y encontramos que, efectivamente, hay una relación directa y significativa: $r\ (1530) = .307$, $p < .01$. En otras palabras, cuanto más fuerte es la percepción de que a las autoridades les interesa lo que se piensa, mayor es la percepción de ser capaz de influir en la política. Si bien la desafección es preocupante, vemos que buena parte de la solución pasa por el comportamiento y actitud de quienes ejercen el poder. Si los políticos y autoridades quieren ser escuchados, tienen que escuchar y mostrar con hechos que lo hacen.

Ahora bien, aunque estamos hablando de percepciones de los ciudadanos, es claro que lo anterior es un indicador de la relación entre la cultura y el sistema políticos. Dicho de otro modo, si los políticos se comportan de tal manera que la ciudadanía percibe que están más interesados en sus propios asuntos que en las necesidades ciudadanas, el interés en la política y la percepción de eficacia serán menores. Se podría decir que, ante la percepción de que a los políticos no les interesa lo que ocurre con los ciudadanos, los ciudadanos terminan sintiendo que no son capaces de influir en ellos y, por ende, su interés en la política disminuye:

> Después [de] que ganan, no ayudan nada. (Adulta, mujer, NSE E)
>
> Vienen hasta tu casa, te dan hasta la mano. Después ya ni te conocen y ni la mano te quieren dar. (Adulto, hombre, NSE D)

Sin embargo, como ya hemos mencionado, el escaso interés es hacia los procesos del *input*, no del *output*. Es como si se dijera: "Si tú no te interesas por lo que me ocurre día a día, a mí no me interesa lo que te ocurre día a día [...] pero tráeme resultados". Por lo tanto, se trata de una aparente apatía que encubre decepción y rabia, pero que también permite entender que la necesidad de ser escuchado está ahí, latente y contenida. Mientras tanto, la gente espera ver logros concretos sin poner mayor atención a cómo se consiguen. En suma, se trata de una adaptación disfuncional a una situación que se percibe como difícil de cambiar.

Durante las dinámicas de grupo, se pudo observar la relación entre percepción de baja eficacia política externa e interna, al igual que el escaso interés por lo que sucede en la escena oficial. Cuando se preguntó a quienes participaron qué era para ellos la política, muchas veces lo que siguió fue un prolongado silencio. Cuando comenzaban a dar una opinión, mencionaban el robo y la corrupción, así como el poco interés percibido por cumplir las promesas electorales. El discurso fue que los políticos ofrecen mucho durante las campañas, pero que una vez que salen elegidos, no cumplen con sus promesas, es decir, no son honestos. Todo esto genera sentimientos de decepción, rabia y desesperanza que provocan que los ciudadanos no se informen sobre política, no participen en ella y que sientan que pueden hacer poco para cambiar esta situación:

> Se olvidan por el que han votado. (Adulto, hombre, NSE D)
>
> Prometen que va a haber agua, que se va a mejorar, pero cuando se logra, ya se olvidaron de nosotros. (Adulta, mujer, NSE E)

Finalmente, un tema que quisimos tratar fue la diferencia entre la eficacia política que se percibe del gobierno central y la que se observa en el gobierno local (municipalidad del distrito), pues la bibliografía nos dice que, no obstante ello, muchos ciudadanos tienen una baja percepción de la eficacia del gobierno central, pero esta puede incrementarse si se refiere a una instancia más cercana, como el municipio de su distrito (Almond y Verba 1970, Dietz 2000). De hecho, esto se vio en las dinámicas grupales: la sensación de eficacia política se incrementó cuando se refería a los municipios distritales (en especial de distritos con más recursos, como San Isidro y Miraflores), en donde incluso tener contacto con las autoridades es algo factible (véase gráfico 10 en el anexo 2).

Como se puede apreciar, ya sea respecto del gobierno central o del local, la eficacia política externa (EPE) siempre es menor que la eficacia política interna (EPI), como también es menor la percepción de ser escuchado que la de ser capaz de influir. La idea de que los políticos no se interesan por la ciudadanía es igual si se trata del gobierno central o local, pero la competencia subjetiva sí es mayor cuando la instancia evaluada es el gobierno local.[15] En suma, esto puede ser positivo, en tanto que una mayor proximidad al gobierno local puede llevar a un potencial acercamiento a instancias más importantes, como el gobierno central (Almond y Verba 1970). Sin embargo, las proporciones en general son bajas (promedios de entre 40% y 45%), por lo que tenemos un problema de percepción de falta de eficacia política tanto en el gobierno central como en el local.

---

15. Se realizó la prueba paramétrica T de Student para muestras relacionadas y se encontró que, en efecto, hay una mayor percepción de eficacia política (considerando tanto la EPE como la EPI) cuando la instancia evaluada es el gobierno local ($M = 44{,}44$; $DT = 13{,}66$), frente el gobierno central ($M = 41{,}71$; $DT = 13{,}71$; $t = -9.43$; $p < .001$).

2.3 La vinculación con la política

Hemos revisado diferentes aspectos del ciudadano en Lima, sus valores, actitudes sociales y creencias políticas básicas. A continuación se muestran los resultados de lo que Morán y Benedicto (1995) denominan el "segundo eje dimensional de la cultura política", que se refiere a la vinculación del ciudadano con la política.

En este componente figuran la implicación política personal, por un lado, y las actitudes y comportamiento políticos, por el otro. En el primer elemento se explican aspectos de vinculación con la política que podrían llamarse pasivos, en tanto no implican un comportamiento o actitud específico con los asuntos públicos, sino el consumo de información o el interés que despierta la política: por ejemplo, el nivel de conocimiento político, cómo se informa la gente sobre el acontecer nacional, su interés general sobre aspectos del *input* u *output* del sistema, así como su interés selectivo sobre lo que sucede en la política. En el segundo elemento, que hemos denominado actitudes y comportamiento políticos, también se ve la relación del ciudadano con la política, pero se enfatiza en el aspecto activo de este vínculo: estar dispuesto a participar en la política y las experiencias de participación cívica y partidaria.

2.3.1 Implicación política personal

2.3.1.1 ¿Interesa la política a los limeños?

La motivación que tienen los ciudadanos por seguir de cerca la política es uno de los aspectos más estudiados en los trabajos sobre cultura política; por ello la incluimos en esta investigación. A través de la pregunta directa sobre qué tanto interés se tiene por la política, se obtiene que seis de cada diez pobladores no tienen ningún interés en ella o que este es muy bajo (B2B:[16] 63%, véase tabla 7 en el anexo 2).

---

16. Bottom Two Box: porcentaje correspondiente a los dos valores más bajos de la escala, los puntos 1 y 2 de una escala tipo Likert de cinco puntos.

De este modo, el grupo que muestra interés en la política en general llega al 37%. Cuando se analizan las medias de los segmentos sociodemográficos, se observan algunas diferencias significativas por sexo y por nivel socioeconómico. Los hombres tienen un mayor interés en la política que las mujeres.[17] Lo mismo se aprecia al revisar los porcentajes de quienes manifiestan mucho y algo de interés: los hombres (T2B: 41%) tienen un interés por la política significativamente mayor que las mujeres (T2B: 34%).

Sin embargo, estas diferencias entre hombres y mujeres desaparecen cuando solo se considera a las personas con un nivel de instrucción superior.[18] Es decir, la educación es un factor que repercute en nuestro grado de interés en la política: cuando se trata de hombres y mujeres con el mismo nivel educativo, todos se interesan de igual forma en los asuntos políticos. Un resultado semejante es el descrito por Judith Astelarra (1987), quien muestra cómo las actitudes políticas entre mujeres amas de casa y las que denomina "mujeres activas" son diferentes; estas últimas tienen actitudes que se asemejan a las de los varones.

Por otro lado, se observó que el interés por la política es mayor en el NSE A/B que en el resto de segmentos socioeconómicos: mientras que en el NSE A/B el T2B es de 47%, en el NSE C es de 38% y en el NSE D/E de 29% (véase tablas 8 y 9 en el anexo 2). Queda para futuras investigaciones ahondar en los procesos que están en la base de esta diferencia.

Además del interés general por la política, se indagó sobre si el interés se circunscribe a temas más específicos —el contexto electoral o algún asunto que interese personalmente. Lo que se encontró es que a cuatro de cada diez personas la política solo les interesa cuando hay elecciones. Esta proporción es incluso mayor en los segmentos D/E. Por otro lado, un 38% está de acuerdo con que la política solo le importa cuando

17. A través de la prueba paramétrica T de Student para muestras independientes, los hombres ($M = 2{,}34$; $DT = .96$) tienen más interés en la política que las mujeres ($M = 2{,}14$; $DT=.91$; $t = 4{,}04$; $p < .001$).

18. De acuerdo con la prueba de T de Student, no se encontraron diferencias significativas entre hombres ($M = 2{,}53$; $DT = .98$) y mujeres ($M = 2{,}45$; $DT = .88$; $t = 1{,}14$; $p > .05$) con nivel de instrucción superior.

afecta temas que le tocan personalmente. Cabe destacar que este interés más circunstancial (sea electoral o por asuntos que afectan de manera personal) se incrementa a medida que baja el nivel socioeconómico. Por ejemplo, en el segmento A/B, un 27% dice que se interesa por la política solo cuando le afecta personalmente, mientras que en el D/E, un 43% afirma lo mismo. Se puede ver cómo en los niveles socioeconómicos más bajos el interés por la política depende bastante de las circunstancias y, como veremos más adelante, se orienta más a aspectos del *output*. Se trata de una actitud que se relaciona con la idea de tener pocas posibilidades de influir en lo que ocurre en la escena oficial (véase tabla 10 en el anexo 2).

En tal sentido, se preguntó por el interés de los ciudadanos por asuntos específicos, como la salud y la educación (aspectos del *output*), y por lo que ocurre en los partidos políticos y en el Congreso (aspectos del *input*), así como en su distrito y en su vecindario (cuestiones locales). El objetivo era averiguar si el interés en la política varía, no solo según las circunstancias (elecciones o cuando afecta temas personales), sino según la clase de relación que se tiene con la política (más orientada al *input*, al *output* o a asuntos de interés nacional o local).

En primer lugar, el grado de interés que suscitan estos temas no es el mismo. Los aspectos del *output*, como educación y salud (T2B: 96%), interesan más a la población que los del *input* (T2B: 34%): los habitantes de Lima estamos principalmente orientados al *output* (en este caso, a temas de salud y educación). Esto se relaciona con la baja percepción de eficacia política externa, con la capacidad de influir en quienes toman decisiones, lo que está más vinculado con el *input*. El éxito inicial del alcalde de Lima Castañeda, sustentado en las obras, es una experiencia en la que se puede ver las consecuencias de esta orientación.

De igual modo, nos interesa más lo que ocurre en nuestro entorno más inmediato, como el distrito y el vecindario. Sin embargo, cuando se trata de asuntos relacionados con el Congreso o los partidos, es decir, con las leyes y propuestas que finalmente determinarán las acciones que se llevarán a cabo para solucionar los temas que nos atañen, el interés disminuye considerablemente (no nos importa lo que ocurra en el Congreso o en los partidos políticos, las instancias del *input* que son la base de nuestro sistema político). Como veremos más adelante, la escasa confianza en los partidos y el Congreso es parte de este escenario. Ello estaría relacionado con la percepción de baja eficacia política externa, y expresaría un tipo de alienación (Finifter 1970) vinculado al sentimiento de impotencia. Según Finifter, si el sentimiento de impotencia política y la percepción de incumplimiento de las normas son altos (como ocurre en Lima), surgen actitudes de crítica y de rechazo a la política, que en su extremo pueden llevar a apoyar movimientos radicales (véase tabla 11 en el anexo 2).

Durante las dinámicas grupales se pudo observar que la política se asocia a los políticos y al Congreso en particular, y no se concibe como una posibilidad de organización propia, vecinal, gremial, etc., o vinculada a los asuntos públicos en general. El desempeño de los políticos y del Congreso se rechaza, lo que lleva a rechazar al conjunto de la política.

> No hablo nunca de política, me deprime, nunca se ponen de acuerdo, se llenan los bolsillos. (Adulta, mujer, NSE A/B)

En cuanto al interés en aspectos del *input*, se encuentran diferencias según el nivel socioeconómico y el sexo. En el primer caso, a mayor nivel socioeconómico, mayor interés. Al revisar los porcentajes (Top Box-TB), el 14% en el NSE A/B muestra gran interés por tales aspectos, una proporción significativamente mayor que el 9% correspondiente al NSE D/E (véase tablas 12 y 13 en el anexo 2).

Por su parte, en el caso del sexo, se halló que los hombres tienen un mayor interés en aspectos del *input* que las mujeres.[19] En términos porcentuales, el interés por aspectos del *input* resulta significativamente mayor entre los hombres (TB: 13%) que entre las mujeres (TB: 8%). Al igual que en el caso anterior, estas diferencias se reducen cuando solo se considera a las personas con un nivel de instrucción superior.

---

19. A través de la prueba paramétrica T de Student para muestras independientes, se encontró que los hombres ($M = 2{,}27$; $DT = .89$) tienen un mayor interés en aspectos del *input* que las mujeres ($M = 2{,}10$; $DT = .82$; $t = 3{,}84$; $p < .001$).

Finalmente, en cuanto al interés en temas locales, la única variable que genera diferencias es la edad. Se encontró que los más jóvenes (18-24) son los menos interesados en temas relacionados con su vecindario y su distrito. Este aspecto ya se había observado en las dinámicas grupales donde los jóvenes, sin importar el nivel socioeconómico, expresaron su escaso interés por participar en asociaciones o en temas comunitarios. Ello podría vincularse al hedonismo o responder a otras variables. En cuanto a proporciones, confirmamos que el interés en asuntos locales se incrementa con la edad: en el grupo más joven, la cantidad de personas muy interesadas constituye un 38%; en el grupo intermedio, esta proporción llega al 48%, pero es en el grupo de mayor edad donde el interés despunta: 51% está realmente interesado en lo que ocurre en su distrito y en su vecindario (véase tablas 14 y 15 en el anexo 2).

Curiosamente, a pesar de que los jóvenes han participado en manifestaciones de protesta por temas sociales (marchas contra la llamada "ley Pulpín" vinculada a temas laborales o contra la "televisión basura"), no parecen involucrarse en asuntos de su distrito que, en cambio, despiertan más interés entre las personas mayores. Las manifestaciones pueden responder a un mayor activismo de minorías activas, pero ese es un tema que se debe profundizar en otros estudios. Entre los mayores, el interés por lo local aumenta, quizá porque se trata en su mayoría de jefes de hogar y de amas de casa que se preocupan por el bienestar de su familia y por lo que sucede en su localidad. También porque tienen más experiencia con este tipo de gestión local y participan más en temas de la comunidad, como se verá más adelante en el bloque de asociacionismo y participación cívica.

En síntesis, vemos cómo el interés por la política varía según el aspecto evaluado. Los habitantes de Lima se inclinan más por lo que ocurre en su entorno inmediato y por los resultados de la gestión pública. La conexión con la política se percibe, sobre todo, cuando las elecciones se acercan o cuando se discute un tema que afecta personalmente. Como ya se vio, hay diferencias según el nivel socioeconómico, el sexo y la edad, todo lo cual puede ser materia de futuros estudios.

2.3.1.2 ¿Cómo nos enteramos de lo que pasa en la política?

Además de indagar sobre el nivel de interés en la política, es importante saber de qué manera los limeños se informan sobre lo que, eventualmente, les interesa. ¿Cuáles son los canales a través de los cuales construyen su vínculo con la política? En este caso, nos hemos centrado en la relación con los medios, tanto nuevos como tradicionales. Una de las maneras de captar el grado de exposición a estas fuentes de información —ya sea para fines de entretenimiento o en busca de información general o de índole política—, es a través de su frecuencia de consumo. Así pues, se generaron dos indicadores: uno para consumo de medios en general y otro para consumo de medios para informarse de temas políticos. Se utilizó una escala de frecuencia que tenía los siguientes niveles: nunca, rara vez, algunas veces, casi siempre, siempre. La pregunta de frecuencia de consumo se hizo para cada medio. A continuación, los resultados.

Si el consumo promedio de medios en general (para cualquier fin) es de 56%, el consumo promedio de medios para informarse de política es de 19%. Es decir, prácticamente solo dos de cada diez personas se informan de manera frecuente (siempre o casi siempre) del acontecer político.[20]

En lo que respecta a los medios, lo más frecuente es mirar noticias sobre política en la televisión, seguido de leerlas en los periódicos, escucharlas por la radio y, en menor medida, leerlas o escucharlas en internet (véase tabla 16 en el anexo 2).

Una rápida mirada al consumo de medios para fines de información política nos permite ver que en cada uno de ellos se repite un patrón en el que la edad, el sexo y el nivel socioeconómico se relacionan con un mayor o menor consumo de información política a través de estos canales. Como veremos más adelante, tomando el conjunto de medios, en los niveles socioeconómicos altos y entre los varones y la gente mayor, hay un gran consumo de información política. Entre los jóvenes (de 18

20. Al comparar las medias, utilizando la prueba T de Student para muestras relacionadas, se confirma que, en efecto, el uso de medios para informarse de política ($M = 2{,}43$; $DT = .80$; $t = 53{,}27$; $p < .001$) es significativamente menor que el uso general de los medios ya mencionados.

a 24 años), internet constituye la segunda fuente de información, junto con la radio, lo que permite ver cómo los nativos digitales se relacionan de otra manera con lo público (véase tablas 17 y 18 en el anexo 2).

En cuanto al sexo, los hombres tienen un mayor consumo de información política que las mujeres.[21] Se compararon los resultados entre hombres y mujeres que trabajan y entre quienes tienen estudios superiores y, en ambos casos, el porcentaje de varones era más elevado. Por otro lado, si bien las personas de mayor edad no utilizan frecuentemente los medios, cuando lo hacen, es básicamente para informarse de política, a diferencia de los demás grupos de edad. Esto explica por qué estas personas muestran más interés en la política y en los temas locales, como hemos visto en los análisis previos (véase tablas 19 y 20 en el anexo 2).

Otra variable que genera diferencias en este indicador es el nivel educativo. En el primer caso, las personas con mayor grado de instrucción emplean, por lo menos, un medio para informarse de manera frecuente del acontecer político nacional (el 43% los utiliza casi siempre y el 16% siempre). El panorama resulta distinto en el grupo con menor grado de escolaridad (hasta secundaria completa), en el que la mayoría (67%) utiliza nunca o rara vez algún medio para informarse sobre política.

Además de los medios masivos, indagamos sobre las conversaciones cara a cara como una forma de enterarse de lo que ocurre en la política. En este caso, solo un 12% de los limeños dice conversar frecuentemente (casi siempre y siempre) sobre política, mientras que un 56% lo hace rara vez o nunca. Quienes más conversan de política son las personas del NSE A/B (T2B: 18%), los hombres (T2B: 16%) y los de 40 a 80 años (T2B: 15%) (véase tabla 21 en el anexo 2).

2.3.1.3 *¿Cuánto sabemos de lo que pasa en la política?*

¿Qué nivel de conocimiento tienen las personas en Lima sobre la política? A partir de la batería de preguntas del Latinobarómetro, se construyó

---

21. Utilizando la prueba paramétrica T de Student para muestras independientes, se encontró que los hombres ($M = 2{,}61$; $DT = .80$) tienen un mayor consumo de información política que las mujeres ($M = 2{,}26$; $DT = .76$, $t = 8{,}66$; $p < .001$).

un indicador del nivel de conocimiento político (que va del 1 al 10), basado en tres variables: política nacional, política internacional y ordenamiento político territorial.[22] El promedio obtenido resultó intermedio superior (M = 7,01; DT = 2,62), y se encontraron algunas diferencias significativas por sexo y por nivel socioeconómico: los hombres tienen un mayor nivel de conocimiento político que las mujeres.[23] Asimismo, se hizo la comparación entre mujeres y hombres del mismo grado de instrucción (superior) y actividad laboral, y en ambos casos los resultados fueron semejantes. Por nivel socioeconómico, el NSE A/B presentó un mayor grado de conocimiento político que el C, y este, a su vez, un mayor grado que el D/E (véase tablas 22 y 23 en el anexo 2).

A partir de estos números se generó un promedio general de conocimiento político en términos porcentuales: 67% es la tasa de efectividad promedio en esta variable. Además, se confirmó lo descrito a escala de medias: en el NSE A/B hay una mayor proporción de personas que tienen un mayor conocimiento político (80%) que en el NSE C (68%) y el NSE D/E (56%). Por su parte, un 74% de efectividad corresponde al grupo de hombres, una proporción significativamente superior al 60% que obtuvieron las mujeres.

Como se puede apreciar, la implicación con la política en la ciudad es de mediana a baja. Las personas se informan poco sobre ella, solo conocen los temas básicos y de manera superficial. Si bien se encuentran en constante interacción con los medios de comunicación, difícilmente los utilizan para profundizar en los temas políticos. Ello guarda relación con el poco interés observado en la política, el cual solo se incrementa en contextos electorales o cuando esta afecta intereses propios. Por otro lado, la política es percibida como un ente lejano de la cotidianidad sobre el que hay escasa o ninguna capacidad de influir. De igual forma,

22. ¿Quién es el presidente del Consejo de Ministros en la actualidad? ¿Cuánto tiempo dura el periodo presidencial en el Perú? ¿Cómo se llama el actual presidente de Estados Unidos? ¿Cuántos departamentos o regiones tiene el Perú?

23. Utilizando la prueba paramétrica T de Student para muestras independientes, se encontró que los hombres (M=7,66; DT=2,51) tienen un mayor nivel de conocimiento político que las mujeres (M=6,36; DT=2,57; $t = 10,00$; $p < .001$).

el interés ciudadano se concentra en los resultados de la gestión política (temas del *output*, como la educación y la salud) o en la gestión municipal (asuntos del distrito o del vecindario), mas no en los procesos afines a instancias del sistema político del *input* o aquellos que involucran el escenario nacional, tales como el Congreso y los partidos políticos. Si se considera que el voto en el Perú es obligatorio, la mayoría de los electores tiene poco interés en la política (aunque aumenta algo en el periodo electoral) y bajos niveles de información al respecto. Hay una fuerte desilusión, vinculada al sentimiento de que es difícil ser escuchado y poder influir en las decisiones sobre asuntos públicos. La atención, en el mejor de los casos, se logra cuando la acción o el discurso político afectan el área de interés de las personas de manera más directa, o cuando tratan temas relacionados con los resultados que se esperan del sistema. En dicho contexto, el cinismo percibido en los actores políticos se responde con cinismo ciudadano. Como veremos más adelante, los bajos niveles de participación política podrían tener, al menos, un elemento de explicación en este punto.

Como se ha mostrado, los niveles de interés, de consumo de información y de conocimiento se relacionan con aspectos sociodemográficos, tales como el nivel socioeconómico, el sexo, la edad, el nivel educativo y, en algunos casos, el lugar de origen. Se ha podido observar la relación que hay entre la percepción sobre el interés de los políticos por los ciudadanos y los niveles de interés y competencia subjetiva. A continuación, analizaremos los resultados sobre el segundo aspecto de la relación del habitante de Lima con la política: sus actitudes hacia los asuntos cívicos y políticos.

2.3.2 Actitudes hacia asuntos cívicos y políticos

Además de la participación en sí misma, nos interesó conocer las actitudes de involucramiento de la población, tanto en el ámbito cívico como político. En el primer caso, se consideraron dos aspectos: las actitudes hacia la participación de las personas en manifestaciones permitidas por la ley, y la participación en un grupo para tratar de resolver problemas de la comunidad.

De este modo, se consideró a las personas que se manifestaron de acuerdo o totalmente de acuerdo con ambas acciones y se obtuvo un promedio de 80%. Es decir, ocho de cada diez personas en la ciudad avalan este tipo de participación. La organización grupal, para resolver problemas de la comunidad, fue la más aceptada (T2B: 82%), seguida del apoyo a la participación ciudadana en manifestaciones legales (T2B: 78%). Estas actitudes coinciden con el respaldo que han tenido marchas contra la "ley Pulpín", contra la "televisión basura", en rechazo a la violencia contra la mujer, a favor de la unión civil entre personas del mismo sexo o, incluso, las realizadas por el movimiento "Con mis hijos no te metas" (véase tabla 24 en el anexo 2).

Cuando se trató de evaluar la participación política partidaria, la disposición fue menos favorable. Así, trabajar en campañas políticas para un candidato o partido fue algo únicamente aprobado por la mitad de la población (T2B: 53%), una proporción que solo se incrementó en el NSE A/B (T2B: 57%) (véase tabla 25 en el anexo 2).

Cuando se preguntó si un cambio en los partidos (por ejemplo, procesos democráticos internos mejor estructurados) provocaría que estuvieran más dispuestos a participar, pocos manifestaron estarlo. Por ende, habrá que seguir explorando qué otras variables pueden incentivar la participación partidaria (véase tabla 26 en el anexo 2).

2.3.2.1 Actitudes hacia las protestas violentas

Para evaluar este aspecto se presentaron dos actividades específicas: la participación en un bloqueo de calles o carreteras como forma de protesta, y la colaboración con un grupo dispuesto a derrocar, por medios violentos, a un gobierno electo.

La aceptación de bloqueos de calles o carreteras como forma de protesta recibió el apoyo de solo el 10% de la población en Lima. Cabe destacar que esta proporción se incrementó en el NSE D/E a un 14%, al igual que entre la gente que se declaró de izquierda (T2B: 15%). Se está más dispuesto a tolerar este tipo de reclamos, sobre todo en dos grupos sociales que tradicionalmente han sido los más vinculados a la protesta, ya sea por ser segmentos desfavorecidos (estratos sociales más bajos) o por ser los que más se oponen al régimen (la izquierda). En líneas generales, se trata de un apoyo relativamente bajo a este tipo de conducta, que se reduce todavía más cuando se trata de avalar a grupos que quieran derrocar a un gobierno electo y que impliquen un quiebre con el sistema democrático. En este caso, la aprobación pasó de un 10% a un 7%, y fue el NSE D/E el que más apoyó esta medida (T2B: 9%), así como quienes tenían un nivel educativo básico (T2B: 8%) (véase tabla 27 en el anexo 2).

En síntesis, la gente en Lima muestra una relativa tolerancia con la participación de los ciudadanos, incluso si estos se oponen al gobierno. Sin embargo, hay una diferencia entre aceptar conductas como votar, emitir una opinión públicamente o participar en una marcha, y avalar otras acciones, como bloquear carreteras o ser parte de grupos violentos o radicales.

En general, los actos de protesta violentos no son apoyados por los ciudadanos. Sin embargo, tienen una relativa mayor aceptación en los estratos con menos recursos materiales, que suelen concentrar los más altos niveles de insatisfacción con la gestión del Estado y demandan más la intervención de las autoridades. Al parecer, una de las consecuencias de la violencia política y social de las décadas de 1980 y 1990 es el temor en la población de que vuelvan a surgir movimientos radicales que pongan en riesgo la actual situación del país. Por ello, este tema se maneja con cuidado: está bien que la gente exprese su opinión, pero sin que llegue a tomar acciones violentas.

2.3.3 Participación en asuntos comunitarios/vecinales

Cuando en las reuniones de grupo se preguntó por la experiencia de reunirse con los vecinos para resolver juntos un problema que afecta a todos, se comentó que esto se podía hacer, pero que siempre había dificultades:

> Van grupalmente, pero a los tres días se olvidan. (Adulto, hombre, NSE D)
> No te hacen caso. (Adulto, mujer, NSE E)

Así pues, los participantes manifestaron que se reúnen por situaciones específicas, como ayudar a una persona con problemas de salud, pero que una vez logrado el objetivo, ya no se vuelven a juntar. A menudo se trata de redes que se activan para solucionar una emergencia concreta, no un problema más complejo. Muchos de los participantes expresaron que prefieren no participar porque luego surgen acusaciones por malos manejos. En suma, la participación en asuntos comunitarios/vecinales se concibe como algo difícil, que no siempre se hace, o como algo que conlleva un riesgo personal.

Los niveles en los que se recogen más experiencias al respecto son los NSE D y E, en los que los pobladores se organizan por su cuenta, poniendo énfasis en la falta de apoyo del Estado (la Policía o el Poder Judicial):

> Sí, bueno, donde yo vivo es asentamiento y es cerro y no tenemos apoyo de otros, de entidades, pero nosotros, por nuestros propios recursos, con nuestras propias manos, [hemos hecho] escaleras para el bienestar de nuestros hijos. Hacemos las escaleras, las pistas, los muros. Y de allí, todos nos juntamos de tal hora a tal hora, todos somos iguales. (Adulta, mujer, NSE E)

Otro ejemplo en el que se percibe la ausencia del Estado en estos sectores es cuando se captura a un delincuente en la zona: la policía no interviene o, si lo hace, lo libera al poco tiempo. Esta situación lleva a que, algunas veces, sean los propios pobladores quienes ajustician al ladrón.

En la encuesta se preguntó si en algún momento se habían juntado para resolver un problema de interés común con otras personas o por algún problema del barrio con sus vecinos. Más de la mitad (57%) manifestó que nunca lo había hecho. Esta proporción se incrementa en los niveles socioeconómicos altos y especialmente entre los jóvenes de 18 a 24 años (77%). Solo un 15% aseveró juntarse una vez al mes, o más frecuentemente, con tales fines. Entre la gente de los NSE D y E, la frecuencia de reuniones es mayor que en el resto. También se aprecia un aumento de la participación en este tipo de actividades relacionado con la edad.

Además, es importante señalar que entre aquellos que sí se han reunido en algún momento (41%), la experiencia de trabajo conjunto ha sido considerada fácil o muy fácil por un 28% y difícil o muy difícil por un 35%.

En las dinámicas grupales se comentó que la buena voluntad de participar en este tipo de reuniones a veces choca con comentarios que cuestionan la honestidad de quienes se involucran, en particular si asumen roles directivos:

> Antes yo estaba en el Vaso de Leche, mal porque las personas que necesitaban no lo tenían. Y les vendían a otras personas, pero a los que necesitaban, como los ancianos. (Adulta, mujer, NSE D)
>
> Yo estuve en tesorería [...] y lo dejé porque no me gustó. Y ya no participe más. (Adulto, hombre, NSE E)

2.3.3.1 *¿Participamos en asociaciones?*

La participación en asociaciones es considerada por diversos autores (Almond y Verba 1970, Putnam 1994, entre otros) como un aspecto fundamental para el desarrollo de una cultura cívica, y en particular, de una mayor participación política. Por tanto, en esta investigación analizamos diferentes aspectos relacionados con la participación de la población limeña en asociaciones.

Aproximadamente, solo tres de cada diez ciudadanos pertenece a algún tipo de asociación (37%), es decir, la gran mayoría no se involucra en ninguna (64%). Asimismo, hay un 13% involucrado en dos o más asociaciones, y un 23% que es miembro de una organización (véase tabla 29 en el anexo 2).

Cabe señalar que hay un mayor asociacionismo en los estratos de bajos recursos (NSE D/E: 40%) y entre las personas de mayor edad (40-80 años), sector en el que la proporción se eleva significativamente a 43%. Hay que tomar en cuenta que las personas de menos recursos suelen recurrir a las asociaciones con fines de supervivencia, como sucede en el caso de los comités del Vaso de Leche o de los comedores populares. Por su parte, los adultos se involucran más que los jóvenes en organizaciones, lo cual tiene sentido si se considera que son los más comprometidos con su localidad y los más informados de temas políticos (véase tabla 30 en el anexo 2).

Es importante tomar en cuenta que la participación se da principalmente en asociaciones funcionales (junta de vecinos, comités del Vaso de Leche, asociaciones de padres de familia). En suma, son organizaciones en las que colaboran los adultos con hijos.

Por otro lado, se observó que los *provincianos* (41%) participan más en asociaciones que los *limeños* (30%). Ello también se vio en las dinámicas grupales: quienes migraron a Lima se organizaron en redes amplias de parentesco, tema ya desarrollado en otros trabajos (Degregori, Blondet, Lynch 1986; Golte y Adams 1990). Como hemos visto, muchos vecinos se asocian para luchar contra la delincuencia en el barrio, los problemas de drogadicción o para formar parte de organizaciones de apoyo social. De hecho, sería interesante profundizar en la actual dinámica de dichas organizaciones, pues a través de la encuesta, esta dio la impresión de ser baja debido al escaso número de participantes. Por otra parte, los testimonios recogidos en las dinámicas grupales muestran que cuando la participación se da, es para solucionar un tema en particular y luego disminuye. Al respecto, se preguntó por la frecuencia con que se asistía a reuniones en las asociaciones,[24] y el resultado arrojó que solo un 15% lo hace continuamente (véase tabla 31 en el anexo 2).

Pero ¿en qué tipo de organizaciones se involucran quienes viven en Lima? De acuerdo con lo mostrado, hay una alta dispersión en el tipo de asociación a la que se pertenece. Tomando en cuenta solo a las personas que están vinculadas con alguna de ellas, un 23% se involucra en juntas vecinales o comités de la comunidad; un 20% figura en organizaciones de apoyo social, como los comités del Vaso de Leche o los comedores populares; seguido por grupos parroquiales o religiosos (18%); asociaciones de padres de familia del colegio (Apafa: 16%) y, en menor medida, asociaciones deportivas (clubes de fútbol o vóley: 14%). El resto de organizaciones cuenta con menos del 10% de participación (véase gráfico 11 en el anexo 2).

24. Se agrupó a las personas que mencionaban que asistían por lo menos una vez al mes o más frecuentemente, por un lado, y, por otro, a las que iban con menos frecuencia o no participaban en ninguna asociación.

Sobre este tema, Putnam (1994) plantea que el asociacionismo –junto con las normas de convivencia y la confianza interpersonal– constituye uno de los pilares más importantes del capital social. En tal sentido, dados los resultados que hemos presentado sobre estas tres variables, preocupa observar que en nuestra ciudad se cuenta en general con un bajo capital social, tal y como se ha visto en investigaciones previas (Carrión, Zárate y Seligson 2006, 2008, 2010, 2012; Díaz-Albertini 2010).

Si se toman en cuenta los tres aspectos principales del capital social –confianza interpersonal, respeto a las normas de convivencia y participación en asociaciones–, tenemos que solo un 19% considera que se puede confiar en alguien en Lima, que un 62% percibe que siempre o casi siempre la gente no toma en cuenta las normas de convivencia y, por último, que la pertenencia y, sobre todo, la participación en asociaciones, es relativamente baja. Estos resultados coinciden con lo señalado por Díaz-Albertini (2010), quien describe a Lima como una "sociedad familista" en la que predomina la desconfianza en el *otro* y el escaso respeto a las normas. Este autor incluso sostiene que vivimos en una "cultura del arreglo", pues hay que ingeniárselas como sea para resolver los problemas.

Con el fin de averiguar qué tan dispuesta está la gente a colaborar, se indagó por las estrategias que se perciben como más eficientes para enfrentar los problemas sociales y políticos que se viven. Así, ante la pregunta "Para usted ¿qué medida es la más eficiente para enfrentar los problemas económicos y sociales que ocurren en el país?", un 44% señaló que lo mejor es juntarse con otros para buscar soluciones y un 41% optó por estrategias individuales o por solo esperar (30% considera que cada uno tiene que ver lo que hace para salir adelante y un 11% solo espera que las cosas mejoren). Actitudes distribuidas de manera semejante entre la colaboración y la salida individual.

2.3.3.2 *Otras formas de participación cívica*

Además de la participación en asociaciones, hay otras actividades que reflejan el interés de la gente por participar en asuntos públicos. Para medir este tipo de ocupación se construyó un indicador de participación cívica sobre la base de seis actividades: i) participar en una recolección de firmas; ii) ponerse en contacto con un político o autoridad estatal; iii) avisar al periódico, la radio o televisión acerca de algún problema local; iv) avisar a la policía o a un juzgado acerca de un problema local; v) participar en una marcha autorizada; y vi) asistir a reuniones vecinales del distrito.

De este modo, se obtuvo un promedio general bastante bajo del tipo de participación cívica evaluada (M = 1,37; DT = .44), que contrasta con la actitud favorable hacia marchas y acciones cívicas. Los limeños ven con buenos ojos que se participe, pero las acciones concretas no son lo que los caracteriza. En términos porcentuales, el promedio de personas que declaró participar siempre o casi siempre en este tipo de actividades apenas llega a 3%. La actividad que más se realiza es asistir a reuniones vecinales del distrito (T2B: 7%), seguida por el aviso a un policía o juzgado acerca de un problema local (T2B: 5%).

Por segmentos sociodemográficos, solo se presentan diferencias significativas por edad, siendo el grupo mayor (de 40 a 80 años) el más involucrado con su comunidad. Dicho segmento, como se vio anteriormente, es también el que más se asocia y el más interesado en la política general (véase tablas 32 y 33).

Estos resultados nos llevaron a preguntarnos si esta escasa participación cívica se relaciona con el bajo nivel de confianza interpersonal y, en general, con el escaso capital social. La elevada desconfianza puede inhibir comportamientos prosociales, como alertar a la policía o a los medios de comunicación de algún problema local, así como llevar a un menor involucramiento en marchas, peticiones o reuniones vecinales. Por tal motivo, se realizó un análisis que confirmó esta relación: a mayor confianza interpersonal, mayor participación cívica y viceversa.[25] Ello permite entender la importancia de abordar los pobres niveles de confianza existentes y, a la vez, evaluar qué posibilidades hay de promover una mayor participación cívica que contribuya a tener experiencias que

---

25. Se realizó una correlación de Pearson en la que se confirmó esta relación directa, aunque pequeña: a mayor confianza interpersonal, mayor participación cívica $r(1530) = .064$, $p < .05$.

mejoren la confianza interpersonal. El problema que observamos durante las dinámicas grupales es que las experiencias de participación en asociaciones tradicionales, como los comités del Vaso de Leche, contra lo que se podía pensar años atrás, suelen percibirse como negativas.

2.3.4 Participación política

Así como se generó un indicador para la participación cívica, se construyó otro para la participación política. En este nuevo indicador se incluyeron diferentes acciones: desde el voto como la forma de participación política más básica, hasta la afiliación y trabajo activo en un partido político, a la que llamaremos "participación política partidaria". A continuación, analizaremos ambos indicadores.

Algo que nos interesó saber durante esta investigación fue qué sentimientos despierta en los ciudadanos el hecho de acudir a votar. En tal sentido, casi la mitad de los participantes (46%) señaló que lo hacen principalmente para evitar la multa. A ellos se les podría sumar un 8% para los que el sufragio constituye una pérdida de tiempo y, por tanto, una molestia. De esta manera, tendríamos que más de la mitad (54%) de los participantes vota con un bajo nivel de compromiso y básicamente por obligación. Esta actitud expresaría un sentimiento semejante al de "aislamiento político" descrito por Finifter (1970), el cual, según este autor, es un tipo particular de alienación, que se sustenta en el sentimiento de que este tipo de acción es un mero formalismo sin mayor sentido. Sin embargo, también hay que rescatar que el 42% vota con satisfacción porque siente que ejerce su derecho al sufragio (véase tabla 34 en el anexo 2).

Fue interesante encontrar diferencias significativas, principalmente por edad, por nivel socioeconómico y por autodefinición ideológica. En el NSE D/E (50%), entre las personas de 25 a 39 años (51%) y entre quienes se autodenominan de centro (47%), se halló un mayor porcentaje que dice votar por obligación. En cambio, en el NSE A/B (49%), entre las personas de 40 a 80 años (47%) y entre la gente que se autodefine tanto de izquierda (46%) como de derecha (53%), se encontró una mayor proporción que vota con satisfacción. Por último, es importante señalar que en el grupo de gente joven de 18 a 24 años (10%) hubo una mayor proporción de indiferentes, a quienes el voto no les despierta ningún sentimiento en particular.

Resulta preocupante, pero a la vez entendible, la elevada cantidad de personas que acuden a votar fastidiadas o por coacción. Las últimas campañas electorales han acrecentado la frustración de muchos ciudadanos, acostumbrados a votar para que no gane el candidato que más temor o antipatía les despierta, siendo realmente pocos los que están convencidos de que el político al que le están entregando su voto hará el cambio que necesita el país. Lo que predomina en el voto es el antivoto o el voto por el candidato menos malo. No obstante, es interesante notar cómo aquellos que se identificaron de izquierda o de derecha son más proclives a votar con satisfacción que aquellos que se autodenominaron de centro —que en las dinámicas grupales eran vistos como los que toman distancia de cualquier posición ideológica.

¿Y quiénes son los que se involucran más en la política partidaria? Para evaluar este aspecto consideramos la afiliación y participación activa en partidos políticos. En este indicador se contemplaron tres actividades: acudir a un mitin político durante campañas electorales, asistir a reuniones de partidos políticos y trabajar para algún candidato o partido político en campañas electorales. En primer lugar, bastaba con que el encuestado interviniera en una de estas actividades, sin importar la frecuencia, para incorporarlo en el grupo de personas que participa en política partidaria. De este modo, se obtuvo que solo un 14% participa en política frente a un 86% que no tiene ningún tipo de participación. Tal resultado es similar al 10% planteado por el Latinobarómetro en nuestro país (2013). Las cifras varían relativamente cuando consideramos la variable edad. Así, quienes más se involucran son las personas mayores (16%), mientras que el porcentaje de no participación en política partidaria se incrementa entre los más jóvenes (91%) (véase tabla 35 en el anexo 2).

Respecto de las actividades políticas específicas que se les planteó a los encuestados, destacó que uno de cada cuatro ha asistido a un mitin político durante campañas electorales al menos una vez en su vida, mientras que un 75% nunca ha participado en este tipo de actividad, especialmente mujeres (79%) y jóvenes (81%). La participación se reduce aún más cuando indagamos por actividades que implican una afiliación partidaria, como asistir a reuniones de partidos o trabajar para algún candidato o partido político en campañas electorales. En el primer caso, solo el 16% del total asiste o ha asistido a este tipo de reuniones en alguna oportunidad, mientras que apenas un 9% trabaja o ha trabajado en algún momento de su vida para algún candidato o partido político durante campañas electorales. Cabe señalar que esta participación es mayor en el caso de los *provincianos* (68%) (véase tabla 36 en el anexo 2).

En un país donde la política y los partidos políticos están tan mal vistos, no sorprende que solo uno de cada diez habitantes participe en política partidaria. Además, un factor importante es la escasa presencia de asociaciones políticas en las localidades, pues más que partidos políticos, han surgido movimientos regionales y locales (PNUD 2006). Estas agrupaciones, que solo se forman con fines electorales, difícilmente logran canalizar las inquietudes cívicas.

Ahora bien, si la participación cívica es baja en la muestra, la participación política lo es aún más.[26] Por un lado, hay una mayor participación política partidaria entre los hombres que entre las mujeres.[27] Por otra parte, se comparó el efecto del nivel educativo (mujeres y hombres con estudios superiores) y laboral (mujeres y hombres que trabajan), y en ambos casos fueron las mujeres las que tuvieron un mayor porcentaje en el indicador de "baja participación política". Además, se observó una mayor participación en el segmento de 40 a 80 años que en el de 18 a 24 años.[28]

26. Utilizando la prueba paramétrica T de Student para muestras relacionadas, se analizaron los promedios de participación y se encontró una baja participación político partidaria ($M = 1.27$; $DT = .57$), significativamente menor que el promedio de participación cívica descrito ($M = 1,37$; $DT = .44$; $t = -8,79$; $p < .001$).

27. Entre los hombres, la media y desviación estándar son de $M = 1,31$ y $DT = .60$, mientras que entre las mujeres, la media es de 1,23 con una desviación estándar de 0.53 ($t = 2.72$; $p < .01$).

28. En el grupo de 40 a 80 años, la media es de 1,31 ($DT = .62$), frente al grupo de 18 a 24 años, con una media de 1,17 y una desviación estándar de 0,46 ($F = 6,18$; $p < .001$).

Un matiz interesante es que un 35%, sin diferencias por segmento, manifestó que podría pensar en participar en agrupaciones políticas si estas tuvieran procesos más democráticos. En suma, hay un grupo que demanda organizaciones más abiertas que realmente representen a los votantes. En la actualidad, los partidos no transmiten un compromiso real con ninguna ideología, y son más bien organizaciones o alianzas que se forman para ganar elecciones. En tal sentido, es importante destacar que se pudo identificar una relación positiva entre la participación político-partidaria y el interés en la política.[29] Estudios posteriores podrán ahondar en este tema, pues esta relación podría deberse a otros factores que no hemos identificado. Un primer supuesto es asumir que el interés en la política precede a la participación, pero consideramos que esta es una dinámica más compleja que se debe indagar con mayor detalle.

2.3.4.1 Clientelismo

Cuando se hicieron preguntas sobre el clientelismo, resultó que dos de cada diez personas consideran que tener algún tipo de influencia o "vara política" es importante para poder incursionar en ese ámbito. Muchos (T2B: 41%) creen que tener contactos con autoridades ayuda a solucionar problemas. Sin embargo, más que una red de clientelismo, lo que tenemos en nuestro país es una suerte de clientelismo de campaña (Muñoz 2013). Esto último responde a la necesidad de las agrupaciones políticas de contar con personas que los apoyen en actos públicos, generalmente regalando víveres, electrodomésticos, etc. Los políticos son conscientes de que ello no garantiza la compra de votos (finalmente, el voto es secreto), pero al menos asegura darse a conocer en cada lugar que visitan. Ser un candidato conocido aumenta las probabilidades de ganar; por tal motivo, el clientelismo de campaña resulta fundamental en el contexto electoral peruano (véase tabla 37 en el anexo 2).

---

29. Se encontró una correlación de Pearson entre las variables "participación política partidaria" e "interés en la política" ($r(1530) = .26$, $p < .001$).

Seguidamente, se preguntó a los ciudadanos si habían tenido alguna experiencia de clientelismo,[30] y un 21% afirmó que sí. Lo curioso en este grupo es que, al 49%, tal ofrecimiento condujo a que se inclinara menos a votar por el candidato en cuestión. Solo el 8% indicó que fue más proclive a votar por él después de esta oferta, mientras que un 40% se mantuvo neutral en su posición (véase tabla 38 en el anexo 2). De este modo, podemos afirmar que el clientelismo de campaña quizás no es tan efectivo como el "obrismo" (Muñoz 2013):

> En Villa María, la alcaldesa hizo muchas cosas así, regaló de todo, pero al final perdió y no votaron por ella. (Adulta, mujer, NSE E)
>
> No, obsequio es un obsequio, recibimos y ya. (Adulta, mujer, NSE E)

El "obrismo" es una estrategia que consiste en hacer obras públicas con la esperanza de ganar votos entre sus beneficiarios. Sin embargo, aquí no hay una forma de controlar a la gente, simplemente se apela a su gratitud —los habitantes de Lima se la demostraron a Luis Castañeda al elegirlo nuevamente como alcalde por un tercer periodo (2015-2019).

En general, lo que observamos es que la participación cívico/política es muy baja, y que aumenta entre la gente de más edad, entre la que se ve directamente afectada por el tema que se discute o, como señaló Dietz (1986, 2000), cuando atañe a asuntos cercanos.

2.4 Las actitudes hacia el sistema político

A continuación, presentamos los resultados referentes al tercer aspecto evaluado de la cultura política limeña: las actitudes hacia el sistema político. En este componente se evalúan las actitudes hacia la democracia, así como hacia el autoritarismo como alternativa o complemento del sistema político. Otros aspectos que consideramos son las actitudes hacia los partidos y los políticos.

---

30. "¿Algún candidato o alguien de un partido político le ofreció algo, como un favor, comida o alguna otra cosa, a cambio de que usted lo apoye yendo a una manifestación, firme algo o vote por él?"

2.4.1 *Actitudes y satisfacción con el sistema democrático*

En la encuesta se preguntó "¿Qué significa la democracia para usted?", y se presentaron algunas opciones para que los encuestados eligiesen las que más se adecuaban a su opinión (podían escoger más de una). Las alternativas se plantearon a partir de lo conversado en las dinámicas grupales y de una revisión de trabajos anteriores (Díaz-Albertini 2010, Murakami 2000). Las principales asociaciones fueron cuatro (véase gráfico 12 en el anexo 2): i) respeto por la Constitución y las leyes (35%), ii) cumplimiento de los derechos ciudadanos (32%), iii) igualdad frente a la ley (32%), y iv) libertad de prensa (31%). Estas respuestas coinciden con lo visto durante las dinámicas grupales, con lo encontrado en Lima por los autores señalados, así como con lo identificado por Aragón (2010) y Camp (2001) en otras latitudes.

Durante la fase cualitativa, lo que más se asoció con la democracia fue la idea de igualdad para todos, percibida más como un ideal que como algo real, como una promesa no cumplida, más que como un hecho concreto. Es muy interesante que las tres asociaciones más frecuentes aludan a la vigencia de la ley y, en particular, que esta se relacione con la igualdad de derechos. Cuando en los grupos de discusión se hablaba de la necesidad de una "mano dura", esta se entendía como poner disciplina (que se cumpla con la ley) y hacer justicia. Curiosamente, este comportamiento no se reclamaba tanto a una institución (la Policía, el Poder Judicial, etc.), como a las personas (Urresti, Fujimori, por ejemplo). En la práctica, sabemos que la demanda de "mano dura" termina, muchas veces, con un resultado contrario y deriva en candidaturas o gobiernos vinculados con el abuso del poder y la corrupción. En efecto, se termina privilegiando la búsqueda de igualdad (probablemente asociada al orden y la seguridad) por sobre la libertad.

En general, estos resultados coinciden con los hallazgos de Murakami (2000), quien encontró que en los niveles de escasos recursos la democracia se entiende como igualdad, progreso económico y social, y el cumplimiento de las promesas.

¿Podríamos afirmar que los pobladores de Lima actuamos democráticamente? Se ha expuesto el concepto que se tiene de la democracia, pero no qué sentimientos evoca esta forma de gobierno y si se actúa de acuerdo con ellos. Dargent (2009) plantea que los peruanos somos "demócratas precarios", pues solo apoyamos la democracia cuando afecta nuestros intereses, y que el resto del tiempo cedemos fácilmente ante medidas antidemocráticas. Como se verá más adelante, el compromiso de los ciudadanos de Lima con la democracia es, en su mayoría, circunstancial, en parte porque las promesas asociadas a ella no se han cumplido y se ha incrementado la insatisfacción.

Más allá de las definiciones, en las dinámicas grupales y en el análisis de la encuesta se observa que para la gente el funcionamiento de la democracia actual representa desigualdad. El 62% considera que no somos iguales ante la ley; es decir, que lo que se concibe como democracia no se cumple.

> La política es manejada por un grupo, si vas y votas y de pronto te roban la alcaldía, se puede decir que la democracia no existe. (Adulto, hombre, NSE D)
>
> No hay democracia; en sí la democracia es libertad de expresión, pero acá no hay. (Joven, hombre, NSE A/B)

Hay una frustración con el sistema democrático compartida por un importante grupo de habitantes: el 43% se declara insatisfecho con la democracia y el 40% no está ni satisfecho ni insatisfecho. Solo un 14% se muestra satisfecho, percepción ligeramente mayor en los niveles socioeconómicos con más recursos (NSE A/B: 16%) que en los menos favorecidos (NSE D/E: 11%). Como puede verse, la insatisfacción resulta mayor entre las personas que se autoperciben de izquierda (56%), frente al 42% y 40% de las que se consideran de centro y de derecha, respectivamente (véase tabla 39 en el anexo 2). Ello también se observó en las dinámicas grupales, en las que algunas personas consideraban que la democracia no funciona y que lo que hay es desigualdad y corrupción. Así pues, cuando se pregunta qué entienden por democracia, algunas personas "plantean":

> Mujer 1: Porque todo es comprado, todo está manipulado.
>
> Mujer 2: Te prometen algo y no cumplen. (Conversación entre jóvenes, mujeres, NSE C)

> Se tiene una estructura democrática pero no se cumple como está establecido. Muchas veces la gente ve su propio beneficio, no hace algo si no recibe nada a cambio. O como el aparato de la burocracia es algo lento para el cumplimiento de las reglas o leyes. (Joven, hombre, NSE E)

A pesar de este descontento, la democracia es percibida como la mejor forma de gobierno (67%), más en los NSE A/B (76%) y entre las personas de 40 a 80 años (70%) (véase tabla 40 en el anexo 2). Si bien esta preferencia se reduce en los niveles socioeconómicos D y E (63%), hay en general un soporte importante a la democracia como sistema político. ¿Qué puede ocurrir si la gente en Lima mantiene su apoyo a la democracia, pero se manifiesta insatisfecha con su funcionamiento?

Con el fin de evaluar esta situación, se construyó un indicador que incluyó diversas variables. De esta forma, se evaluó la importancia que para la democracia tiene el rol de una serie de instituciones y valores democráticos.[31] Las respuestas se dividieron entre personas que "más apoyan", "medianamente apoyan" y "menos apoyan" la democracia. Con este indicador se buscó incorporar más variables que solo el explícito soporte a la democracia. Tenemos que el apoyo es menor entre las personas de menor nivel socioeconómico y entre quienes consideran que en algún momento han sido discriminadas por sus creencias políticas o por ser provincianos (véase tabla 41 en el anexo 2).

Asimismo, se realizó un cruce entre las preguntas de satisfacción con la democracia y el apoyo a esta. Ello se obtuvo a través de la respuesta (de acuerdo/en desacuerdo) a la siguiente afirmación: "Puede que la democracia tenga problemas, pero es mejor que cualquier otra forma de gobierno". Ambas variables fueron llevadas a un puntaje de 1 a 100 y, al

---

31. Véase el anexo 2. Los nueve ítems considerados fueron: i) el desarrollo económico es más importante que la democracia; ii) la democracia puede funcionar sin partidos políticos; iii) la democracia puede funcionar sin Congreso; iv) el Presidente puede ir más allá de las leyes si el país tiene dificultades; v) el Presidente debe controlar los medios de comunicación si el país está pasando por una situación difícil; vi) la democracia no es necesaria para lograr el desarrollo; vii) la democracia puede funcionar sin Poder Judicial; viii) el pueblo debe gobernar directamente y no a través de los representantes electos; y ix) la democracia solo se justifica si la gente como yo puede prosperar.

cortarse por la mitad (50), se obtuvieron dos grupos para cada caso: alta y baja satisfacción con la democracia, por un lado, y mayor y menor apoyo a la democracia, por el otro. De la combinación se obtienen cuatro niveles para clasificar el estado de la democracia actual en Lima (véase tabla 42 en el anexo 2, con resultados al 100%).

Es preocupante que casi dos tercios de los encuestados consideren que la democracia es la mejor forma de gobierno pero manifiesten no estar satisfechos con su desempeño. Aquí hay coincidencia con el análisis anterior, en el cual se observó que la gente espera igualdad y respeto a las leyes mas percibe lo contrario. Esto la aproxima al "ciudadano crítico" de Norris (1999) o al "ciudadano asertivo" de Dalton y Welzel (2014) y, de algún modo, se asemeja a lo encontrado por Camacho y Sanborn (2008) en su análisis sobre cultura política y desempeño del Estado. Hay también un grupo aún más desilusionado, que representa un 28%, que no solo está insatisfecho, sino que apoya poco la democracia. Estamos, pues, ante un sistema democrático que no está cumpliendo con las expectativas de la población limeña; un sistema que es reconocido como la mejor forma de gobierno por la mayoría, pero que todavía tiene muchos pendientes para lograr que la idea de que "la democracia es lo mejor" sea realmente internalizada por los ciudadanos y cobre validez en la práctica.

Para ahondar en la identificación de aspectos vinculados con la satisfacción con la democracia, analizamos la correlación entre esta y otras variables, tales como la evaluación de la gestión del gobierno, la satisfacción con el Congreso, con las agrupaciones políticas, con el Poder Judicial y con la acción de los funcionarios. Con todos estos aspectos se encontró una correlación positiva;[32] a resultados semejantes han llegado otros estudios (Carrión, Zárate y Seligson 2010). En general, la satisfacción con la democracia se vincula a la evaluación del desempeño de los tres poderes, así como de los servidores públicos. Ello permite ver cómo

32. Con la evaluación de la gestión del actual gobierno (.251**), con la satisfacción con el Congreso (.238**), con la satisfacción con los partidos políticos (.227**). Se encontraron correlaciones positivas, pero algo más bajas, con el nivel de satisfacción con el Poder Judicial (.193**) y la acción de los funcionarios (.192**). Todas estas correlaciones son significativas al nivel 0.01 (bilateral).

el fortalecimiento institucional, el adecuado desempeño de las instituciones y la apropiación de la democracia van de la mano.

2.4.2 *Actitudes hacia el autoritarismo*

De cara a estas actitudes que expresan descontento y un frágil apoyo al sistema democrático, ¿tendría éxito la figura de un líder autoritario? Más de 15 años después de la salida de Alberto Fujimori del poder, los sucesivos gobiernos democráticos han hecho su trabajo en materia macroeconómica, pero la desigualdad y la corrupción en el Estado siguen siendo taras que les quitan legitimidad. ¿Nuestro histórico apego a la autoridad nos vuelve más susceptibles a "patear el tablero" de la democracia?

Cuando se pregunta por la actitud hacia un estilo de gobierno de "mano dura", un 72% (T2B) manifiesta estar de acuerdo con él. Menor apoyo recibe esto en el NSE A/B (66% en el T2B). La actitud resulta más favorable en los niveles socioeconómicos más bajos —donde hay más tasas de criminalidad y una mayor sensación de injusticia— y en el grupo de edad intermedio (de 25 a 39 años). Un resultado semejante —aunque empleando otra escala, dicotómica— muestra la encuesta del LAPOP para el conjunto del país en 2014, donde un 50% se muestra a favor de un estilo autoritario de ejercicio del poder (véase tabla 43 en el anexo 2).

Si se relacionan las actitudes hacia el uso de una "mano dura" como estilo de gobierno con las actitudes hacia la democracia,[33] el resultado es interesante porque se puede ver cómo algo más de la mitad de las personas (51%) puede pensar que la democracia es la mejor forma de gobierno y a la vez considerar que el país necesita de una "mano dura" para gobernar (véase tabla 44 en el anexo 2). La mitad de la gente en Lima está de acuerdo con una "demodura" (Natal 2010), o al menos con una

33. Se utilizó la pregunta que evalúa el nivel de acuerdo con la necesidad de "mano dura" para gobernar y con la afirmación "Puede que la democracia tenga problemas, pero es mejor que cualquier otra forma de gobierno". Se hizo un cruce bivariado juntando las alternativas "totalmente de acuerdo/de acuerdo", por un lado y, por otro, todas las que expresan desacuerdo, más la opción intermedia (ni de acuerdo ni en desacuerdo).

democracia que muestre mucha firmeza en el combate a la delincuencia y la corrupción.

En las dinámicas grupales esta preferencia era transversal a todos los niveles socioeconómicos. Hacer cumplir las leyes y las normas en las instituciones es una tarea que, en la mirada del ciudadano, solo alguien con "mano dura" puede lograr. Como ya se señaló, es curioso cómo se demanda a las autoridades un manejo de este tipo para generar igualdad (democracia). Como se verá más adelante, esto no implica defender un golpe de Estado. Este último escenario es ir más allá de una autoridad ejercida en el sistema democrático, un hecho que genera un rechazo mayoritario en la población.

> [...] la democracia en el Perú, que sea justa para todos, pero escucha opiniones el Presidente, pero nunca pasa nada y el menos favorecido es el que está más lejos. Si no funciona la democracia, y un Presidente de mano dura encaminara, a lo mejor nos funciona. (Joven, mujer, NSE C)
>
> Considero que debe ser un Presidente con mano dura, pero justo. (Adulta, mujer, NSE C)
>
> Yo pondría una pizca de Pinochet para que no haya delincuentes, mandarlos fuera de la ciudad [...] enérgico y sacaba el pecho por la gente, que quería un orden. (Adulta, mujer, NSE A/B)

¿En qué circunstancias podría preferirse un gobierno de "mano dura"? Para averiguarlo, se pidió elegir el tipo de gobierno más efectivo para resolver una serie de problemas que aquejan al país (véase tabla 45 en el anexo 2). Los resultados son semejantes a los que encontró Murakami (2000). Este autor mostró cómo frente a la corrupción y el terrorismo, entre otros problemas, la gente apoya más las soluciones no democráticas. Cabe destacar que en todos los casos se prefiere un gobierno democrático a uno autoritario nacido de un golpe de Estado. Sin embargo, se encuentran algunas diferencias según la clase de problema.

Cuando se trata de asuntos de índole económica o social, como el desempleo, la pobreza o la escasa calidad de la educación y de los servicios de salud, los ciudadanos piensan que un gobierno democrático es lo suficientemente efectivo para resolverlos (véase tabla 45 en el anexo 2). No ocurre lo mismo cuando se refieren problemas relacionados con el orden o la ley —como la delincuencia, el terrorismo o la corrupción—, así como con la burocracia o un sistema de justicia ineficaces. Estamos, entonces, frente a síntomas vinculados a una situación anómica, al desorden o a la injusticia. En estos casos se prefiere un gobierno demócrata, pero con "mano dura"; es decir, un gobierno firme que alivie a los ciudadanos en dos temas concretos: la inseguridad (terrorismo y delincuencia) y la injusticia o corrupción en las instituciones.

Investigaciones previas destacan que el miedo a cualquier peligro que amenace nuestra seguridad se relaciona con un incremento en el grado de autoritarismo de los ciudadanos y con un bajo apoyo al sistema político (Amaya, Espinosa y Vozmediano 2011; Carrión, Zárate y Zechmeister 2014). Esto ayuda a entender —en contextos como el actual, en el que la inseguridad ciudadana es percibida como uno de los principales problemas de la ciudad y del país— la fuerte demanda de una autoridad de "mano dura". Del mismo modo, la corrupción y la imagen de un sistema judicial ineficiente contribuyen a buscar a un "justiciero" que solucione estos problemas. La "mano dura" es el reverso de la debilidad institucional, tanto en lo fáctico como en lo simbólico.

La situación es distinta cuando se plantea la posibilidad de un golpe militar. La mayoría no defiende esta opción en ninguna circunstancia (56%), mientras que un 35% la justifica en situaciones de delincuencia o corrupción (37%). Carrión, Zárate y Seligson (2012) reportan resultados semejantes para el conjunto del país, lo propio hace Murakami (2000) para Lima. En tal sentido, es fuerte el rechazo hacia una medida autoritaria que represente el quiebre de la democracia en su concepción más pura, al restringir las libertades y eliminar la posibilidad de elegir a nuestros representantes (véase gráfico 13 en el anexo 2).

Una opinión parecida se encontró en las dinámicas grupales. Se reclamó "mano dura", pero cuando se preguntó si se apoyaría un golpe militar, pocos se manifestaron a favor. Lo que se planteó fue que, dada la situación de corrupción, injusticia y falta de respeto a las normas que hay en el país, se necesita un Presidente que tenga "mano dura" para que lo respeten y, al mismo tiempo, para que haga respetar las normas. La corrupción y la injusticia estarían más asociadas a las instituciones (Congreso, Poder Judicial, políticos en general, principalmente), pero también se observaría en el conjunto de la ciudadanía.

> Es que no confundan mano dura con golpe de Estado. (Adulto, hombre, NSE A/B)

Cuando en los grupos se preguntó por qué se pide a las autoridades "mano dura", se mencionó la informalidad de la gente (que no respeta las normas); la corrupción en la política, en la Policía y en el Poder Judicial; la creciente inseguridad ciudadana; que la democracia es lenta; y que en la política (en los partidos y entre los congresistas, principalmente) lo que predomina es la búsqueda de intereses propios.

En las dinámicas grupales, la gente indicó que la "mano dura" no se opone a la democracia, sino que, por el contrario, la facilita. Así, la mencionada "mano dura" se entiende como firmeza y disciplina, sin que ello suponga llegar a la violencia. En suma, se la asocia a un comportamiento que lleve a la justicia y que, por lo tanto, permita alcanzar la democracia (igualdad para todos). En tal sentido, no se percibe que haya un conflicto entre ejercer con autoridad el gobierno y ser demócrata.

> Un Presidente que sea elegido democráticamente, que tenga la mano dura, que sea firme en sus decisiones. (Joven, hombre, NSE E)
>
> Mano dura es que tienen bien planteadas las reglas y las leyes y hacerlas cumplir por más insignificantes que sean, en democracia. (Joven, mujer, NSE A/B)

Por otro lado, para la encuesta se construyó un indicador basado en el nivel de aceptación de actitudes que podrían considerarse antidemocráticas: desde pensar que el desarrollo económico es más importante que la democracia, hasta asumir que esta puede funcionar sin partidos, sin Congreso o sin Poder Judicial (véase gráfico 14 en el anexo 2). Para este indicador se obtuvo una media de 2,57 (DT = .54).

Según esta perspectiva, los pobladores de Lima están en el punto medio de la escala en cuanto a actitudes democráticas (no son antidemócratas, pero tampoco sus defensores acérrimos). Al igual que lo visto para el Perú o Lima en otros trabajos,[34] lo que se percibe es una insatisfacción

---

34. Camacho y Sanborn (2008); Carrión, Zárate y Seligson (2006, 2008, 2010, 2012); Murakami (2000) y Alfredo Torres (2010).

con el desempeño de las instituciones democráticas, más que con la idea general de democracia (véase el gráfico 14, en el anexo 2, que muestra el porcentaje de personas que aprueba cada uno de estos ítems, T2B).

Un 30% está de acuerdo con tener un gobierno que no sea elegido por el pueblo, siempre y cuando sea justo y mejore la situación; este porcentaje es semejante al encontrado por Murakami (2000). Dicha proporción se incrementa aún más en los segmentos NSE D/E, en donde la aprobación llega al 35%. Si relacionamos tal resultado con la actitud favorable hacia una "mano dura" en el gobierno, se completa la imagen de este personaje ideal que nos gobierne y haga justicia para los que más la necesitan. No en vano, solo un 9% afirma que la democracia puede funcionar sin Poder Judicial. Una vez más, aparece la asociación entre democracia y justicia. Cuando, por ejemplo, en los grupos focales se pregunta qué debería haber en Perú para que haya democracia, surgen respuestas como la siguiente:

> Justicia. Porque una persona demócrata es una persona justa. Tipo el partido comunista, que tú eres hijo de Presidente y tu hijo de albañil, para los dos hay igualdad. (Joven, hombre, NSE C)

De acuerdo con esta lógica, ya no importa tanto si el Presidente es elegido por los ciudadanos; ello es compensable si logra que todos puedan acceder a los mismos beneficios y oportunidades. Se anhelan mejoras, crecimiento y desarrollo, y si la democracia no responde a estas expectativas, se la puede sacrificar (así piensa al menos la tercera parte de los habitantes en Lima).

A partir de ello, da la impresión de que un sector desilusionado de la población no siente que las instituciones democráticas contribuyan al bienestar. Si bien estas actitudes pueden ser una amenaza a la estabilidad, se las puede considerar "ortofuncionales" (Finifter 1970) y, por tanto, una promesa potencial de cambio, un concepto desarrollado por Norris (1999) y Dalton y Welzel (2014). Ello quiere decir que ciertas actitudes que son factibles de interpretarse en una primera mirada como antisistema, también pueden ser síntomas que expresan la frustración ante demandas totalmente democráticas. Las opiniones negativas manifiestan, en un segundo nivel de análisis, un impulso hacia el cambio.

2.4.3 Evaluación de actores políticos

La imagen de nuestro sistema político no solo implica evaluaciones de la democracia como forma de gobierno, sino también de los actores políticos. Como se señaló líneas arriba, hay una correlación positiva entre satisfacción con la democracia y la evaluación de estos actores.

Un 31% dice estar interesado en lo que ocurre con las agrupaciones políticas, aunque este porcentaje varía según el estrato socioeconómico: es mayor entre los grupos con un nivel socioeconómico más alto (véase tabla 46 en el anexo 2). En lo que respecta a la confianza en las agrupaciones políticas, solo un 10% confía en ellos. Este sentimiento es compartido por todos los segmentos analizados (véase tabla 47 en el anexo 2).

Tales resultados concuerdan con el nivel de simpatía que se tiene por las organizaciones políticas y sus líderes. En el primer caso, solo el 20% muestra algún tipo de simpatía por un partido político, mientras que la que se siente por un líder es ligeramente mayor (27%). Este resultado confirma la tendencia vista en los últimos años: nos dejamos influir más por las personas que por las instituciones políticas. Entre los hombres, entre las personas de mayor edad (entre 40 y 80 años), así como en el segmento de quienes se identifican con la izquierda, hay una mayor proporción que simpatiza con partidos políticos (véase tabla 48 en el anexo 2). En el caso de la simpatía por los líderes, esta suele ser mayor en el grupo de 40-80 años (31%) y, nuevamente, entre los que se perciben de izquierda (39%). El bajo nivel de simpatía por las agrupaciones políticas se relaciona con la escasa participación política partidaria de la población; ambos constituyen síntomas de una desafección en este ámbito.

El nivel de desaprobación de los partidos es del 57%; solo un 2% considera que están haciendo muy bien o bien su labor (véase tabla 49 en el anexo 2). A su vez, el porcentaje de ciudadanos que declara no tener simpatía por ninguna agrupación política es muy alto (80%). Esta proporción llega a un significativo 89% entre los jóvenes de 18 a 24 años. Así, se evidencia una muy poca vinculación con los partidos y ello se expresa, como ya hemos visto, en una mínima participación. Para confirmar la mala imagen de los partidos, solo un 13% siente que representan bien a sus votantes.

Por otro lado, el 64% considera que un Presidente puede hacer un buen gobierno al mando de un grupo calificado de técnicos, en el cual los miembros del partido no son necesarios. La experiencia en los últimos años es que los técnicos no provienen de los partidos sino de la academia, del sector privado o de organismos internacionales. Tal idea hace aún más frágil la situación de los partidos, pues si para algunos no son muy importantes para una campaña política (38%), para un amplio porcentaje no son ni siquiera necesarios para gobernar (véase tabla 50 en el anexo 2).

Si la imagen de estas instituciones es mala, la evaluación de los líderes políticos no dista mucho de ello. En las reuniones grupales se planteó que quienes se acercan a la política son personas que buscan su conveniencia y que están interesadas en conseguir dinero de licitaciones, contactos que les faciliten trámites u otras prebendas del Estado. En la encuesta, un 73% del total afirmó no tener simpatía por ningún líder. De nuevo, son los jóvenes de 18 a 24 años los más distantes (84%).

Al investigar las cualidades más valoradas en un potencial candidato a la Presidencia, encontramos el perfil de una persona honesta/honrada (56%), que haga obras (28%), que tenga carácter/que sea firme (24%), que tenga un plan de trabajo y que tenga capacidad de gestión pública (22%). Llama la atención que se reclame un candidato honesto cuando al momento del estudio se había elegido como alcalde a Luis Castañeda, cuestionado precisamente por temas de corrupción. Es allí donde entran a tallar otros motivos, como hacer obras, la principal razón por la que la mayoría votó por su candidato en las elecciones municipales de 2014; o tener experiencia de gestión pública (36% la mencionó como el motivo principal para elegir al alcalde) (véase tabla 51 en el anexo 2). En general, tanto en las dinámicas grupales como en la encuesta se vio que la honestidad, al menos en política, se vincula más con la ejecución de obras (cumplir con lo que se promete) que con no violar la ley.

> Francos y sinceros y sean cumplidos, te dicen una cosa y te dan la espalda. (Adulta, mujer, NSE D)

Ante tanto incumplimiento de promesas, los habitantes de Lima habrían dejado de prestar atención a los planes de gobierno para concentrarse en el ofrecimiento de obras o de proyectos tangibles. Frente a la palabra devaluada, se piden acciones y obras. Que solo un 15% diga que una característica esperada en un candidato es que sea democrático, muestra la escasa relevancia que la gente le otorga a esta forma de gobierno. En esa línea se expresaron las razones de voto por Castañeda:

> ¿Quién no roba? ¿Hay algún político que no robe? (Joven, hombre, NSE E)
>
> [...] es la realidad y todos lo hacen. No existe ninguno que no lo haga. (Adulta, mujer, NSE C)
>
> Yo voté por Castañeda, porque es el único que hace obra así le digan que roba porque hace obra. (Adulto, hombre, NSE A/B)
>
> Aunque sea si vas a robar, haz obra como Castañeda, ha robado un montón, pero ha hecho obra. (Adulto, mujer, NSE E)

En síntesis, se ha presentado el panorama general de cómo los habitantes de Lima interpretan la democracia, así como la imagen que proyectan las principales instituciones del sistema político. La relación con la democracia es lo que se podría llamar de una lealtad espuria: no se está contento con ella, pero no se ve otra alternativa. La que se tiene más a flor de piel es la de pedirle firmeza, "mano dura", para combatir diferentes tipos de problema. La asociación ideal de democracia con justicia es un tema que vale la pena destacar, tanto por lo que se podría denominar "una suerte de conciencia republicana" (Tanaka y Zárate 2002), como por la frustración que hay con el anhelo de justicia y, por lo tanto, por la presencia de actitudes limítrofes entre lo democrático y autoritario que pueden llevar a que las propuestas populistas sean bien recibidas. La demanda de república, en su desesperación e idea de que es imposible influir en las decisiones políticas, puede terminar aceptando un manejo imperial o de despotismo ilustrado. Respecto de los partidos y líderes políticos, la mayoría de la gente se considera de centro —lo que, como se dijo, en las dinámicas grupales era visto como tomar distancia de cualquier ideología política— y manifiesta una escasa simpatía por ellos. Si a estos datos se añade que algo más de la mitad de la gente siente que vota por obligación, se entiende que en muchos procesos electorales predomine el antivoto o el voto por el candidato "menos malo". En consecuencia, las instituciones políticas tienen mucho trabajo que hacer para mejorar sus niveles de confianza, pero se observa también serios problemas en el liderazgo partidario y de los propios actores políticos.

2.5 Las actitudes hacia la acción del Estado y del gobierno

2.5.1 Evaluación de instituciones del Estado

Se evaluaron diferentes agentes e instituciones políticos, tales como la Presidencia de la República, el Congreso, el Poder Judicial y los funcionarios en general. A continuación, se presentan los resultados obtenidos para cada uno de ellos.

Cabe precisar que el estudio se realizó en marzo de 2015, cuando Ollanta Humala presidía el país. Cuando se pidió a la gente que evaluara qué tan bien estaba ejerciendo el Presidente sus funciones, solo el 6% opinó que su desempeño era bueno o muy bueno, el 58% lo calificó de regular, y el 39% restante de malo o muy malo. Esta evaluación abarca a todos los segmentos sociodemográficos, aunque se debe mencionar que corresponde a la última fase del gobierno de Humala.

Por su parte, el Congreso de la República genera un masivo rechazo de la población: el 62% evalúa su desempeño como malo o muy malo, siendo los adultos mayores (de 40 a 80 años) los más críticos (65%). En las dinámicas grupales se pudo apreciar también esta visión negativa de los congresistas, quienes eran señalados como corruptos o de un nivel de instrucción muy bajo que los descalificaba para el cargo. En la fase cualitativa, las personas mencionaron que en años anteriores la calidad del Congreso era mejor porque estaba integrado por gente más preparada. Por otra parte, manifestaron que el sueldo actual de un congresista no es acorde con el trabajo que realiza, y que mientras que un ciudadano común tiene que esforzarse mucho para ganar un salario precario o básico, un congresista "se la lleva fácil":

> Yo gano 1000 a 1200 soles y ellos están que ganan 16.000, 20.000 soles por dormir. ¡Es impresionante! Eso que hice la prueba: me eché a dormir

todo el día y dije "bueno, hoy día gano el sueldo de congresista". (Adulto, hombre, NSE D)

El Poder Judicial es el más descalificado: el 67% considera que está haciendo mal o muy mal su trabajo. De acuerdo con lo que escuchamos en las dinámicas grupales, esta instancia es la que más se asocia con la corrupción: "Los fiscales son corruptos y manejados", afirmó uno de los participantes. En términos de Almond y Verba (1970), no se percibe competencia administrativa. En función de esa idea, y en algunos casos, de una experiencia directa con la ineficiencia y corrupción del sistema de justicia, se reclama una "mano dura" para combatirlas. Se considera que todo se mueve con dinero y que quienes deberían estar presos salen libres con facilidad: "Si no tienes dinero, tus trámites nunca se agilizan". Si recordamos que una de las formas de entender la democracia es la igualdad ante la ley y que uno de los valores más importantes es ser reconocidos como iguales, se podrá comprender la trascendencia de tal valoración negativa del Poder Judicial. Lamentablemente, la institución de la que más se espera es la peor evaluada.

> A mí me da mucha pena, pero no hay justicia para los pobres, porque no pueden pagar el abogado, por más que tengan la prueba que son inocentes, rompe la mano el otro y fue. Está la plata por medio del Poder Judicial. (Joven, hombre, NSE C)
>
> Si no tienes plata, no eres nadie. Si tienes plata para hundir a alguien a la cárcel, ya estás. (Joven, hombre, NSE C)

También se hicieron algunas preguntas sobre la labor de los funcionarios en general, referentes a si estos están dispuestos a atender a la gente y si son eficaces en su trabajo. Alrededor del 60% no cree ni lo uno ni lo otro. En general, que más de la mitad de los ciudadanos desapruebe la labor de estos servidores públicos resulta crítico. Como se comprobó en las dinámicas grupales, hay una percepción de que los funcionarios están desmotivados por el bajo sueldo que reciben, lo que incide en una deficiente atención:

> EsSalud tiene magníficos médicos, buenas enfermeras, lo que hay es mala atención y la parte burocrática es lo que es malo. (Adulta, mujer, NSE C)

2.5.2 *Confianza en instituciones*

La institución en la que más confían los habitantes de Lima es la Iglesia (T2B: 78%), un resultado que coincide con la encuesta del LAPOP (Carrión, Zárate y Seligson 2012). En el otro extremo figuran las instituciones del Estado, que son las que menos confianza inspiran. Aquí se incluyen el Congreso de la República (T2B: 9%), el Poder Judicial (T2B: 10%), los líderes políticos (T2B: 15%) y los partidos políticos (T2B: 10%), que resultan los menos confiables de todos. Como ya se ha visto, la imagen de los políticos está tan venida a menos que los ciudadanos difícilmente se acercan a los partidos. Así, tanto a los líderes como a los partidos políticos se los relaciona fuertemente con el enriquecimiento ilícito y la corrupción.

Asimismo, se le pidió a los encuestados expresar su nivel de confianza en algunas instituciones vinculadas a los procesos del *output*, tales como la Policía Nacional (T2B: 31%) y las Fuerzas Armadas (T2B: 40%). Al igual que en las encuestas del LAPOP, estas instituciones se encuentran en un nivel intermedio de confianza, solo por encima de las instancias políticas. Continúan en la lista las instituciones del gobierno local (T2B: 45%), es decir, la Municipalidad de Lima (44%) y la municipalidad del distrito (T2B: 46%). Debido a su cercanía con el ciudadano, ambas instituciones inspiran más confianza que las del gobierno central, un hecho que resulta ciertamente positivo.

Solo superadas por la Iglesia se ubican las instituciones que canalizan las demandas ciudadanas, que tienen, en promedio, un T2B de 47%. De ellas, los medios de comunicación (T2B: 51%) y la Defensoría del Pueblo (T2B: 44%) son las mejor consideradas. Ambos suelen ser canales de expresión de quejas ciudadanas, por lo que es interesante que se ubiquen en un segundo nivel de confianza. No se puede dejar de señalar que, mirando el conjunto, lo que se tiene es que las instituciones que no son parte del Estado o que tienen una suerte de rol bisagra —como la Iglesia, la Defensoría y los medios de comunicación— son más apreciadas que aquellas que deberían representar al ciudadano y velar por sus intereses —el Congreso, los partidos, los líderes políticos, el Poder Judicial.

2.5.3 Rol del Estado y de la inversión privada

A continuación se presentan los dos ítems que evalúan la expectativa que se deposita en el Estado (véase gráfico 15 en el anexo 2). Los resultados muestran que se le demanda un rol más activo, más centrado en el sector social, para asegurar el bienestar de la gente y reducir la desigualdad entre ricos y pobres. Tres cuartas partes de quienes residen en Lima están a favor de esto.

En cuanto a la afirmación de que el Estado es el responsable de garantizar el bienestar de la gente, más que los individuos, se encuentra que esta percepción es más fuerte entre los ciudadanos con menor nivel educativo (78%). Por el contrario, quienes cuentan con estudios superiores piensan que cada persona debe responsabilizarse de su propio bienestar. Ello se debe a que estos ciudadanos confían más en sus capacidades y recursos, a diferencia de los primeros, cuyo capital cultural es menor.

En cuanto a la empresa privada (véase gráfico 16 en el anexo 2), si bien se la reconoce como un aliado importante para la sociedad, el rol que se le atribuye es principalmente apoyar al Estado en temas como la creación de empleo (51%). Cuando se trata de aspectos como la salud o la regulación de precios, menos de la mitad le asigna esta responsabilidad. En esos casos, en la mirada del limeño, el Estado es quien debe asumir siempre el liderazgo.

Como también se vio en las dinámicas grupales, se espera acción de ambos lados, tanto del Estado como del sector privado, para asegurar el desarrollo de la población y de los servicios públicos. Se anhela un Estado que ocupe un rol importante en la búsqueda de igualdad y que favorezca a la gente de menos recursos. Por su parte, los niveles socioeconómicos más altos son los más entusiastas con el apoyo del sector privado.

En síntesis, tenemos una población en la capital con una mala concepción y experiencia de las instituciones del Estado, en particular del Poder Judicial y del Congreso, que muestran bajos niveles de confianza institucional. Hay una evaluación más positiva de aspectos vinculados al *output* que al *input*, aunque es importante mencionar que entre los servicios que recibe el ciudadano, el que brinda el Poder Judicial es el peor calificado. La situación mejora cuando se refiere al ámbito local. Finalmente, se termina reclamando más Estado y "mano dura" como un intento de regular el desempeño institucional o, más bien, de promover uno adecuado. En suma, toda una paradoja.

2.6 A manera de resumen

Según lo que hemos visto sobre la cultura política en Lima, tenemos que esta se caracteriza por un escaso capital social que afecta la convivencia y el desarrollo, no solo de un civismo, sino de una sociedad civil activa. Encontramos acentuados los valores que privilegian el recurso individual como estrategia adaptativa, y un predominio de los vínculos familiares o comunitarios como alternativa al vacío de lazos sociales más amplios e instituciones sociales más confiables. Asimismo, la demanda de justicia e igualdad tiene un sinfín de expresiones, entre otras, una muy negativa evaluación del Poder Judicial, de los partidos y de los políticos. Si bien hay matices, el reclamo de igualdad atraviesa posturas tanto de izquierda como de derecha. Se observa una escasa tolerancia social en contraposición a una mayor tolerancia política,[35] en tanto no afecte el ámbito personal. El vínculo con la política y con los asuntos públicos está signado por la frustración, la poca confianza en las instituciones y el distanciamiento o animadversión. Esto repercute en un bajo interés y en un desconocimiento de los asuntos asociativos, sobre todo de los políticos, y en particular los del *input*. En efecto, la atención está más puesta en los resultados del sistema. La percepción de competencia subjetiva es baja e incluso el hecho de votar es visto con cierto desánimo. Según lo anterior, hay poco interés por seguir los asuntos cívicos y políticos y por participar en ellos, salvo si se trata de temas más locales o de directa incumbencia.

Si, como ya hemos señalado, más de la mitad de la gente siente que vota por obligación y que su capacidad de influir en las autoridades es muy limitada, el sistema democrático no aparece como un régimen apto

35. Sin embargo, debe revisarse la forma en que hemos medido la tolerancia política en esta investigación.

para satisfacer las demandas ciudadanas de igualdad y justicia. La democracia como fin se valora, pero su funcionamiento es fuente de insatisfacción y de actitudes que pueden ser muy tolerantes con medidas de corte populista, por decir lo menos. En el contexto de un vínculo dañado con el entorno político institucional, y donde no se aprecia una sociedad civil especialmente activa, la "mano dura", las actitudes autoritarias y el hecho de ir en busca de resultados sin importar los medios, son considerados formas de resolver los conflictos. Sin embargo, a pesar de que estas actitudes pueden resultar desoladoras, más que síntomas antisistema hay que asumirlas como síntomas de la necesidad de cambiar un desempeño que es visto como excluyente, distante, falto de transparencia y por el que no se rinden cuentas. Nos parece que este patrón de actitudes se vincula más al desempeño de las instituciones y actores del sistema político, que al sistema en sí.

Toda esta situación nos evoca lo afirmado por Acemoğlu y Robinson (2014) sobre el rol de las élites extractivas en los países con problemas para desarrollarse. Como se señaló en su momento, la percepción de baja eficacia política externa —es decir, de políticos e instituciones que no escuchan y que solo actúan en beneficio propio— termina afectando la opinión de poder cambiar las cosas y el interés en la política y en los asuntos públicos en general. La desafección está instalada. Con esta distancia afectiva, esta falta de vínculo y esta imagen de corrupción, nace la idea de tolerar el robo a cambio de obras. Ya hemos visto que este panorama tiene matices según el género, nivel socioeconómico y edad, pero aun así es una tendencia general. Estamos, pues, frente a una situación que necesariamente nos lleva a preguntarnos por sus consecuencias y —el foco de nuestro análisis— por si todos somos así.

3

Subculturas políticas en Lima

Luego de haber descrito los aspectos más característicos de la cultura política en Lima, la pregunta es si todos sus habitantes son así o si hay diferencias en este patrón general, más allá de las clásicas que suelen hacerse según el nivel socioeconómico, la edad o el género. Como señalamos en las páginas iniciales, ¿cómo hacer política cuando la gente no quiere saber nada de los políticos y la frustración lleva a que la alternativa de obras y "mano dura" tenga tan buena acogida? Según nuestros resultados, en una democracia que, a ojos del ciudadano, no cumple con las expectativas que se han depositado en ella y que es vista como un sistema en el que predomina entre los actores e instituciones el poco respeto a las normas, se termina fomentando una cultura que favorece la llamada "mano dura" para moverse en una zona gris que oscila entre el reclamo de eficiencia y justicia, por un lado, y el exceso autoritario, por otro. Desde esta perspectiva, se desarrolla una cultura política que puede rechazar un golpe de Estado, pero, a la vez, tolerar un ejercicio autoritario del poder, con formas democráticas, siempre y cuando cumpla con luchar contra la corrupción y la delincuencia y poner orden y hacer justicia. En otras palabras, una cultura política que está en la base de propuestas populistas de diverso tipo, en las que se exalta la existencia de una élite corrupta y se propone un diálogo directo entre líder y población para responder a las frustradas demandas de la gente (Mudde y Rovira 2017). Este contexto refleja una gran desilusión y un distanciamiento del sistema político, que parece ser el responsable de tal actitud.

Si el funcionamiento de la democracia está vinculado, entre otros factores, a las características de la cultura política de su sociedad civil —y de sus élites, pero eso es tema de otra investigación—, la pregunta es qué posibilidades hay de construir algo alternativo. Si, como señala Alonso (1995), la democracia no se agota en la definición de ciertas reglas de juego institucionales, sino que remite a la misma condición de la sociedad civil, hay que indagar, dentro de la misma sociedad civil, qué corrientes favorecen o en cuáles se puede apoyar la construcción de una alternativa. En momentos en que los sectores populares han pasado de ser actores idealizados a ser objeto de desilusión,[1] es importante identificar cuáles son sus características y cuáles pueden ser los aliados para hacer política y construir una institucionalidad con mayor sustancia democrática.

Las preguntas que nos hacemos es si estas actitudes políticas populistas y autoritarias son las únicas que hay, cuál es su sentido y si se pueden revertir. Los resultados, tanto del estudio exploratorio como del cuantitativo, permiten pensar que una importante proporción de las personas que piden "una pizca de Pinochet", en el fondo, más que autoritarias, son ciudadanos profundamente desesperados frente a un entorno institucional que no responde a sus demandas de igualdad y justicia. Por otro lado, la gente que se muestra indiferente, ¿nunca ha tenido un vínculo con el sistema o se trata de personas con expectativas democráticas frustradas y, por tanto, potenciales soportes en un proceso de cambio? Para que un partido se desarrolle en el país, ¿tiene que optar por comportarse según los códigos del populismo? ¿Es posible construir otro tipo de identidades políticas? ¿Qué tipo de cambios se necesita impulsar? Solo conociendo las actitudes que hay, así como su relevancia en la construcción de diferentes tipos de cultura política, los partidos y órganos de gobierno sabrán qué cambios demanda esta situación a sus instituciones y a ellos mismos como actores sociales y políticos, con qué ciudadano se deben relacionar hoy y cuál es la mejor forma de acercarse

1. En un artículo publicado en el diario *La República* el 8 de abril de 2015, titulado "Cosas que están mal esta semana", el periodista Marco Sifuentes enumera un listado de cosas que lo desilusionan y termina con las siguientes palabras: "los limeños".

a él. Igualmente, se podrá comenzar a entender qué aspectos del sistema retroalimentan ciertas características de la cultura política y qué se debería modificar. Nuestro enfoque no busca quedarse en la descripción o explicación de determinados patrones, sino comprender su sentido para evaluar alternativas de acción adecuadas.

Como plantea Samudio (2009), considerar la cultura política de un país (o de una ciudad) como un todo homogéneo induce a un error. Por ello, siguiendo a Morán (2011a), nos parece necesario optar por un enfoque que se preocupe por identificar las subculturas políticas que hay en Lima para comprender mejor la actual situación. Tal como sostienen Almond y Verba (1970), es necesario saber "cuánto de qué cosa" hay, qué tipos de subcultura política pueden distinguirse, para así comprender su sentido. Si el problema de fondo radica en evaluar qué posibilidades hay de desarrollar una propuesta política más democrática e institucional, consideramos que un tema central es entender cuáles son y qué significan las subculturas políticas de la ciudadanía.

Los intentos por identificar subculturas políticas en el Perú, y en particular en Lima, no han sido muchos. Están los estudios sobre la cultura política peruana como un todo (Carrión et ál. 2016-2017; Carrión, Zárate y Seligson 2006, 2008, 2010, 2012; Carrión, Zárate y Zechmeister 2014), los análisis sobre lo que ocurre en Lima, pero con énfasis en aspectos específicos (Murakami 2000, Parodi y Twanama 1993) o algunos estudios de casos (Chávez 1998, De la Flor 2000, Martínez 2003, Stokes 1989). Por su parte, Tanaka (2007, Tanaka y Zárate 2002) y Camacho y Sanborn (2008) mencionan la existencia de patrones diferenciados, pero no ahondan en las características de las diferencias o segmentos que nombran.

3.1 Estudios previos sobre subculturas políticas

Uno de los primeros estudios que abordó el tema de los diferentes tipos de cultura política en la ciudad fue el realizado por Stokes (1989) en el distrito de Independencia. En esta publicación se describen dos subculturas políticas mutuamente excluyentes, que probablemente también coexistían en otros distritos populares de la capital. Para diferenciar a ambos grupos, Stokes planteó las siguientes interrogantes:

- ¿Qué es mejor para conseguir beneficios para el barrio? ¿Proceder a trámites legales o acudir a la fuerza?
- ¿Aceptarían una oferta de trabajo a condición de no pertenecer al sindicato?
- ¿Las organizaciones en su barrio deben depender del gobierno central?

A partir de ello, identificó un primer grupo al que llamó "clientelista" y tradicional, sumiso frente a la autoridad y fiel ante el ofrecimiento de favores a cambio de su apoyo incondicional. En segundo lugar, detectó un segmento llamado "radicalista", cuyo discurso abogaba por la igualdad social y la defensa de los derechos humanos.

Otro estudio sobre subculturas políticas en Lima es el trabajo con vendedores ambulantes desarrollado por De la Flor (2000), quien identificó tres tipos de subcultura entre estos trabajadores: "presidencial fuerte", "medianamente maduros" y "más maduros". A continuación, se describe cada uno de estos grupos:

- El primer segmento es el que busca un liderazgo político en una "Presidencia fuerte", que expresa un nivel muy básico de desarrollo político. En este caso, la política se fundamenta en líderes personalistas y tiene al Presidente a la cabeza como figura y guía hacia la seguridad. Este segmento muestran preferencia por los gobiernos de corte autoritario.
- El segundo grupo, el de los llamados "medianamente maduros", son personas que tienen una visión positiva de la política, tanto de los ciudadanos como de las autoridades. Se encuentran en una etapa anterior a la madurez política y se centran en la acción concreta y honesta de los líderes políticos.
- El tercer y último segmento se denomina "más maduro" debido a su pensamiento político. Son personas más cooperativas que se inclinan por la institucionalización.

En otro trabajo, Amat y León (2006) también propone la existencia de subculturas políticas. A pesar de que no se centra específicamente en Lima, su análisis permite entender las diferentes formas en que la cultura política se puede articular. Desarrolla, además, una tipología de los peruanos, construida a partir de valores y del modo de comportamiento que adoptamos en diferentes situaciones. Un aspecto que hay que destacar es que este autor plantea que los peruanos adecuamos nuestra conducta a la circunstancia, y que en cada situación ponemos en práctica algunos de los roles que tenemos incorporados. En tal sentido, si bien las personas o grupos pueden tender a actuar de cierto modo, el comportamiento final dependerá de la circunstancia. Este es un tema que ya ha sido destacado por otros trabajos que adoptan el enfoque interpretativista.[2]

En esa línea, Amat y León utiliza la metáfora de los "disquetes" para explicar cómo cambiamos de comportamiento según lo que consideramos más apropiado para cada ambiente y más efectivo para lograr nuestros fines. De esta manera, describe seis modelos de conducta, que varían y se ajustan tanto al escenario como a las personas con las que interactuamos. En cada oportunidad, tenemos que escoger el "disquete adecuado". Estos modelos son:

- El modelo andino, fuertemente arraigado en las tradiciones religiosas y sociales de los pueblos de la sierra y en la actividad económica del campesinado. Quienes adoptan este modelo buscan la armonía con la naturaleza y, para ello, organizan su vida en comunidad sobre la base de la reciprocidad.
- El modelo colonial, que tenemos incorporado en nuestro subconsciente y que responde a la figura del peón y el latifundista, el indio y el patriarca. Esta representación se produce, por ejemplo, cuando los sindicatos se refieren a los empresarios como los "abusivos", pero aquellos con sensibilidad social consideran que tratan bien a su "gente". Cuando buscamos un favor personal y nos valemos de algún parentesco o jerarquía para salir beneficiados, estamos haciendo uso de este modelo, así como cuando apelamos a nuestra autoridad o a nuestra posición social.

2. Dittmer (1977); Eliasoph y Lichterman (2003); Merelman (1989); Wedeen (2002), entre otros.

- El modelo populista, que es el que se adopta en todas aquellas situaciones en las que se busca gozar de algún tipo de influencia, sobre todo en el Estado. No solo se aplica a los funcionarios (8,2% de la población económicamente activa [PEA]), sino a todos los que creen que el Estado es quien debe resolver sus problemas, razón por la cual depositan en él toda su fe y esperanza. Este modelo es el que asumen quienes piensan que el Presidente es el "salvador del país".
- El modelo liberal, que se afianza en la vida corporativa y empresarial, en la gran y mediana empresa. Su principal objetivo es la acumulación de riquezas y bienes materiales, un hecho que genera una competencia por los recursos y que representa un caldo de cultivo para los conflictos sociales. La base de este modelo la conforman las empresas más capitalizadas y de mayor productividad, las que producen el 46% del PBI, pero solo emplean al 9,1% de la PEA. Se trata del núcleo moderno de la economía del país. Nos es útil en cualquier contexto en el que debamos mostrar solvencia económica. Cabe añadir que este modelo es el más frecuente en los países más desarrollados. Sin embargo, si bien se asocia con crecimiento económico y un mayor nivel educativo, también es excluyente y es la fuente de la desigualdad social.
- El modelo de sobrevivencia, que tiene la finalidad de subsistir. Quienes más lo adoptan son las personas que buscan mejorar su calidad de vida y salir de la pobreza. Su estrategia es clara: trabajan en lo que sea con tal de mejorar su situación y la de su descendencia. Podemos encontrarlo principalmente en los microempresarios, en los trabajadores independientes no calificados y en los campesinos en el área rural (73,5% de la PEA).
- Por último, el modelo combi, que se caracteriza por el predominio del beneficio personal a costa de los derechos de los demás. Por lo general, la consigna en este caso es ganar dinero de manera rápida y fácil. En estas circunstancias, las personas nos tornamos agresivas y desconfiadas, las lealtades se vuelven frágiles y los consensos son cada vez más difíciles de lograr. Es el modelo

> que se asume más eficiente para obtener ingresos y satisfacer nuestras necesidades con prontitud. Es el que utilizamos, por ejemplo, cuando andamos apurados y obstruimos el paso con nuestro auto en una zona muy congestionada o nos colamos en la fila. En suma, constituyen conductas que demuestran nuestra falta de respeto por los demás. Para Amat y León, el modelo combi no es más que una respuesta a la falta de autoridad y a la fragilidad de nuestras instituciones, y resulta preocupante que sea cada vez más hegemónico en el país y que su influencia alcance a todos los sectores de la sociedad. El gran desafío de los peruanos es evitar que este modelo continúe expandiéndose y que deteriore aún más las instituciones, deforme las conductas personales y la vida colectiva.

El autor sintetiza su propuesta en la siguiente figura, en la que tienen cabida cada uno de estos modelos característicos de los peruanos. Nos describe como una sociedad conflictiva e inestable, en la que nos contradecimos al actuar de manera distinta de lo que pensamos y sentimos. Por ejemplo, pensamos en función del modelo andino, buscando la armonía y la reciprocidad, pero decimos cosas que concuerdan con el modelo liberal, manifestamos nuestro apoyo a las libertades individuales y nos hacemos responsables de nuestros actos. Todo ello en un contexto en que lo que realmente queremos es vivir en un modelo populista, en el que los servicios públicos sean gratuitos, con un Estado subsidiario. Y al final, actuamos según el modelo combi, en el que hacemos lo que nos da la gana bajo la filosofía del "vale todo".

Es interesante que esta propuesta se alinee con otras investigaciones que tocan temas como la transgresión de las normas, el fenómeno de la corrupción y la pérdida de confianza en las instituciones. Todos estos son, sin duda, asuntos importantes para comprender la compleja ideología de los peruanos.

Por otro lado, Alfredo Torres (2010) plantea una clasificación de los peruanos según su interpretación de la democracia. A partir de los datos nacionales del estudio Latinobarómetro, trabajó con tres variables: si la democracia es preferible a cualquier otro sistema de gobierno, si puede funcionar sin partidos políticos y si puede hacerlo sin un Congreso

Gráfico 3
MODELOS DE CONDUCTA SEGÚN AMAT Y LEÓN (2006)

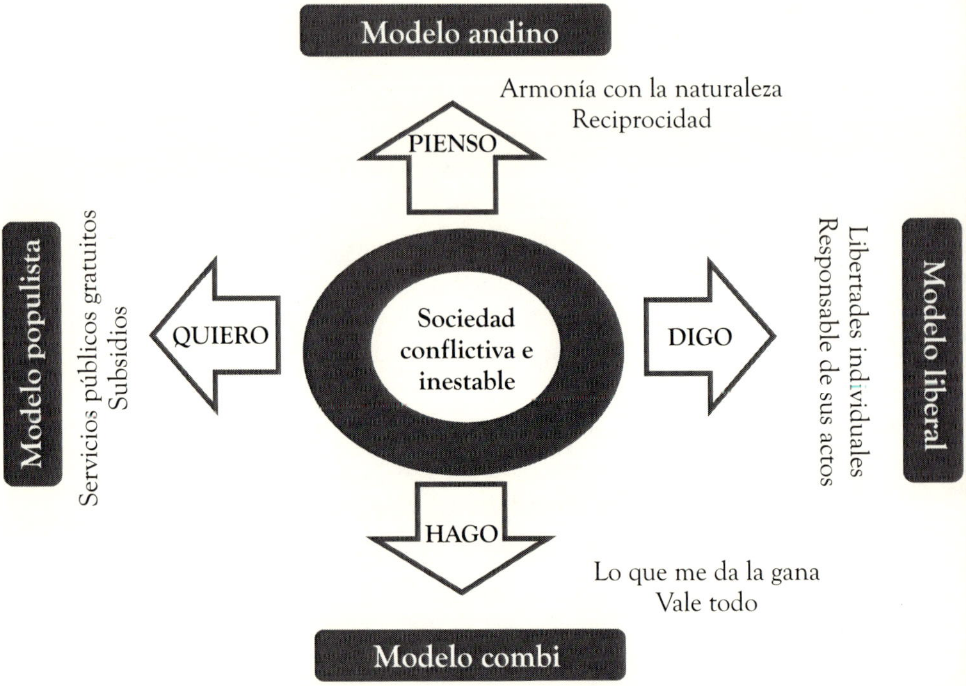

nacional. Hace, además, una descripción sugerente, pero que necesita profundizarse y vincularse con otras variables de interés. Sus investigaciones han dado lugar a los siguientes cuatro segmentos:

- Los demócratas institucionales: son los ciudadanos que consideran que la democracia es preferible a cualquier otro sistema de gobierno y que tanto los partidos políticos como el Congreso son fundamentales para garantizar la vigencia de esta forma de gobierno en nuestro país. Cabe resaltar que solo alrededor del 27% de los peruanos forman parte de este grupo más democrático.

- Los seudodemócratas: al igual que los demócratas institucionales, manifiestan su apoyo incondicional al sistema democrático, pero no consideran indispensable la presencia del Congreso y de los partidos políticos en la escena política. Esta postura se encuentra alineada al concepto de "tendencia plebiscitaria" planteado por Murakami (2000), quien sostiene que en nuestro país lo que sustenta la legitimidad y el respaldo popular de un líder es su capacidad para obtener resultados beneficiosos para el pueblo, más que el respeto a los principios democráticos. Como hemos visto para Lima en particular, se trata de una cultura política que prioriza los resultados. No llama la atención, entonces, que al menos uno de cada tres peruanos se ubique en este grupo para el cual, si bien la democracia otorga el derecho a elegir a un gobernante, la estabilidad en el cargo de quien preside un gobierno está siempre sujeta a su buen desempeño, no a un marco constitucional.
- Los proautoritarios: estos ciudadanos creen que en algunas circunstancias es preferible un gobierno autoritario y muestran cierta indiferencia por instituciones como el Congreso o los partidos políticos. Es decir, no solo desconfían de las instituciones, sino también de la propia capacidad del pueblo para elegir a sus representantes. Por tal motivo, apoyan la opción de salirse del sistema democrático cuando las circunstancias lo "ameritan". Este grupo representa al 19% de los peruanos.
- Los indiferentes: a este segmento de ciudadanos le da lo mismo un régimen autoritario que uno democrático. Los resultados muestran que uno de cada cuatro peruanos mantiene una relación distante y de desconfianza con el sistema político. En general, este suele ser el grupo de ciudadanos que, en caso de una crisis política, puede apoyar a líderes radicales y antisistema.

3.2 Las dimensiones que diferencian a los habitantes de Lima

Con el fin de indagar sobre la existencia en Lima de diferentes patrones de actitud hacia la política, primero hicimos un análisis factorial del conjunto de preguntas aplicadas. El objetivo fue identificar las diferentes dimensiones que componen la cultura política de sus ciudadanos,[3] para luego ver qué tipos de subcultura podían identificarse. Partimos, como ya se señaló, del esquema de Morán y Benedicto (1995) para diseñar tanto la indagación exploratoria como la posterior encuesta. A partir de ello, identificamos once dimensiones (o factores) de la cultura política limeña.[4] En función de ellas, el siguiente paso fue buscar los tipos de subcultura que hay en la capital. En otras palabras, quisimos identificar cuáles eran los patrones que se repetían con mayor frecuencia y que incluían a la mayoría de los habitantes de la ciudad.[5]

Hay que destacar que en una primera etapa se incluyeron como variables de la cultura política los valores descritos por Schwartz (2003), así como otras variables relacionadas con la definición de capital social. Sin embargo, estas soluciones no permitían identificar factores conceptualmente claros y tenían, además, una varianza explicada menor. Hemos dejado para posteriores estudios el análisis de la relación entre valores y actitudes políticas, así como el desarrollo de posibles modelos que incluyan tales aspectos. Las dimensiones que identificamos son las siguientes: i) competencia informativa; ii) tolerancia política; iii) orientación hacia el *input*; iv) interés político eventual; v) orientación hacia el *output* y temas locales; vi) participación cívico-política; vii) demanda de apertura institucional (o demanda de instituciones más democráticas); viii) satisfacción con la democracia; ix) actitudes hacia la autoridad; x) simpatía política partidista; y xi) evaluación de las instituciones.

---

3. Se trabajó con el método de extracción de componentes principales con rotación Varimax. Luego de varios análisis y pruebas, se optó por trabajar con once factores, los cuales explican el 59,86% de la varianza total (KMO = .75 y un X2 de 8.279.938 con 528 grados de libertad; p <. 001). Este criterio se basa en la prueba de esfericidad de Bartlett, lo que permite sostener que el análisis factorial es posible.

4. La forma en que se pregunta y mide cada ítem está más detallada en el anexo 1.

5. Queda para futuras investigaciones indagar la relación entre los factores identificados a través del análisis empírico y la propuesta teórica de dimensiones formulada por Morán y Benedicto.

- Competencia informativa:[6] concentra todos los elementos relacionados con el manejo de información política por parte del ciudadano, desde el conocimiento que se tiene de temas políticos, hasta el grado de exposición a medios que se ocupan de política y el nivel de comprensión de la información que se maneja. Los temas específicos que la conforman son el nivel de conocimiento político, el consumo de información política (exposición a medios con fines políticos) y la percepción de entendimiento político (referente a qué tanto siente la persona que entiende de política).
- Tolerancia política: este aspecto recoge aquellas actitudes vinculadas a la tolerancia frente a expresiones contrarias al sistema político. Los temas específicos que lo conforman son la tolerancia política general hacia personas críticas al sistema y la aceptación de que estas se involucren en actividades políticas, como participar en marchas pacíficas o trabajar para un partido.
- Orientación hacia el *input*: en este indicador se concentran ítems referentes al interés en la política y a la percepción de poder influir y ser escuchado por los que gobiernan. Los temas que lo conforman son el grado de interés general en la política, el nivel de participación en asuntos del *input* (lo que ocurre en los partidos políticos y en el Congreso), así como la percepción de que se puede influir en lo que el gobierno hace y ser escuchado por los gobernantes (eficacia política interna y externa).
- Interés político eventual: evalúa el interés circunstancial por la política. Está compuesto por dos ítems: "La política me interesa solo cuando hay elecciones" y "La política me interesa solo cuando afecta temas que me tocan personalmente".
- Orientación hacia el *output* y temas locales: considera el interés específico por asuntos locales (lo que sucede en el distrito y en la localidad), así como por aspectos orientados al *output* general

6. En el anexo 1 se detallan las preguntas que componen cada una de las dimensiones descritas.

del sistema (resultados concretos en temas como la salud y la educación en nuestro país).

- Participación cívico-política: incluye todas aquellas conductas asociadas a la participación ciudadana, tanto político-partidaria como social. Los aspectos que forman parte de esta dimensión son la pertenencia a asociaciones de la sociedad civil, la frecuencia de involucramiento en dichas asociaciones, la participación directa en partidos políticos (indicador creado a partir de tres ítems) y la participación cívica o social en la comunidad (indicador creado a partir de siete ítems).
- Demanda de apertura institucional: incluye las actitudes que demuestran estar dispuesto a participar en instituciones políticas o sociales, siempre y cuando se solucionen ciertos problemas. Los dos ítems que forman parte de esta dimensión son: "Me gustaría tener una manera de participar en cuestiones sociales y/o políticas, pero no sé cómo hacerlo" y "Si los partidos políticos tuvieran procesos más democráticos, sí podría pensar en participar en uno de ellos".
- Soporte a la democracia: comprende el grado de satisfacción con la democracia en nuestro país, así como la percepción de que está funcionando bien, pese a todos los cuestionamientos que se le hacen.
- Actitudes hacia el uso de la autoridad: esta dimensión se compone de aquellas actitudes que reflejan las diversas posiciones sobre el uso de la autoridad y la fuerza por parte de quienes gobiernan el país. Los ítems que la integran son: "En este país se necesita una mano dura para gobernar", "Las leyes más duras son la mejor medida para enfrentar la delincuencia", "Un Presidente solo necesita estar al mando de un buen grupo de técnicos para hacer un buen gobierno" y el reclamo de una mayor intervención del Estado en temas que afectan al país.
- Simpatía política partidista: agrupa el grado de simpatía por partidos u organizaciones políticas, así como por personalidades políticas específicas.

- Evaluación de las instituciones: los ítems que conforman esta dimensión son la evaluación general del Poder Judicial, el Congreso, los partidos políticos y los funcionarios, así como el grado de confianza en las instituciones.

Como se puede apreciar, las dimensiones están conformadas solo por variables que tratan sobre creencias o actitudes hacia la política. Son actitudes hacia uno mismo como actor político (competencia subjetiva, comprensión de la política), que se enfocan en la relación con la política (interés político eventual y hacia el *output*, etc.) y en las creencias y actitudes hacia el sistema político (soporte a la democracia, actitudes hacia los partidos y hacia las instituciones del sistema).

Como ya se dijo, los valores y otras variables de carácter social (confianza interpersonal, tolerancia social, actitudes hacia las normas, etc.) se retiraron, porque la varianza explicada era menor cuando se las incluía. Sin embargo, en algunos casos, estas variables influyen o están relacionadas con variables de cultura política y permiten describir mejor algunos segmentos. Nuevamente, en próximos estudios será posible identificar si existen o no vínculos más complejos entre valores y actitudes, así como con otras variables.

No podemos dejar de mencionar que hay una diferencia, en este primer nivel de análisis, entre el modelo dimensional (o multidimensional) propuesto por Morán y Benedicto (1995) y las dimensiones aquí identificadas. Para comenzar, estos autores plantean la existencia de cuatro grandes dimensiones con once subcomponentes, donde se incluyen aspectos como los valores o procesos de socialización política que no figuran en nuestro modelo. Ello se debe, en el primer caso, a los motivos ya expuestos y, en el de la socialización, a que consideramos que agregaba mayor complejidad a un análisis ya de por sí ambicioso. De este modo, si bien hemos identificado once dimensiones que muchas veces dialogan con lo que han encontrado otros estudios, ellas también reflejan la necesidad de seguir investigando para afinar más un modelo de referencia conceptual. Como bien señalaron Morán y Benedicto en su momento, lo suyo es una propuesta inicial que requiere más trabajo, no solo teórico sino también empírico y analítico. Por nuestro lado, ya hemos indicado que probablemente el modelo tendría que volverse más complejo para incluir los valores. Además, es probable que los análisis de tipo multivariado más sofisticados (como el uso de ecuaciones estructurales u otros) permitan desarrollar un modelo más complejo en el cual se encuentren relaciones especiales entre los factores actualmente identificados.

Lo que tenemos ahora es la identificación de dimensiones que sirven de base para un primer nivel de análisis y que han sido de gran utilidad para hallar diferentes subculturas políticas en Lima. Vemos que, al menos en esta ciudad, cuando hablamos de cultura política se deben considerar aspectos vinculados a la actitud que los propios ciudadanos tienen sobre su rol político y a diferentes temas sobre su relación con la política. En tanto que nuestro objetivo principal era identificar a las subculturas que hay en la capital, consideramos que este primer planteamiento —sobre qué aspectos caracterizan a la cultura política en Lima— puede ser un buen punto de partida para futuras investigaciones.

3.3 Los tipos de subcultura política en Lima

Sobre la base de las dimensiones planteadas, realizamos un análisis para identificar conglomerados o grupos de subculturas políticas en Lima. El procedimiento utilizado se detalla en el anexo 1. Así, luego de evaluar distintas alternativas de segmentación, se escogió una solución de cuatros segmentos (véase tabla 52 en el anexo 2).

El primero se denominó "conformista desinformado" (41%); el segundo, "renegado insatisfecho" (31%); el tercero, "leal institucional" (16%); y el último, "crítico participativo" (12%) (véase gráfico 17 en el anexo 2).

Uno de los criterios para determinar esta cantidad de grupos fue el alto porcentaje obtenido para la asignación de los casos a cada segmento (79%). Este número representa la probabilidad de que cada sujeto sea asignado a uno de los segmentos obtenidos. Además, la interpretación del perfil de cada uno de los grupos fue fundamental para corroborar esta clasificación.

Antes de empezar a describir cada subcultura, es importante presentar, a modo de introducción, las características generales que más diferencian a los segmentos.

3.3.1 *Los conformistas desinformados*

- Es el grupo mayoritario de Lima (40,6% de sus habitantes). Se caracteriza por su escaso interés en temas políticos: no se informa o lo hace muy poco y, por ende, muestra un desconocimiento sobre estas cuestiones y no está interesado en participar en asuntos cívicos o políticos.
- Es el segmento que mejor se puede definir como apático, en el sentido clásico de Almond y Verba, y que Finifter (1970) denominó de "impotencia política o carencia de sentido político". Son personas que perciben la política como algo totalmente ajeno a ellas. No tienen interés en lo que sucede en el Congreso, entre los políticos o en los debates que se generan en los medios (baja orientación hacia el *input*), salvo que sea un tema que los afecte directamente. Consideran que los políticos e instituciones tampoco están interesados en su opinión. Para estas personas, la política es confusa y compleja (baja competencia informativa). Son las que menos utilizan los medios para informarse sobre asuntos políticos y, si lo hacen, recurren al noticiero de la mañana para ponerse al día de lo más importante, sin buscar profundizar en los temas.
- Su participación política y cívica es baja. No se muestran dispuestas a variar su comportamiento, así las instituciones cambien o estas personas encuentren mejores formas de canalizar sus inquietudes (baja demanda de apertura institucional).
- Como bien señalaba Lane (1959, 1962), estas personas evalúan positivamente a las instituciones políticas y son las más satisfechas con el estado actual de la democracia (soporte a la democracia), porque finalmente no les interesa, sienten que no es asunto suyo y no piden nada. Su evaluación de la democracia dista de ser minuciosa: quienes forman parte de esta subcultura se conforman con la situación política, no se cuestionan las decisiones políticas porque no les interesan mientras no afecten su vida (véase gráfico 18 en el anexo 2).

- De este grupo, el 55% nació en Lima y el 45% en provincia. Es el segmento donde hay mayor proporción de mujeres (56%) y donde el porcentaje de personas con educación básica también es mayor (62%) (véase gráfico 19 en el anexo 2).

3.3.2 Los renegados insatisfechos

- Es el segundo segmento en tamaño de la población y concentra a poco menos de un tercio de los pobladores de Lima (30,5%). De todos los grupos, es el que emocionalmente expresa mayor inconformidad con el curso de la democracia en nuestro país (bajo soporte a la democracia). A diferencia del anterior, donde predomina la indiferencia o el desapego, en este grupo sí hay una respuesta emotiva, pero negativa. Estas personas están insatisfechas con la democracia actual, con la clase política, los partidos y con las instituciones del sistema político. A diferencia del conformista desinformado, el renegado insatisfecho es distante pero no indiferente; está molesto y frustrado con la política.
- Es más individualista que los demás grupos y el menos tolerante en política (menor tolerancia política). Cree poco en la participación política convencional y tampoco tiene mayores expectativas con las manifestaciones o actos de protesta. Se vincula con la política durante las elecciones o si un tema le afecta, como la llamada "ley Pulpín" o algún problema en el lugar donde vive (interés político eventual).
- Desconfía y es tal su descontento, que podría optar por salidas autoritarias que mejoren su percepción de la justicia en nuestro país debido a la frustración que esta le genera. La política, y todo lo que ella implica, despierta en él odio y resentimiento.
- Es el "alienado" que Almond y Verba describen (1970) o el que expresa el sentimiento de "aislamiento político" retratado por Finifter (1970).
- Al igual que en el grupo de leales institucionales, en el de renegados insatisfechos hay una mayor proporción de limeños (padre

y madre nacidos en Lima) que de provincianos: 60% nació en Lima y el 40% en el interior (véase gráfico 20 en el anexo 2).

- Junto con el grupo de los conformistas desinformados, es donde hay una mayor proporción de jóvenes entre 18 y 24 años (22%) (véase gráfico 21 en el anexo 2).

3.3.3 *Los leales institucionales*

- Es el primero de los dos grupos minoritarios en Lima (16,4%). Son los que más defienden la democracia institucional, los que más simpatizan con los partidos y líderes políticos (simpatía político partidaria), y los que más rechazan un golpe militar o que el Presidente prescinda de otras instancias democráticas para ejercer el gobierno.
- En comparación con el total de la población, hay un mayor porcentaje que considera que las soluciones pasan por los partidos y las instituciones, como el Congreso o el Poder Judicial.
- Cuando votan, lo hacen con más satisfacción que otros segmentos, pues consideran que es un acto de civismo.
- Entienden de política, se informan y, comparados con los demás, tienen una mayor percepción de poder influir en la política (orientación hacia el *input*). No se involucran en organizaciones ni en política, pero se muestran favorables a que otros lo hagan (véase gráfico 22 en el anexo 2). Se podría decir que son activamente pasivos en su relación con lo público: se informan, pero no actúan.
- Es uno de los dos segmentos con mayor presencia de ciudadanos nacidos en Lima (60%) y en el cual el segmento A/B es mayor (31%). Junto con el grupo de los críticos participativos, es donde hay más jefes de hogar (véase gráfico 23 en el anexo 2).

3.3.4 *Los críticos participativos*

- Es el segmento más pequeño de la población (12,5%). Junto con el leal institucional, es el que tiene mayor interés en la política y el que cree entender más de asuntos políticos (competencia informativa). Sin embargo, tiene una actitud crítica hacia los partidos, los políticos y ciertas instituciones de la democracia (evaluación de instituciones).

- Su percepción de eficacia política resulta mayor que la de los otros grupos (38%). Son personas con más experiencia en instituciones sociales y políticas (la dimensión de participación cívico-política tiene una carga de 1,66 en este segmento; véase el análisis factorial en el anexo 1). Se las puede concebir como el típico ciudadano que se involucra en organizaciones sociales, como las Apafa, los comités del Vaso de Leche o las asociaciones religiosas, entre otras. Son quienes más reclaman o esperan más apertura y canales de participación en los partidos (la dimensión demanda de apertura institucional tiene una carga de 0,68 en este grupo; véase el análisis factorial en el anexo 1).
- Este grupo privilegia más que otros la honestidad y el respeto a las normas. De algún modo, vinculado a ello, prefiere líderes con "mano dura" y aprueba que se utilicen leyes más severas para enfrentar la delincuencia y hacer justicia. Prefiere un régimen en el cual el Presidente tenga más poder y, si bien no es una tendencia mayoritaria, algunos pueden llegar a justificar un golpe militar para combatir la corrupción o la delincuencia extremas (véase gráfico 24 en el anexo 2).
- En términos demográficos, es el segmento con mayor proporción de gente de 40 a más años (67%) y con mayor porcentaje de personas con educación superior (59%). La mitad de ellos (51%) ha nacido en provincias (véase gráfico 25 en el anexo 2).

3.4 ¿Qué diferencia a los segmentos?

En las siguientes líneas, describiremos los segmentos en función del contraste entre unos y otros. En algunos casos, consideraremos importante un porcentaje que puede ser bajo (por ejemplo, el 9% de los críticos participativos valora alcanzar un estatus social más alto), pero esto lo hacemos porque la presencia de esta variable en el conglomerado es estadísticamente significativa frente al total de la población. Ello quiere decir que, si bien la mayoría de ese segmento no tiene tal característica, la probabilidad de que esta aparezca en él es mayor que en otros. Hay también altos porcentajes de cierta característica, como la desconfianza interpersonal, cuya presencia resulta importante y que ya ha sido destacada en el análisis general de la cultura política limeña, pero que no diferencia a los segmentos. A continuación, presentamos con mayor detalle la descripción de cada uno de los perfiles encontrados.

3.4.1 *Los conformistas desinformados* (40,5%)

Para describir este tipo de subcultura política, presentamos un personaje inventado que resume la imagen del conformista desinformado:

> Diana tiene 25 años, actualmente es ama de casa y tiene tres hijas de seis, cuatro y tres años. Está casada con Juan, de 30 años, quien trabaja como supervisor de maquinarias en una empresa minera desde hace algunos años. Diana solo ha cursado hasta secundaria en un colegio público. Luego se casó con Juan y tuvo a su primera hija. Al poco tiempo llegó su segundo bebé, por lo que ambos decidieron que Diana se dedicase a tiempo completo a la crianza de las niñas, pues el sueldo de Juan resultaba suficiente para mantener el hogar.
>
> Diana dice que no tiene apuro por salir a trabajar o estudiar algo, que valora mucho el tiempo que les dedica a sus hijas. Además, dice estar muy atareada con las labores del hogar y el cuidado de las niñas, que son su prioridad. Se considera una persona ahorradora, no sale mucho y no gasta más de lo necesario. En su tiempo libre, que no es mucho, aprovecha para ver alguna novela o *reality*. Siempre está atenta a lo que ocurre en la farándula.
>
> No ve los noticieros porque siente que se deprime con tanto crimen y violación que pasan. Sobre la política dice no saber mucho. Si por ella fuera, los políticos deberían dedicarse a hacer leyes para no dejar escapar a todos los violadores que tanto daño hacen.
>
> No participaría en política, porque dice que para eso "hay que saber"; además, tantas discusiones le parecen una pérdida de tiempo. Ella considera que tiene cosas más importantes que hacer en su casa. Su evaluación del gobierno es positiva, porque, a pesar de los escándalos de corrupción y del malestar de la gente, ella siente que la economía está bien. "No excelente, pero bien". Además, es clara en afirmar que "todos los políticos roban, pero lo importante es que al menos hagan obras".

3.4.1.1 *Su perfil sociodemográfico*

Es el grupo más grande de todos, con una mayor proporción de mujeres (56%) que de hombres (44%). Junto con el de los críticos participativos, cuenta con un mayor porcentaje de personas de nivel socioeconómico E (10% frente al 8% del total). En comparación con los demás grupos, este congrega una mayor proporción de amas de casa (29%) e hijos (24%). Es un segmento relativamente joven: las personas que tienen entre 18 y 39 años representan el 49%, porcentaje similar al de los renegados insatisfechos. Este grupo está conformado sobre todo por gente con un nivel educativo básico (un 62% ha llegado como máximo a la secundaria) y solo el 38% tiene educación superior. Así pues, es el que tiene el menor grado de instrucción de todos los segmentos.

3.4.1.2 *Sus valores y actitudes sociales*

Los conformistas desinformados se identifican más con valores tradicionales y de conformidad. Aprecian la austeridad, se caracterizan principalmente por no querer llamar la atención, así como por valorar la humildad y la modestia (69%). Una de las cualidades que más quieren transmitir a sus hijos es la obediencia (64%), una actitud que Inglehart incluye en su concepto de valores tradicionales.

Por ser personas que valoran la humildad y la modestia, no sorprende que prioricen los valores de sobrevivencia, en términos de Inglehart: 58% frente al 42% que se inclina por los valores autoexpresivos. Es decir, su principal preocupación es que se satisfagan sus necesidades básicas y que el Estado garantice el control social y la estabilidad de precios. Por ello, como se verá más adelante, están más atentos a los resultados de la política que a los debates o propuestas.

3.4.1.3 *Su sistema de creencias políticas*

a) Autopercepción ideológica

Este segmento cuenta con una proporción mayor de ciudadanos que se declaran de centro (51%). Sin embargo, su diferencia principal con el resto de segmentos es que reúne a más personas que no se identifican con ninguna posición política: una de cada cinco. Ello podría estar vinculado a su escaso interés y conocimiento sobre los temas políticos que forman parte de la agenda mediática cotidiana (véase tabla 53 en el anexo 2).

Durante las dinámicas grupales se observó que ser de centro responde más a un distanciamiento de la política que a una postura frente a ella. Se describen de centro porque desconfían por igual de la izquierda y de la derecha, algo que sucede sobre todo en los estratos socioeconómicos más bajos. En otros casos, ser de centro es una postura cómoda que permite inclinarse a cualquiera de las otras posiciones políticas, dependiendo de la coyuntura: "A la gente de centro cualquier ley que salga o cualquier opinión de los dos bandos que salga, le gusta".

Ya sea por conveniencia o por desconfianza, los conformistas desinformados no se sienten representados ni por la izquierda (7%) ni por la derecha (22%), ni se identifican con ellas. En todo caso, junto con los renegados insatisfechos, concentran la menor proporción de gente que se autodefine como de izquierda. En este grupo se congrega la mayor cantidad de personas que no saben dónde ubicarse en un continuo izquierda-centro-derecha. Una quinta parte no sabe o no puede precisar una respuesta al respecto (NS/NP: 20%). Cuando se les pregunta directamente qué significa ser de izquierda o de derecha, alrededor del 10% no lo sabe, lo que supone una proporción mayor que en el resto de segmentos.

b) Eficacia política

Este es el grupo de ciudadanos con menor percepción de eficacia política, tanto interna como externa (40 sobre un puntaje de 100, siendo 43 el promedio total). Solo un 18% cree que puede influir en lo que el gobierno hace y solo un 16% considera que a las autoridades les interesa lo que ellos piensan, proporciones significativamente menores que las de los demás segmentos (véase tabla 54 en el anexo 2).

Cuando se les pregunta sobre otras formas de expresarse ante el gobierno, el 74% indica que votar es la única manera de dar a conocer su opinión. Sin embargo, tampoco es un comportamiento frente al cual tengan muchas expectativas: el 57% dice que vota por obligación o que tener que hacerlo es una molestia. Junto con los renegados insatisfechos, son los que más tienen una actitud negativa hacia el voto (véase tabla 55 en el anexo 2). Como se verá más adelante, los asuntos públicos del país no les interesan, ni siquiera votar, salvo que ello los afecte directamente.

3.4.1.4 Su vinculación con la política

a) Implicación en la política

Como hemos visto, la percepción de eficacia política está directamente relacionada con el grado de interés en ella. El desinterés en asuntos políticos resulta quizá el aspecto que más define a este segmento y, como ya hemos visto, es el grupo donde se percibe menor eficacia política.

En los grupos en los que predomina la cultura de sobrevivencia, tiende a haber un escaso interés en los asuntos públicos que no les atañen directamente. Este no sería la excepción: un 74% declara tener poco o nada de interés en la política en general, una proporción superior a la de todos los demás grupos (véase tabla 56 en el anexo 2).

Un significativo 39% considera que la política es complicada y que difícilmente puede entenderla. A su vez, el 42% señala que la actualidad política no le interesa porque le aburre y no la comprende. Habría que indagar si la falta de interés es la que lleva a una escasa comprensión o viceversa, o en cualquier caso, qué relación hay entre ambos asuntos.

Los conformistas desinformados se interesan un poco más en política cuando hay elecciones (41%) o cuando se discuten temas que les atañen —como salud, educación o asuntos vecinales y distritales. En todos estos casos, el interés se eleva por encima del 80%. Claramente son personas más orientadas al *output* y a lo local. Se trata de un segmento que se interesa más por los resultados que por los procesos subyacentes. No les importa lo que ocurre en los partidos políticos (79% no está interesado) o en el Congreso (73% de desinterés). Comparado con el resto de segmentos, su interés por aspectos del *input* es muy bajo: solo un 21% se interesa mucho por lo que ocurre en los partidos y un 27% por lo que sucede en el Congreso. Ello evidencia un interés bastante menor que el de los demás grupos identificados (véase tabla 57 en el anexo 2).

Este segmento es, además, el que menos se preocupa por la situación política del país (29%). Para los conformistas desinformados, la política es un ente lejano sobre el cual se tiene poca claridad. Como se vio en la descripción, no parecen rechazar al sistema, sino tener una actitud de indiferencia –recordemos que este segmento representa a un importante 41% de ciudadanos en la capital. Por otra parte, es el segmento que más se acerca al perfil tradicionalista descrito por Lane (1962), al familista amoral de Banfield (1958) o al parroquial de Almond y Verba (1970).

Asimismo, son los menos informados sobre temas políticos (6 en promedio sobre una escala del 1 al 10). Cuando se divide a la población entre quienes tiene un alto, intermedio o bajo conocimiento político,[7] el 52% de este segmento se ubica en el nivel más bajo, el 28% en el intermedio y solo un 20% es un conocedor activo (véase tabla 58 en el anexo 2). A modo de ejemplo, solo el 25% de los conformistas desinformados sabía quién era el presidente del Consejo de Ministros al momento de la encuesta.

En cuanto a su falta de interés, el conformista desinformado difícilmente utiliza los medios de comunicación para informarse de política (solo el 10% lo hace con esa finalidad). El panorama es distinto cuando se observa el uso de medios en general: un 54% recurre a ellos siempre o casi siempre con fines de información o entretenimiento general, 44 puntos más que cuando se trata de política. Así pues, se construyó una escala para evaluar el consumo de medios con fines políticos y se la dividió en consumo bajo, mediano y alto. El 72% de los conformistas

7. Para medirlo, utilizamos una batería de preguntas aplicada en el Latinobarómetro, compuesta por tres variables: política nacional, política internacional y geografía. En el primer caso, se les pidió a los encuestados que dijeran quién era el presidente del Consejo de Ministros y cuánto tiempo dura el periodo presidencial. Para evaluar el conocimiento político internacional, se les pidió mencionar el nombre del presidente de Estados Unidos. Finalmente, un último indicador fue que respondiesen correctamente cuántos departamentos o regiones tiene el Perú. En el anexo 1 se muestran los detalles del indicador.

desinformados tenía un uso bajo de los medios con fines de información política (véase tabla 59 en el anexo 2).

En tal sentido, solo un 20% señala que ve noticias sobre política en la televisión, un 11% las lee en los periódicos, un 12% las escucha por la radio, y solo un 4% escucha o lee noticias sobre política a través de internet; solo un 4% conversa con amigos o familiares acerca de política. Junto con los renegados insatisfechos, es el segmento que menos contacto tiene con la información política (véase tabla 60 en el anexo 2).

b) Participación político-cívica

Los conformistas desinformados constituyen el segmento que menos se acerca a sus vecinos u a otras personas para resolver temas de interés común: solo el 10% se reúne o se ha reunido en algún momento con esa finalidad. Se trata de ciudadanos relativamente desconectados de todo aquello que no sea su familia y su entorno más cercano, muy diferente al perfil del crítico participativo. Si se divide a la población entre aquellos que participan en acciones cívicas en un nivel bajo, medio y alto (escribiendo a medios, asistiendo a reuniones vecinales, etc.), este segmento es el que registra la participación cívica más baja (42%).

En dicho segmento se tiene una participación en asociaciones semejante al promedio (el 35% se encuentra involucrado en alguna). Curiosamente, entre aquellos que participan en organizaciones, la mayoría lo hace solo en calidad de miembros; no asumen ni han asumido cargos directivos (véase tablas 61 y 62 en el anexo 2).

Prácticamente la mitad en este segmento (48%) señala que vota porque es su deber y para evitar la multa, mientras que el 9% siente que es una pérdida de tiempo. Es decir, seis de cada diez votan insatisfechos y principalmente por obligación. En las elecciones municipales de 2014, un 23% votó en blanco, viciado o no acudió a la votación. De este modo, cuando vota, el conformista desinformado se fija más en la persona que ha hecho obras o que promete hacerlas (54%), lo que denota una orientación muy pragmática (véase tabla 63 en el anexo 2).

No sorprende entonces que sea un segmento que difícilmente participa en política partidaria o en actos políticos (el porcentaje de participación política apenas llega al 5%). Como ejemplos, se tiene que el 65% señala que nunca participaría en grupos de discusión política y que en este segmento la actitud positiva hacia los actos de protesta extrema es la más baja[8] (véase tabla 64 en el anexo 2).

3.4.1.5 Sus creencias y actitudes hacia el sistema político

Los conformistas desinformados conforman el segmento menos insatisfecho con la democracia actual. De hecho, el porcentaje de insatisfacción es del 30%, una proporción significativamente menor que la del conjunto de la muestra (43%). Se trata, pues, de los que tienen una actitud menos crítica con la democracia. Lo que predomina es una sensación de indiferencia, pues el 45% dice no estar ni satisfecho ni insatisfecho con esta forma de gobierno (véase tabla 65 en el anexo 2). Como ya se indicó, son las mismas características que las del tradicionalista de Lane (1959) o el parroquial de Almond y Verba (1970). Cabe añadir que este grupo no se siente marginado del gobierno o el sistema, porque no se considera parte de ellos; en otras palabras, no espera nada de ellos.

Por otro lado, suelen ser menos pesimistas con el funcionamiento de la democracia que el resto de los ciudadanos: reconocen que actualmente esta forma de gobierno tiene problemas, pero opinan que igual funciona (75%; véase tabla 66 en el anexo 2). Este resultado es similar al de aquellos que señalan que la democracia es preferible a cualquier otra forma de gobierno (78%). Por ejemplo, solo un 7% considera que la democracia puede funcionar sin un Poder Judicial, proporción que se incrementa ligeramente cuando se trata del Congreso (16%) y de los partidos políticos (18%). Además, la mitad del segmento está en desacuerdo con la frase "la democracia solo se justifica si la gente como yo puede prosperar".

---

8. Se creó un indicador de actitud hacia la protesta social y política extrema, en el que se ve el grado de acuerdo o desacuerdo con las siguientes frases: "que las personas participen en un bloqueo de calles o carreteras como forma de protesta" y "que las personas participen en un grupo que quiera derrocar por medios violentos a un gobierno electo". Véase el anexo 1.

Sin embargo, frente a un ítem como "en este país se necesita mano dura para gobernar", solo un 10% se muestra en desacuerdo. Por su parte, un 78% está a favor de una "mano dura" en el gobierno, lo que hasta cierto punto puede sonar contradictorio por lo visto anteriormente. Pero en realidad, lo que hay en este segmento, al igual que en la mayoría de pobladores de la ciudad, es una necesidad de firmeza por parte de las autoridades, dados los altos índices de percepción de corrupción y de incumplimiento de las normas. Como ya se vio en el análisis general y se verá en este segmento, dicha demanda de "mano dura" alude más a un estilo de gobierno —o a una forma de enfrentar lo que se percibe como desorden— que a un apoyo activo a un régimen autoritario.

De lo visto en las dinámicas grupales, la demanda de "mano dura" no está a favor del golpismo, sino de orden en las instituciones, para que quienes estén en el poder ya no abusen de su cargo. En todo caso, resulta una zona gris en la que la diferencia entre ejercicio de autoridad y autoritarismo es confusa. Además, esta "mano dura" también responde a una necesidad de frenar la inseguridad ciudadana. Es el segmento donde más se considera que la mejor medida para enfrentar la delincuencia es promulgar leyes más severas (93%). En todo caso, sí podría ser un indicador de tolerancia hacia un régimen autoritario, siempre y cuando cumpla con las expectativas de lucha contra la corrupción, la delincuencia y problemas similares. Este segmento rechaza en su mayoría la posibilidad de un golpe militar: el 57% se opone, pero un 43% lo respaldaría en un contexto de crisis. Aunque la mayor parte está de acuerdo con el actual sistema político, y con su desempeño, ello no significa un apoyo incondicional. Su compromiso con la democracia podría romperse en situaciones de crisis económica o social, más aún si las evaluaciones de los actores e instituciones democráticas comienzan a flaquear.

Este es el segmento que menos simpatiza con los partidos (97%) y con los líderes políticos (91%). Cuando se combinan ambas variables, es el grupo, junto con el de los renegados insatisfechos, en el que el distanciamiento con los partidos y líderes políticos es mayor (90%).

Cuando se trata de evaluar la intención de involucrarse con partidos políticos, este segmento es el más renuente a hacerlo (50% no está interesado), incluso si estos contaran con procesos internos más democráticos.

Tampoco se sienten bien representados por tales organizaciones (63%). Coincidentemente, en este segmento de la población se encuentran las mayores tasas (declaradas) de votos blancos/viciados (10%) y de ausentismo electoral (13%) en las elecciones municipales de 2014.

Considerando ese proceso electoral, junto con el segmento de los leales institucionales, este es el que más apoyó al alcalde Luis Castañeda Lossio (57%). En este grupo se destaca que la razón principal por la que eligieron a este candidato fue porque hizo obras (54%). Se trata de ciudadanos claramente desapegados de la política, que no se informan —y que, por lo mismo, difícilmente revisan los planes de trabajo—, y que tienen una visión negativa de los partidos políticos. Por ende, su principal criterio de evaluación de los candidatos es el llamado "obrismo" (Muñoz 2013). Evidentemente, este último prioriza que el candidato pueda demostrar que hará aún más obras. En el caso de Castañeda, su eslogan de campaña respondía claramente a esta necesidad: su estrategia se abocó a destacar la construcción de escaleras en los cerros y de hospitales de la solidaridad, entre otras obras realizadas durante su gestión anterior, principalmente dirigidas a los sectores populares de la ciudad. Sin duda, fue un discurso que siguió la lógica de este segmento: se habló de resultados y se puso énfasis en su impacto local.

En las dinámicas grupales, la realización de obras fue lo que más se valoró de los alcaldes, sin importar si en el proceso "coimean" u obtienen algún beneficio propio: "Finalmente, todos roban. Lo importante es que hagan obras". Esta figura resulta similar a la de Alberto Fujimori, quien es recordado con gratitud, sobre todo en los segmentos populares, donde destacan que ha sido el único Presidente que se acordó de ellos: "Puede haber hecho cosas malas (corrupción, violación de derechos humanos), pero eliminó el terrorismo y mejoró la economía". En este segmento se percibe una mayor añoranza por esta clase de líder político: con autoridad para vencer la delincuencia con leyes más severas. No en vano, entre quienes simpatizan con una agrupación política, el 30% respalda a Fuerza Popular (el fujimorismo), y el 21% de quienes simpatizan con un líder prefieren a Keiko Fujimori (la hija del expresidente). Se trata, pues, del segmento más inclinado a la practicidad y Keiko se lo transmite. Como quien conforma este grupo no es una persona que guste de informarse de política ni a quien le interese lo que ocurre en las instituciones, le basta con que las obras se realicen y los beneficios sean tangibles: el fin justifica los medios.

3.4.1.6 Sus actitudes hacia el papel del Estado

Al igual que en el promedio general, en este segmento hay una alta desaprobación de instituciones como el Congreso (62%), el Poder Judicial (68%) y las agrupaciones políticas (57%). Su confianza en las instituciones también es baja.

Respecto del papel que se le atribuye al Estado, es el segmento que más reclama un rol intervencionista. Para el 84% del grupo, el Estado es el principal responsable del bienestar de la gente, más que los mismos ciudadanos (véase tabla 67 en el anexo 2). Tal como los críticos participativos, los conformistas desinformados son los que más apoyan las políticas firmes por parte del Estado para reducir la desigualdad de ingresos entre los ricos y pobres (78%).

En síntesis, ser un conformista desinformado implica una vinculación mínima con la política; la gran mayoría de ellos se muestra indiferente ante los asuntos del *input*. Sus prioridades pasan por aspectos básicos, como la seguridad física y material, así como por las soluciones o servicios que el Estado pueda brindarle.

Resulta preocupante que cuatro de cada diez ciudadanos en la capital pertenezcan a este grupo, pero también es entendible. La crisis de los partidos políticos de finales de la década de 1980 y los escándalos de corrupción han mermado la confianza de muchos ciudadanos en la política, provocando que la perciban como un ente lejano o, peor aún, como una forma de enriquecimiento ilícito. Pero a diferencia de los críticos participativos, este segmento no se anima a ir en contra del sistema: mientras no les afecte personalmente y vean resultados, seguirán siendo conformistas desinformados. Esta constituye la base de liderazgos personales o partidarios populistas que respaldan la obra inmediata y local, que busca resolver las preocupaciones cotidianas de la gente. En contrapartida, como son personas para quienes lo público no representa mucho y es algo considerado lejano, están dispuestas a ceder, con tal de recibir algo.

3.4.2 Los renegados insatisfechos (30,5%)

Este es el personaje imaginario que resume las características del renegado insatisfecho:

> Luis tiene 23 años. Es soltero y vive con sus padres. Trabaja en una pollería en San Juan de Miraflores como asistente de cocina. Con lo que gana le alcanza para sus gastos, pero buena parte de su sueldo se lo da a su mamá, que es ama de casa, y a su papá, maestro jubilado. Esta situación lo incomoda.
>
> En sus ratos libres juega fulbito con sus amigos del barrio o se la pasa en internet jugando y chateando. Le gustaría estudiar una carrera profesional, pero se le complica, pues solo podría hacerlo en una universidad estatal y además le demandaría tiempo. No puede renunciar a su trabajo porque sus padres cuentan con ese ingreso para mantenerse. Esta situación le fastidia, pues quisiera independizarse de sus padres o irse de viaje.
>
> A pesar de que el país ha crecido económicamente (o al menos eso le dicen siempre sus papás, que ya no hay terrorismo y que eso era peor), siente que la política está cada vez peor. Dice que antes le gustaba algo: leía noticias al respecto en los periódicos, se informaba, pero ahora la política lo motiva muy poco. Sigue las noticias que le interesan o se informa cuando se acercan las elecciones, aunque no vota animado. Siente que la justicia en nuestro país solo es para los que tienen dinero o los que tienen buenos contactos. Siempre se queja de eso. Si fuera por él, haría cambios radicales. De hecho, cuando votó por Ollanta Humala para Presidente (su primera votación), lo hizo pensando en su propuesta de inclusión social e igualdad de oportunidades. Pensó que, por ser un exmilitar, iba a combatir la corrupción, que le parece que está en todas partes, especialmente en la política y en el Poder Judicial. Se siente muy decepcionado porque piensa que Humala terminó apoyando a la gente de "plata" y que se volvió de derecha. A pesar de este rechazo a lo político, no deja de tener aspiraciones. Espera conseguir un mejor empleo pronto; mientras tanto, disfruta de sus amigos y de su juventud.

3.4.2.1 Su perfil sociodemográfico

Una de las principales características del segmento de los renegados insatisfechos es su juventud: el 22% tiene entre 18 y 24 años y quienes no superan los 40 años de edad representan el 55%. También destaca por una alta presencia de solteros (35%) y de personas que cumplen el rol de hijos en el hogar (29%).

3.4.2.2 Sus valores y actitudes sociales

Podría considerársele como el segmento más individualista. Solo el 12% de los renegados insatisfechos señala que es importante ser leal a los amigos y entregarse totalmente a personas cercanas, un porcentaje significativamente menor que el del resto de la población. Del mismo modo, solo un 20% piensa en ayudar a la gente de su entorno, una proporción menor que la del promedio general (24%). En general (véase tabla 68 en el anexo 2), en todos los valores que según Schwartz aluden a la sociedad o a lo colectivo,[9] los porcentajes de este segmento son siempre o casi siempre los más bajos. Lo mismo ocurre con los valores asociados a la preocupación por el bienestar y el interés por los demás (de autotrascendencia). Por otro lado, es el segmento con menos valores conservadores (véase tabla 68 en el anexo 2); mantener el *statu quo* y evitar el riesgo no son importantes para quienes lo componen. Los renegados insatisfechos son más hedónicos e individualistas, rechazan las tradiciones y tienen un reducido interés por los demás.

Este segmento es, asimismo, el menos interesado en proteger a su familia (34% frente al 41% del promedio general). Solo un 11% destaca, además, la importancia de las tradiciones familiares y religiosas. A diferencia de los grupos anteriores, donde se percibe una mayor preocupación por los demás y por la familia, los renegados insatisfechos están más desconectados de su entorno y de las instituciones. Observamos que les preocupa menos que a los demás que el Estado sea fuerte y que lo proteja (14% frente al 20% del promedio general). Más adelante veremos que su percepción del gobierno es muy mala, lo que probablemente explique por qué les importa muy poco la protección que este pudiera brindarles. En general, no es un segmento que priorice la seguridad: solo el 26% destaca la importancia de vivir en un lugar seguro, una proporción

9. Tradición, conformidad, seguridad, universalismo y benevolencia.

significativamente menor que la de los demás segmentos (véase tabla 68 en el anexo 2).

3.4.2.3 Su sistema de creencias políticas

Junto con los críticos participativos, los renegados insatisfechos conforman el segmento con una mayor proporción de gente que considera que se necesitan cambios radicales en la sociedad (17% frente al 13% del total de la muestra). No son la mayoría en el grupo, pero es donde se concentran más personas que piensan eso.

En cuanto a su autopercepción ideológica, es el grupo que en mayor proporción se autodefine de centro (77%) y donde hay menos personas que se adscriben a posiciones de izquierda o derecha. Además, no les gusta ubicarse según los códigos predeterminados y, como veremos más adelante, el rechazo a los políticos y a las instituciones marca su relación con la política.

Respecto de su percepción de la eficacia política, esta es de 45 puntos (en una escala del 1 al 100), semejante al total de la muestra. Para complementar este panorama, solo un 30% del segmento cree tener la capacidad de influir en el sistema y un 23% considera que a los que gobiernan el país sí les interesa lo que ellos piensen. Su percepción de baja influencia política es compartida con los otros segmentos.

Los renegados insatisfechos son los menos tolerantes (61 en una escala de 100 puntos), 4 puntos por debajo de la muestra total. Es el segmento en el que la dimensión *tolerancia política* tiene mayor carga negativa (–0,56, véase tabla 52 en el anexo 2). Cuando se divide a los ciudadanos en dos grupos, según un nivel de tolerancia alto o bajo, es el segmento con mayor número de personas con baja tolerancia (30% frente al 21% del total de la muestra). No son todos intolerantes, pero es el grupo donde más los hay. Por ejemplo, un 24% de los renegados insatisfechos se muestra en contra de que las personas que se oponen al régimen participen en manifestaciones, mientras que un 26% cree que estos ciudadanos no deberían postular a cargos públicos. Más que otros segmentos, rechazan a quienes piensan diferente, al menos en materia política.

3.4.2.4 *Su vinculación con la política*

Junto con los conformistas desinformados, los renegados insatisfechos son los menos interesados en la política (solo le importa al 34% del segmento) (véase tabla 70 en el anexo 2). Más que en otros grupos, su acercamiento a lo político se da cuando sucede algo que les afecta en particular.[10] El interés aumenta cuando hay elecciones (55%) o cuando hay temas que repercuten personalmente en ellos (51%) (véase tabla 71 en el anexo 2).

Observamos que son el centro y que se vinculan con los asuntos públicos solo en tanto los afecte. Considerando que es el grupo donde hay mayor proporción de jóvenes, se puede asumir que puede movilizarse si hay algún tema concreto que lo impacte, como en su momento fue el proyecto de ley de empleo juvenil o las discusiones sobre derechos sexuales.

Este desinterés no implica falta de afecto pues, a diferencia de los conformistas desinformados, los renegados insatisfechos tienen una activa actitud de rechazo hacia la situación política del país. Como se verá más adelante, son los más insatisfechos con la forma en que funciona la democracia.

Básicamente manifiestan interés por temas relacionados con el *output*, como la salud (83%) y la educación (83%, por encima de todo el resto de segmentos). Probablemente, tener mucho interés en el aspecto educativo repercute en que su valoración de las instituciones y del Estado en general sea negativa, tomando en cuenta la poca calidad de la educación pública en nuestro país y que en este segmento hay una alta proporción de jóvenes. En efecto, ello actuaría como un reforzador de su situación de alienación política.

Su nivel de conocimiento es mejor que el de los conformistas desinformados (7 puntos en promedio en una escala del 1 al 10), pero está por debajo del de los otros dos segmentos. Por otro lado, su nivel de

---

10. Es el segmento donde el factor que denominamos "interés político eventual" tiene mayor peso (0,37) (véase tabla 52 en el anexo 2).

información no se relaciona con su descontento. En líneas generales, rechazan un quehacer político del que poco se conoce o poco se busca conocer (véase tabla 72 en el anexo 2).

De igual forma, el consumo de medios para informarse de política de los renegados insatisfechos está por debajo de la mayoría de segmentos; es solo mayor que el de los más desconectados. Así también, conversan poco o nada sobre política y su principal fuente de información es la televisión. Alrededor de una cuarta parte dice que "siempre/casi siempre" se informa de lo que pasa en la política a través de los diarios impresos o la radio (véase tabla 73 en el anexo 2).

a) Participación político-cívica

Los renegados insatisfechos son los que menos participan en asociaciones (76% no lo hace), lo cual se vincula con su perfil más individualista. Además, son los que muestran una actitud menos favorable a participar en grupos para tratar de resolver problemas comunitarios (66% frente al 82% del total de la muestra). Cuando se creó un indicador para averiguar con qué frecuencia las personas se juntan para resolver algún problema en común (véase tabla 74 en el anexo 2), si la frecuencia de por sí es baja en todos los casos, entre ellos es la menor.

También son los que menos participan en asociaciones o en eventos cívicos: por ejemplo, un 46% dice que nunca firmaría una petición. Esta actitud, de jóvenes con poca participación en asuntos de la vecindad o en asociaciones, se observó también en las dinámicas grupales (véase tabla 75 en el anexo 2).

Asimismo, son los que expresan una actitud más negativa hacia el hecho de acudir a votar. El 59% siente que lo hace por obligación o que es una molestia. Este malestar es significativamente mayor que el de los críticos participativos y los leales institucionales (véase tabla 76 en el anexo 2).

En la votación para elegir al alcalde de Lima en 2014, el 25% votó en blanco o viciado o simplemente no acudió a votar:

> Yo también estoy cero política porque hace varios años decidí votar viciado. Todos antes votamos por Ollanta, por no sé quién para que no salga Alan y a la próxima elección votamos por Alan. Dije: "esto es ridículo". Estamos locos, estamos mal. (Adulta, mujer, NSE A/B)

Si la mínima forma de participación genera tanta insatisfacción, es de esperar que este sea un segmento que no se involucre en política partidaria. De hecho, solo el 7% tiene algún tipo de participación (asiste a mítines políticos o grupos de discusión o trabaja para algún candidato político). Esta proporción se encuentra seis puntos porcentuales por debajo del total de la muestra y muy por debajo de la de los críticos participativos y los leales institucionales. Incluso, cuando se trata únicamente de conversaciones sobre política con amigos o familiares, solo el 21% lo hace con relativa frecuencia.

Sin embargo, un 33% dice que le gustaría participar en cuestiones sociales o políticas, pero que no sabe cómo hacerlo, frente al 14% de los conformistas desinformados y el 23% de los leales institucionales que afirman lo mismo. Muchos de ellos, por tanto, a pesar de su insatisfacción con la oferta actual, quisieran participar más, pero no encuentran canales adecuados. Así pues, junto con los críticos participativos, este es el segmento donde el factor demanda de apertura institucional (véase tabla 52 en el anexo 2) tiene más fuerza (con 0,33). De tal manera, en este grupo algunos participarían más en asuntos sociales y políticos si encontraran instituciones adecuadas o que considerasen más democráticas.

3.4.2.5 Sus creencias y actitudes hacia el sistema político

Este es el grupo que menos satisfecho está con el funcionamiento de la democracia y es uno de los que más apoya soluciones plebiscitarias o francamente autoritarias. Su rechazo a ciertas instituciones, a los políticos en general, marca sus actitudes hacia la democracia. Se trata del segmento en el cual el factor satisfacción con la democracia carga de manera más negativa (–.53). En esta dimensión se considera tanto el nivel de satisfacción con la democracia como la percepción de cuán bien está funcionando. Los renegados insatisfechos son los que menos contentos están con la democracia (un 62% está muy insatisfecho o insatisfecho con ella) (véase tabla 78 en el anexo 2).

Para casi la mitad (49%), la democracia funciona cada vez peor o no existe, frente a casi un tercio que piensa lo mismo en la muestra total. A diferencia de los conformistas desinformados, grupo en el cual la distancia afectiva es tal que incluso se evalúa bien la democracia, acá hay un ánimo hostil, una clara animadversión hacia algo que se evalúa de manera negativa.

Es interesante que en este segmento la variable de satisfacción con la democracia se relacione con el nivel de satisfacción con otras instituciones políticas. Así, esta variable se asocia con el nivel de satisfacción con el Congreso, con el Poder Judicial y con las agrupaciones políticas.[11] Como veremos más adelante, ello explicaría por qué en esta subcultura las bajas evaluaciones de estas instancias se acompañan de una insatisfacción generalizada con el sistema político actual. Son, pues, personas para quienes las bajas *performances* del Congreso, de los políticos en general y del Poder Judicial están muy vinculadas a su insatisfacción con el conjunto del sistema.

En efecto, este es el segmento en el que hay una mayor proporción (27%) de personas insatisfechas con la democracia y con baja tolerancia política. También concentra el menor porcentaje de personas que creen que la democracia es mejor que cualquier otra forma de gobierno (57% frente al 67% del total). Poco más de un tercio no está ni a favor ni en contra de esta afirmación (véase tabla 79 en el anexo 2).

Junto con los críticos participativos, los renegados insatisfechos son los que estarían más dispuestos a que la democracia funcione solo con el Presidente, prescindiendo de los partidos (32%), el Congreso (21%) o el Poder Judicial (15%). En este grupo se observa una particular aversión a los partidos y políticos en general. Un 28% estaría dispuesto a darle más poder al Presidente, frente al 19% del total. También junto con los críticos participativos son los que más pueden tolerar que un Presidente vaya más allá de las leyes o que se prescinda de intermediarios políticos. Están en contra de las instituciones políticas vigentes porque su evaluación

11. La correlación con el nivel de satisfacción con el Congreso es de 0,339 ($p < .001$), con el Poder Judicial es de 0,307 ($p < .001$) y con los partidos políticos es de 0,305 ($p < .001$).

es muy negativa —su frustración también—, y opinan que concentrar el poder en una persona puede ser una solución. Su nivel de desconfianza e insatisfacción los lleva a plantearse la posibilidad de una democracia que prescinda de estas organizaciones.

En términos de Finifter (1970), se caracterizarían por su aislamiento político (*political isolation*), que los lleva a rechazar las normas y las convenciones compartidas con otros. De acuerdo con Lane (citado en Finifter 1970), para estas personas las reglas son injustas y sesgadas, las autoridades carecen de respeto y, por ello, consideran ir más allá de lo políticamente convencional.

Precisamente, junto con los críticos participativos, son los que más creen que se puede tener un gobierno que no sea elegido por el pueblo, siempre y cuando sea justo y mejore la situación (34%) (véase tabla 81 en el anexo 2). Si bien es cierto que la forma en que se ha medido ello no es la misma que la de Murakami,[12] tomando solo los niveles de acuerdo, se puede decir que las actitudes plebiscitarias de las que hablaban Parodi y Twanama (1993) y Murakami (2000), aunque no son la mayoría, están más presentes en este segmento que en otros.

En esa misma línea, un 37% considera que el desarrollo económico es más importante que la democracia, frente a un 29% que piensa lo mismo en el total de la muestra. También es el segmento con un mayor porcentaje de gente que opina que el Presidente debería gobernar en comunicación directa con el pueblo (22%). Si bien la mayoría no llega a justificar un golpe militar (55%), un 45% podría hacerlo frente a un contexto de crisis económica o social.

a) Actitudes hacia partidos y políticos

En un clima actitudinal poco favorable a los líderes y agrupaciones políticas, este segmento es el que más los rechaza. Como ya hemos visto, buena parte de su desánimo con la democracia se vincula con sus actitudes negativas hacia los políticos. Junto con el segmento de los conformistas

---

12. Parodi y Twanama (1993) y Murakami (2000) utilizaron una alternativa de respuesta dicotómica (acuerdo/desacuerdo).

desinformados, el de los renegados insatisfechos es donde la dimensión simpatía político-partidaria carga de manera más negativa (–.36, véase tabla 52 en el anexo 2). Tal como los conformistas desinformados, el 94% no simpatiza con ningún partido (frente al 80% del total) y el 89% con ningún líder político (frente al 73% del total) (véase tablas 82 y 83 en el anexo 2).

En este segmento se pueden distinguir dos subgrupos. Uno es el molesto con la política (con los partidos, en particular), aquel que toma distancia de ella, más cercano al conformista desinformado; el otro subgrupo es aquel que, si bien tiene una actitud negativa hacia los políticos, sí sigue el acontecer nacional. Dos tercios del segmento no simpatiza con los partidos ni le interesa la política, y hay otro tercio que sí se interesa por la política, pero que rechaza a los partidos (véase tabla 83 en el anexo 2).

Se trata de un ciudadano disconforme con las organizaciones políticas, a tal punto que puede llegar a justificar actos de corrupción a cambio de beneficios tangibles para la gente. Así, hay un porcentaje significativamente mayor (véase tabla 85 en el anexo 2) que manifiesta que prefiere un político que robe y haga obras, a uno honrado pero ineficiente. Cansados de promesas incumplidas y de estar poco convencidos de encontrar políticos honestos, estos ciudadanos asumen que todos son corruptos. Dada esta situación, su prioridad es que hagan obras.

3.4.2.6 *Sus actitudes hacia el papel del Estado*

Este es el segmento que menos confía en el conjunto de instituciones (81%), ya sea que estén vinculadas al *input* (organizaciones políticas, Congreso, etc.) o al *output* (Poder Judicial, Policía, entre otras). En el indicador que se construyó de confianza en las instituciones, con una escala que va del 1 al 4, los renegados insatisfechos tienen un promedio de 1,9, una diferencia estadísticamente significativa frente a los demás. Solo un 6% confía en los partidos o en el Congreso; un 14%, en el gobierno central; un 32%, en el municipio de Lima (son los que menos confían); y 39%, en los medios de comunicación. Estamos frente a un ciudadano descreído y que reniega del sistema, que no confía en casi ninguna o en ninguna de las instituciones y que se siente frustrado con la democracia (véase tabla 86 en el anexo 2).

Cabe señalar que la satisfacción con el Poder Judicial, las agrupaciones políticas y los funcionarios se relaciona directamente con el nivel de confianza en el gobierno central (todas estas correlaciones son superiores al 0,3). Asimismo, la evaluación de la gestión del presidente de la república también se vincula con la evaluación del Congreso y el Poder Judicial.[13] En suma, se rechaza el conjunto; al menos, no se puede decir que su actitud es incoherente en este aspecto.

a) Evaluación del papel del Estado

Comparado con los otros tres grupos, los renegados insatisfechos son los que menos demandan un rol intervencionista por parte del Estado en temas de política social e igualdad económica (64% frente al 72% del total de la muestra), así como que el Estado sea el principal responsable de garantizar el bienestar de la gente (69% vs. el 76% del total de la muestra). Ello podría atribuirse a su perfil más individualista, que implica que los otros pasan a un segundo plano y que, además, cada ciudadano es responsable de sí mismo y de su bienestar. Asimismo, esto puede responder a su actitud crítica hacia todo lo que provenga del sistema. Son quienes piden una menor intervención del Estado (27%) y más apoyan al sector privado (28%).

Los renegados insatisfechos conforman una parte importante de la población limeña (31%). Preocupa que su malestar los haya alejado del entorno político y de las instituciones. En algunos casos, quisieran participar y tener un rol más cuestionador, pero no encuentran las vías para canalizar su frustración con el sistema y con los políticos. Una organización partidaria que logre desvincularse de la imagen de los partidos tradicionales podría llamar su atención, siempre y cuando mejore la percepción que tienen del sistema. Si bien la base es muy pequeña, entre los pocos que mencionaron tener simpatía por algún partido o candidato se nombraron opciones que están fuera de la oferta conocida. Quienes conforman este grupo son personas que se podrían sentir atraídas por

---

13. La correlación entre la evaluación de la gestión del Presidente y del Congreso en este grupo es de 0,312 ($p < .001$), y con la evaluación del Poder Judicial es de 0,322 ($p < .001$).

propuestas que supongan una ruptura con lo que perciben que es la política tradicional peruana (o al menos limeña). Hay un tercio de ellos, aproximadamente un 10% del total de Lima, que rechaza la oferta actual, pero que sigue interesado en la política.

3.4.3 *Los leales institucionales (16,4%)*

Como en los otros casos, este personaje inventado resume la imagen de quienes conforman este grupo:

> Javier tiene 64 años y es ingeniero industrial. Está a punto de jubilarse: los últimos veinte años trabajó en una empresa de telecomunicaciones. Vive en Miraflores, una zona residencial, junto con su esposa Anita. Sus dos hijos ya están casados y tienen su propio hogar, pero los visitan siempre que pueden.
>
> Está entusiasmado con esta nueva etapa, pues tendrá mucho tiempo libre y quiere hacer diversas cosas. Siempre ha sido una persona activa, pero el trabajo y los hijos le demandaban buena parte de su tiempo. Se considera un buen padre: se ha preocupado mucho porque sus hijos sean personas asertivas, que digan lo que piensan y que respeten siempre el punto de vista de los demás, así sea muy distinto al de ellos.
>
> Sobre política, siente que él podría aportar en este tema. Se informa sobre los acontecimientos del país y, ciertamente, le da pena la calidad de los políticos actuales: "ya no son como antes", dice. Espera, sin embargo, que los partidos mejoren y que aparezcan nuevos líderes. Simpatiza con un partido desde muy joven, pero nunca se animó a participar como militante: "no es para tanto", afirma. Cada vez que hay elecciones, se levanta muy temprano para ir a votar. Aunque ya no tiene la obligación de hacerlo, para él es importante dar a conocer su opinión. Siente que eso es parte de vivir en democracia.

3.4.3.1 Su perfil sociodemográfico

En este grupo se congrega una mayor cantidad de adultos por encima de los 40 años (60%) y de hombres (53%); además, cuenta con una mayor proporción de NSE A/B (31%) que el resto de segmentos.

Al igual que los críticos participativos, los leales institucionales reúnen una mayor proporción de jefes de hogar (58%) y de personas con estudios superiores (52%), lo que podría relacionarse con su mayor acceso a recursos.

Por otro lado, en este grupo también se observa una proporción mayor de jubilados o pensionistas (10%) que en el resto de segmentos (con un promedio general de 6%).

3.4.3.2 Sus valores y actitudes sociales

Lo que más resalta entre los leales institucionales es que no les gusta los riesgos ni los cambios constantes. Valoran más que otros grupos tener una vida segura y predecible (34%). No disfrutan las aventuras, solo un 8% busca este tipo de experiencias, la proporción más baja de todos los segmentos evaluados. Probablemente por ello es difícil llevar su interés por la política al campo de la acción y el compromiso político o, al menos, cívico.

3.4.3.3 Su sistema de creencias políticas

Casi dos tercios (63%) se autodenominan de centro, pero, a diferencia del promedio general y al igual que los críticos participativos, quienes conforman este grupo tienden a identificarse con una determinada postura ideológica: un 13% se declara de izquierda (frente al 10% general), y un 24%, de derecha (frente al 20% general). Como veremos más adelante, son los que más información manejan sobre asuntos políticos.

Los leales institucionales tienen una percepción de eficacia política promedio. Por ejemplo, solo el 32% cree que puede influir en lo que el gobierno hace, una proporción que se incrementa considerablemente cuando se trata de una instancia más cercana como la municipalidad del distrito (42%), pero que está siempre en relación con el total de la muestra. Solo se diferencia, como los demás segmentos, de los conformistas desinformados. Mientras tanto, siete de cada diez ciudadanos asumen que el voto es la única opción que tienen para hacerse escuchar frente a las autoridades (72%). Solo el 24% en este grupo cree que a las autoridades gubernamentales les interesa lo que ellos piensen. En síntesis, los leales institucionales, como veremos más adelante, apoyan la democracia y sus instituciones, se informan y siguen los acontecimientos, pero no sienten ni esperan influir mucho en ella. Además, delegan la iniciativa a las instituciones conocidas, tales como los partidos o los líderes políticos. Esta actitud recuerda lo que postulaban Almond y Verba (1970) cuando describían la combinatoria de actividad y pasividad que un ciudadano cívico debería tener. En dicho caso, este segmento es menos activo que lo esperado por Almond, pero tiene la actitud confiada de delegar la iniciativa política a las instituciones conocidas. En suma, se podría decir que es un ciudadano "cívico" pasivo.

3.4.3.4 Su vinculación con la política

Entre los leales institucionales destaca que seis de cada diez se interesen por lo que ocurre en la política —el 55% dice tener mucho o algún interés en ella, por encima del 37% del total de la población limeña que se interesa. Junto con los críticos participativos, son los que más interés muestran por lo que sucede en la política (véase tabla 87 en el anexo 2).

Podemos observar que este es el segmento en el cual el factor de orientación hacia el *input* es más alto (véase tabla 88 en el anexo 2). Se puede decir que son personas muy atentas a lo que ocurre en el Congreso (50%, frente al 38% del total) y en las agrupaciones políticas (47%, frente al 30% del total). Lo que sucede en el mundo del *input* les interesa más que a otros, no solo los resultados.

Sin embargo, como veremos más adelante, este interés no deriva en participación política, como sí ocurre en el caso del crítico participativo. Como ya se indicó, son personas que suelen delegar sus inquietudes políticas a las instituciones.

A diferencia de los conformistas desinformados y de los renegados insatisfechos, no se interesan en la política de manera circunstancial (solo 31% manifiesta que la política le interesa únicamente cuando hay elecciones). Al igual que el crítico participativo, cuando se trata de asuntos sobre su distrito, el 49% manifiesta estar muy interesado. Dicha proporción se incrementa cuando se trata del propio vecindario (62% está muy interesado, frente al 54% del total) (véase tabla 89 en el anexo 2).

Es el segundo segmento que más conoce y se informa de temas políticos, solo por debajo de los críticos participativos. Cuando se divide a la población entre quienes tienen un bajo, intermedio y alto conocimiento, son quienes más informados están del entorno (véase tabla 90 en el anexo 2).

Asimismo, los leales institucionales utilizan activamente los medios para informarse de política (26% lo hace siempre o casi siempre), en especial cuando se trata de ver noticias sobre política en la televisión (40%), leer este tipo de noticias en los periódicos (33%) o escucharlas en la radio (27%). En menor medida, conversan con amigos y familiares sobre temas políticos (19%). En este último indicador difieren considerablemente de los críticos participativos, grupo en el cual un 35% declara que conversa siempre o casi siempre de política con amigos o familiares. Para el leal institucional, la cercana relación con la política se da más a través del consumo de información que del intercambio de ideas (véase tabla 91 en el anexo 2).

a) Participación política y cívica

Su involucramiento activo en asuntos vecinales es bajo; tienen interés, pero su participación es pasiva, pues solo se informan. Por ejemplo, un 59% nunca ha asistido a reuniones vecinales del distrito y solo un 12% dice que alguna vez se ha juntado con otras personas para resolver problemas del vecindario. Los leales institucionales tampoco destacan por su participación en asociaciones de la sociedad civil; solo un 36% participa en ellas, porcentaje semejante al promedio de Lima (véase tabla 92 en el anexo 2).

Su participación en asociaciones resulta intermedia (36%), pero llama la atención que sea mayor entre los de NSE A/B. En este nivel, la gente que participa en alguna asociación (clubes, principalmente) se eleva a 48%.

Además de su baja participación en asuntos vecinales, tampoco son activos en otros temas de carácter ciudadano. Por ejemplo, solo un 2% dice alertar siempre o casi siempre a un medio o a la policía sobre algún problema local, una proporción que contrasta con su nivel de interés e información sobre lo que ocurre a su alrededor (véase tabla 93 en el anexo 2).

Sin embargo, sus actitudes con el involucramiento de los demás en este tipo de actividades son muy favorables. Así, un 86% está de acuerdo con que otros ciudadanos participen en manifestaciones permitidas por ley, y un 88%, con la formación de grupos que intenten resolver los problemas de la comunidad. Es decir, en promedio, nueve de cada diez se muestra abierto a la participación de la gente. Otra muestra de ello es que tienen una actitud positiva hacia comportamientos políticos como firmar una petición (57%), pero solo un 15% lo ha hecho. En otras palabras, no participa, pero tampoco se opone, lo que supone una particular versión del *laissez faire, laissez passer*.

Como se aprecia, son ciudadanos que se involucran poco en política de manera activa. Tienen más bien un vínculo pasivo con ella: se centran en el consumo de medios para seguir asuntos políticos y sufragan. Al respecto, un 54% se siente satisfecho cuando vota, un porcentaje superior al 42% de la muestra general (véase tabla 94 en el anexo 2).

Asimismo, pueden conocer y conversar sobre temas políticos con familiares o amigos (19%), pero no llegan a ser agentes activos. Esta es una diferencia importante con el crítico participativo, que también se interesa en la política. Cuando se les pregunta por la frecuencia con que participan en una serie de actividades políticas (véase tabla 95 en el anexo 2), se evidencia que esta es baja, salvo en época electoral, cuando pueden llegar, inclusive, a asistir a mítines políticos.

En síntesis, los leales institucionales se muestran tolerantes frente a la participación de los demás y tienen una buena actitud ante comportamientos políticos convencionales, como que la gente trabaje para un candidato (71%) o firme una petición (57%). Igualmente, apoyan más que otros a los partidos y líderes políticos. Sin embargo, esta actitud no se refleja en una participación activa ni en el ámbito cívico ni en el político.

3.4.3.5 Sus creencias y actitudes hacia el sistema político

¿Qué piensan los leales institucionales de la democracia? Para dicho grupo, esta forma de gobierno se asocia, principalmente, a temas relacionados con la libertad, como la libertad de prensa (36%), la participación de la ciudadanía en decisiones importantes del gobierno (28%) o el derecho a organizarse libremente (26%). En efecto, dicho segmento tiene una visión más liberal de la democracia. Por tanto, es posible vincular este concepto de la democracia con la preocupación que muestran por la institucionalidad en nuestro país.

Son, pues, los que más defienden la presencia de instituciones como el Congreso, las agrupaciones políticas o el Poder Judicial como parte del equilibrio que debe haber en la democracia. Tan es así, que un 75% rechaza la posibilidad de una democracia sin un Poder Judicial, un 67% descarta que una democracia pueda funcionar sin un Congreso, y un 65% se opone a la idea de una democracia sin partidos. Además, el 62% está en contra de que el Presidente, en ciertas circunstancias, pueda ir más allá de las leyes. Se observa que este grupo es el más institucional, más allá de que esté insatisfecho con el desempeño de las instituciones (véase tabla 96 en el anexo 2).

En línea con lo anterior, este es el grupo que más rechaza un sistema plebiscitario en el cual el Presidente gobierne en comunicación directa con el pueblo (69%). Así pues, son los que más se oponen también a la posibilidad de tener un gobierno que no sea elegido por el pueblo, siempre y cuando sea justo y mejore la situación (el 49% rechaza esta idea).

Como complemento a este panorama, destaca que casi ocho de cada diez (74%) piensen que la democracia es mejor que cualquier otra forma de gobierno, con todos los problemas que pueda tener (véase tabla 97 en el anexo 2). En este segmento, el apoyo a la democracia, a pesar de sus problemas, es uno de sus principales diferenciales; no obstante, la cantidad de ciudadanos insatisfechos llega a un 39% (véase tabla 98 en el anexo 2).

a) Actitudes hacia un golpe de Estado

En cuanto al indicador que evalúa si la gente, en alguna situación específica, justificaría un golpe militar,[14] este es el segmento que más rechaza esta posibilidad, bajo cualquier circunstancia (65% frente al 56% del total) (véase tabla 99 en el anexo 2).

---

14. Se creó un indicador de este tipo a partir de la pregunta sobre el nivel de acuerdo con la posibilidad de un golpe militar en ciertas circunstancias: fuerte desempleo, subida de precios, mucha delincuencia, mucha corrupción (véase anexo 1).

b) Actitudes hacia partidos y políticos

En este grupo hay un mayor número de simpatías políticas partidarias: el 74% simpatiza con un partido político y el 89% con un líder político (véase tabla 100 en el anexo 2). Es el segmento donde hay una mayor carga de la dimensión simpatía política partidista (1,68, véase tabla 52). Tomados en conjunto, son los que sienten más simpatía por algún partido y líder en particular (68% de ellos) (véase tabla 101 en el anexo 2).

Resulta interesante comprobar que, entre la gente que simpatiza con un partido, solo la mitad tiene interés en la política (véase tabla 102 en el anexo 2). La otra mitad que no la tiene pareciera considerar (como los que participaron en las dinámicas grupales) que los políticos que están en el Congreso no dan la talla y que antes los políticos tenían un mejor nivel. En estos casos, el vínculo o la simpatía con el partido continúa, a pesar de haber perdido interés por lo que ocurre en el día a día de la escena pública. En suma, son personas que creen que los partidos deberían retomar sus antiguos ideales y que hoy siguen un camino equivocado. Por ejemplo, en las dinámicas grupales algunos simpatizaban con el Partido Aprista o con el Partido Popular Cristiano, pero decían que los actuales dirigentes no estaban a la altura de estas agrupaciones. Aquí encontramos un porcentaje alto de personas mayores, por lo que es probable que su relación con los partidos tenga que ver con lo que conocieron años atrás.

Entonces, ¿qué buscan los leales institucionales en un líder político? No solo honestidad y honradez (60%), sino también credibilidad política (25%) y capacidad técnica (19%). Todas estas cualidades son más valoradas que en los demás segmentos. Para este grupo, a diferencia de otros, aspectos como la ética y los valores del candidato son más importantes que su capacidad de hacer obras o su firmeza de carácter.

3.4.3.6 *Sus actitudes hacia el papel del Estado*

En un entorno de escasa confianza en las instituciones, este es el segmento que más confía en ellas, ya sea que estén vinculadas al *input* (partidos, Congreso, etc.) o al *output* (Poder Judicial, Policía, entre otras). En el indicador que se construyó con una escala que va del 1 al 4, este segmento tiene un promedio de 2,2, una diferencia estadísticamente significativa con los otros. En términos porcentuales, los leales institucionales son quienes más confían en los partidos (22%) y en los líderes políticos (36%) (véase tabla 103 en el anexo 2).

Las opiniones que estas personas tienen sobre las diferentes instancias gubernamentales están relacionadas entre sí. Los cambios en la evaluación de la gestión del Presidente se vinculan con las variaciones en el nivel de confianza en las instituciones del gobierno central.[15] Además, en este segmento hay una relación entre la satisfacción con el Congreso, el Poder Judicial y los partidos políticos, y la confianza en todas las instituciones del gobierno central.[16] En general, a los leales institucionales puede no gustarles el desempeño de las instituciones (su nivel de satisfacción con la democracia es, de todos modos, bajo), pero confían en ellas como conjunto.

a) Evaluación del papel del Estado

Al igual que el ciudadano promedio, el leal institucional cree que el Estado debe desarrollar políticas para reducir la desigualdad (67%), aunque en menor medida que el crítico participativo y que el conformista desinformado.

Sobre la base de una serie de preguntas acerca del rol de la empresa privada y del Estado en diversos aspectos del desarrollo,[17] se creó un indicador sobre intervención estatal. Si bien en todos los segmentos la tendencia es a favorecer una intervención "mediana" del Estado, los leales institucionales, junto con los renegados insatisfechos, son los dos grupos

---

15. La correlación entre la evaluación del Presidente y la confianza en las instituciones del gobierno central es de 0,398 ($p < .001$).

16. En este grupo, la correlación entre la satisfacción con el Congreso y la satisfacción con el Poder Judicial fue de 0,515, con los partidos políticos fue de 0,450, y con la confianza en todas las instituciones del Estado fue de 0,376 (en todos los casos con $p < .001$).

17. Se preguntó por el rol del Estado y de la empresa privada en la educación, salud, lucha contra la desigualdad, etc. (véase anexo 1).

que más defienden la intervención privada, sobre todo en la generación de empleo (54%) (véase tabla 104 en el anexo 2).

En síntesis, tenemos un segmento interesado en la política e informado, que apoya a la democracia y sus instituciones, más allá de su insatisfacción con la manera en que el sistema funciona. Sin embargo, esta insatisfacción no conduce a comportamiento alguno, salvo el hecho de informarse. En suma, son personas con poco compromiso cívico y político activo, fuera del consumo de información y del voto.

3.4.4 *Los críticos participativos (12,5%)*

Nuevamente, un retrato que resume la imagen del crítico participativo:

> Ricardo es un padre de familia de 58 años. Nació en Ayacucho, pero migró muy joven a la capital en busca de un futuro mejor. En Lima conoció a Gladys, quien hoy es su esposa y madre de sus tres hijos: Juan de 28, Milagros de 23 y Tomás de 15. Ricardo tiene una pequeña imprenta que formó hace varios años, pero empezó como vendedor ambulante. Afirma que siempre ha tenido visión para los negocios, por eso estudió administración en un instituto, mientras trabajaba.
>
> Siempre lee los periódicos y ve los noticieros políticos locales. Su sueño es llegar a ser alcalde u ocupar un cargo en la municipalidad de Los Olivos (Lima Norte), su distrito desde hace varios años. De joven militó en un partido de izquierda, pero hoy ha tomado distancia de él y está decepcionado de los partidos. Siempre tiene una opinión crítica sobre la situación del país y cree que se necesita alguien que ponga orden y firmeza para sacar adelante las cosas. Ricardo es muy conocido en su barrio por su facilidad de palabra. Por eso siempre lo eligen como uno de los voceros de los vecinos cuando tienen reuniones, a las que asiste con regularidad. Participa continuamente en las juntas de vecinos o en las polladas para sacar fondos y así ayudar a los amigos del barrio.
>
> Para Ricardo siempre ha sido importante ser reconocido por sus vecinos, por sus familiares y amigos. Ha trabajado duro para sacar adelante a su familia y darles una buena educación a sus hijos. Confiesa que como padre a veces ha sido bastante estricto, pero es un fiel convencido de que la disciplina es básica en la crianza de los niños. Dice que sus padres siempre fueron muy exigentes con él y que gracias a eso él ha logrado muchas cosas, pese a las adversidades que ha tenido que afrontar desde muy joven.

3.4.4.1 *Su perfil sociodemográfico*

Los críticos participativos son el segmento donde hay una mayor proporción de hombres (56%) que de mujeres (44%). Al igual que entre los conformistas desinformados, hay un mayor porcentaje de personas del NSE E (11% frente al 8% del total). También es el que congrega la mayor cantidad de personas nacidas en el interior (51% frente al 43% del total de la muestra).

Junto con los leales institucionales, es donde hay mayor presencia de jefes de hogar (67%). Además, es un segmento adulto: 67% tiene más de 40 años (14 puntos por encima del total general para este rango de edad). Asimismo, junto con el de los leales institucionales, este es el grupo donde figuran más personas con estudios superiores completos (59%).

Está conformado mayormente por ciudadanos que trabajan (ocho de cada diez forman parte de la PEA), y una proporción importante (40%) lo hace de manera independiente (profesionales o no), un porcentaje mucho mayor que el de los otros segmentos.

3.4.4.2 *Sus valores y actitudes sociales*

Es un segmento con una serie de valores, como la honestidad y la sinceridad (51%), que los diferencian claramente de los otros.[18] Otro aspecto que aprecian mucho, y que de alguna manera está relacionado con lo anterior, es el de comportarse siempre de manera adecuada. Evitan, mucho más que otros, cualquier situación que pueda juzgarse como incorrecta (27%); se las podría describir como personas estrictas consigo mismas y con los demás. Asimismo, se comprometen con lo que hacen: casi la mitad destaca la perseverancia como una de las principales cualidades que hay que transmitir a los hijos. Lo moral resulta un elemento relevante para ellos, y podría decirse que es central en su actitud crítica con la política.

---

18. Para esta comparación se tomaron en cuenta los valores extremos de una escala de seis puntos.

Son personas que se inclinan por su entorno social inmediato, gustan más que otras de ayudar a la gente que las rodea (36%), y otorgan una gran importancia al cuidado del medio ambiente (33%). En términos de Schwartz, sobresalen por sus mayores niveles de universalismo, valores que están relacionados con la búsqueda de equidad y justicia (30%).

En comparación con el total de la población, los críticos participativos tienen una mayor necesidad de vivir experiencias nuevas (16%). Si bien no son porcentajes muy altos, en este segmento hay más personas dispuestas a tener nuevas experiencias (20%) y a buscar nuevas emociones (12%). Comparativamente hablando, son sujetos más inquietos. Ello podría estar relacionado con la gran actividad que despliegan en organizaciones de base. Otro aspecto importante es la relevancia que tiene para ellos un entorno seguro (32%), por encima de otros segmentos. Como veremos más adelante, esto tiene que ver con la valoración que le otorgan a la presencia de un Estado fuerte y protector del ciudadano (30%).

De acuerdo con las dimensiones planteadas por Inglehart, en una sociedad como la nuestra, donde predominan los valores de sobrevivencia, este segmento tiene una mayor orientación que otros hacia valores autoexpresivos (55% frente al 45% de sobrevivencia). De hecho, es el grupo con los valores de sobrevivencia más bajos y el único donde los valores autoexpresivos son más altos que los de sobrevivencia. Es decir, valoran la capacidad de expresar su opinión y de participar con libertad en las discusiones y en la política social del país, así como de desarrollarse como personas. Más adelante veremos que este grupo es precisamente el más participativo de todos, tanto en organizaciones de la sociedad civil como en las político-partidarias.

a) Percepción de discriminación/racismo

Los críticos participativos son el segmento que más se ha sentido discriminado (56% dice haber sido víctima de discriminación), principalmente por ser provinciano (23%) y por su nivel socioeconómico (28%). Recordemos que este grupo congrega una mayor cantidad de personas nacidas en el interior del país. Además, un porcentaje importante (22%)

se ha sentido discriminado por su color de piel y algunos también por sus creencias políticas (12%). Si son personas con un porcentaje mayor de valores autoexpresivos, lo más probable es que su conciencia de derechos los vuelva más sensibles a la discriminación. En efecto, este es un segmento donde la búsqueda de justicia es una constante, de modo que puede mostrarse favorable a un régimen que no llegue al poder por las urnas, siempre y cuando practique la justicia. Esta última característica podría ser la base de una postura radical o populista, sea de izquierda o derecha (véase tabla 105 en el anexo 2).

b) Percepción de incumplimiento de las normas

Los críticos participativos son muy respetuosos de las normas sociales y sus expectativas de que estas se cumplan son mayores que las de otros grupos. Probablemente por la percepción de que se incumplen las normas de convivencia son, junto con los renegados insatisfechos, el grupo que concentra una mayor proporción de gente que considera que se necesitan cambios radicales en la sociedad (17% frente al 13% del total).

3.4.4.3 Su sistema de creencias políticas

Respecto de su autopercepción ideológica, si bien la mayoría se califica de centro (55%), este constituye el segmento que congrega un mayor número de gente que se autopercibe de izquierda (16%). Para estos ciudadanos, ser de izquierda es básicamente querer una sociedad más justa para todos (53%) (véase tabla 106 en el anexo 2).

a) Eficacia política

Es el segmento que cuenta con una mayor percepción de eficacia política: el 38% de los críticos participativos cree que realmente puede influir en lo que el gobierno hace. Además, la tercera parte del grupo no cree que votar sea la única forma de expresar su opinión sobre el gobierno. No en vano aquí se encuentran las personas con más actividad social y política, y con más experiencia en ese sentido. Sin embargo, solo un 24% piensa que los gobernantes están interesados en lo que pasa con la gente; por ello, podemos decir que son activistas desilusionados. Más de la mitad del grupo (54%) considera que a quienes están en el poder no les interesa lo que piensa la gente como ellos. Además, es el segmento donde hay una mayor distancia entre la percepción de eficacia interna (autopercepción de capacidad de influir) y la de eficacia externa (percepción de interés de los gobernantes). Esta es, pues, una forma de entender por qué es mayor su malestar ante la sensación de injusticia.

3.4.4.4 Su vinculación con la política

Este segmento destaca por ser el más interesado en la política (59%), junto con el de los leales institucionales. Se trata de un interés permanente, pues el 62% rechaza que este se limite a la época electoral. Entre los aspectos que más le interesan en la política destacan lo que ocurre en instancias del *input* (en el Congreso, 53% T2B y en los partidos, 37% T2B) y en la localidad (en su vecindario, 90% T2B). Dada la relación entre interés y eficacia política podemos apreciar cómo los críticos participativos combinan ambas características que derivan en un mayor involucramiento en actividades locales, pues, como se verá luego, participan más en organizaciones de base. Su preocupación por seguir lo que ocurre en el Congreso o en las agrupaciones políticas los diferencia fuertemente del habitante común de Lima, más distanciado de esos avatares.

Este sentido de eficacia e interés se acompaña de un mayor manejo de temas políticos y de actualidad. Así, siete de cada diez críticos participativos tienen un nivel de conocimiento entre alto y medio sobre asuntos políticos.

Debido a que se trata de un ciudadano informado, era de esperar que contase con un mayor consumo de información política que el resto de segmentos. De hecho, un 52% señala que ve noticias sobre política en la televisión siempre o casi siempre, y un 38% las lee en los diarios con esa misma frecuencia. Las conversaciones sobre política con amigos o familiares son otra de sus fuentes de información (35%). También es el segmento que escucha más noticias sobre política por la radio (32%) y el que más las ve por internet (21%). Se trata, así, de una persona que está constantemente utilizando uno u otro medio de comunicación para informarse y que, a la vez, comenta y opina sobre el día a día ciudadano (véase tabla 107 en el anexo 2).

En cuanto a las dimensiones identificadas, este es el segmento donde el factor de competencia informativa carga más (0,38, véase tabla 52 en el anexo 2). De esta manera, el nivel de consumo de información a través de diversos medios, el manejo de información y la capacidad de comprenderla son mayores que en los de otros grupos. Es, así, el ciudadano que más se asemeja a lo que Lazarsfeld, en su texto clásico de *La influencia personal* (Katz y Lazarsfeld 1979), llamaba "líder de opinión". No se trata del líder que está en los medios, sino del miembro de la sociedad que más se informa de diversos modos sobre lo que ocurre en la sociedad y que, a su vez, más comparte con otros este tipo de temas.

a) Participación político-cívica

Como ya se ha mencionado, los críticos participativos son el segmento que más se involucra en organizaciones sociales y en asuntos cívico-políticos. Casi la mitad (46%) se ha reunido alguna vez con conocidos o con vecinos para solucionar problemas comunes, frente a un 15% del total de la muestra (véase tabla 108 en el anexo 2). En suma, son las personas que más participan en asociaciones de base (73%, el doble que el resto de la muestra).

El 46% asiste con una frecuencia de una vez al mes o más a una organización. Asimismo, donde más participa es en juntas vecinales, comités del Vaso de Leche, comedores populares, grupos parroquiales y asociaciones deportivas. Un 11% de este segmento ha sido o es dirigente en su organización, casi tres veces más que el 4% que ha tenido esta experiencia en el conjunto de la población (véase tabla 110 en el anexo 2).

Si se divide a los pobladores de Lima entre aquellos que participan en un nivel bajo, medio y alto en acciones cívicas,[19] en este segmento es donde hay una mayor proporción de personas con una participación cívica alta (48%), frente al total de la población, donde solo un 7% es

---

19. Escriben a medios, participan en marchas, en reuniones vecinales, realizan petitorios, avisan a las autoridades de los problemas locales, etc.

activo a este nivel. También se observa una mayor cultura de denuncia: el 77% alguna vez ha avisado a la policía o a un juzgado de algún problema local, un porcentaje mucho mayor que el de los demás segmentos. Otro indicador es que un 63% ha participado alguna vez en una marcha autorizada. Se trata, pues, de un ciudadano activo.

Todos estos comportamientos dan cuenta de un fuerte compromiso con su comunidad: el crítico participativo es una persona que se preocupa por los demás y por tener una mejor sociedad, lo que puede ser el motivo por el cual incursiona más que los otros segmentos en la esfera política.[20] Así, el 59% de este grupo se ha involucrado en política en algún momento de su vida (frente al 14% del total de encuestados), ya sea participando en mítines, en reuniones políticas o trabajando para candidatos. Por ejemplo, un 77% ha asistido a un mitin por lo menos una vez en su vida y un 67% ha ido a reuniones de discusión política. En menor medida, casi la mitad del segmento (49%) ha trabajado en algún momento para un candidato o partido político durante campañas electorales. Sin embargo, un 44% dice que le gustaría participar en cuestiones sociales o políticas, pero que no sabe cómo hacerlo, lo que se debe a que no siempre las instituciones políticas canalizan este deseo de participación.

Se evidencia que el crítico participativo es un ciudadano claramente insatisfecho y urgido de cambios. Una de sus principales motivaciones para incursionar en política es la posibilidad de ser un gestor de cambios (80%), no solo en su vecindario (62%) sino en la sociedad en general (54%).

Asimismo, este es el segmento en el cual el factor demanda de apertura institucional carga con mayor fuerza (.68; véase tabla 52 en el anexo 2). Ello quiere decir que son personas a las que les gustaría involucrarse más en actividades sociales o políticas, pero no saben cómo hacerlo o consideran que si los partidos tuviesen procesos más democráticos, participarían más. Por lo visto, resulta muy probable que muchos hayan tenido experiencias frustrantes de participación política o asociativa. Una

20. Como ya hemos indicado, es el grupo con mayor carga factorial en el componente participación cívico-política (1,66).

de esas personas podría ser la que, en una de las dinámicas grupales, afirmó que sentía que asumir un cargo directivo en un comité del Vaso de Leche era un problema, porque podía convertirse en objeto de sospechas y acusaciones.

Cuando se trata de los sentimientos que les genera el acudir a votar, un 56% señala sentir satisfacción por cumplir con su deber cívico, una proporción similar a la del segmento de leales institucionales. Aun así, también hay un grupo importante (35%) que declara votar únicamente para evitar la multa y porque es su deber.

Esta descripción tiene aspectos en común con el perfil del ciudadano cívico trazado por Almond y Verba (1970), quienes destacaban su rol activo junto con otras personas de la sociedad civil (cooperación cívica) y su mayor percepción de influencia en los asuntos locales (competencia subjetiva). Sin embargo, si bien el crítico participativo comparte estas características con el ciudadano cívico, la imagen que tiene de la democracia es mala y no termina de conciliar su civismo con el actual sistema político. Para él, el modelo necesita reformas profundas; de lo contrario, justifica los intentos de quiebre del sistema que puedan surgir.

3.4.4.5 *Sus creencias y actitudes hacia el sistema político*

El nivel de satisfacción de los críticos participativos con la democracia es bastante bajo (19%), pero relativamente superior al promedio general (14%). En todo caso, están menos descontentos que los leales institucionales o que los renegados insatisfechos. Más de la mitad en este grupo cree que la democracia, con todos sus problemas, todavía es un sistema que funciona (56%). Un 75% (como el resto de la población) considera que, a pesar de todo, esta es la mejor forma de gobierno. Como el conjunto de la población en la ciudad, son demócratas que no están satisfechos con el funcionamiento de la democracia. La diferencia con los demás segmentos son sus actitudes hacia esta situación.

En esa línea, su insatisfacción deriva en actitudes autoritarias. Justamente, es el segmento donde el factor actitudes hacia la autoridad, si bien no tiene un gran peso, carga más que en los otros grupos (.25, véase tabla 52 en el anexo 2). Como se verá más adelante, algunos no creen demasiado ni en los partidos ni en la instituciones, y confían más en las personas. En este grupo hay una mayor proporción que considera que la democracia puede funcionar solo con el Presidente: una cuarta parte está dispuesta a darle más poder, frente al 19% de la muestra total. Asimismo, un 35% cree que puede funcionar sin el Congreso, y un 28%, sin partidos políticos. Junto con los conformistas desinformados, consideran que la "mano dura" y las leyes más severas para combatir la delincuencia son necesarias, debido a que confían poco en las instituciones políticas (véase tabla 112 en el anexo 2).

En este segmento, en particular, el apoyo a la "mano dura" se relaciona con su insatisfacción con los partidos, los congresistas y los funcionarios.[21] La considera una forma de hacer justicia. Además, opina que un Presidente puede hacer un buen gobierno con un buen grupo de técnicos (76%). Al igual que los renegados insatisfechos, los críticos participativos justifican la ruptura de la democracia si esto conduce a que la situación mejore: el 43% la avala siempre y cuando se trate de un gobierno justo, y un 35% cree que la democracia solo tiene sentido si uno puede prosperar. En esa misma línea, el 41% justifica que el Presidente vaya más allá de las leyes si el país tiene dificultades, una proporción muy superior a la de los demás segmentos.

Todo lo anterior nos habla de un ciudadano que está insatisfecho con la democracia en nuestro país y que podría reaccionar saltándose las leyes, a cambio de beneficios para la población. Llama a la reflexión que el segmento más participativo tenga estas actitudes, que Murakami (2000) denomina "plebiscitarias". Es un grupo que deposita su confianza en un líder que le transmita tranquilidad y orden. Estas personas, por lo tanto, pueden canalizar su interés en la política y su potencial de participación de manera no tan democrática. Dado que se trata de personas rectas que esperan lo mismo del sistema, y que no ven reflejada esta cualidad en las instituciones del Estado, pueden optar por un cambio en el modelo democrático.

---

21. La actitud positiva hacia el uso de "mano dura" correlaciona negativamente con la satisfacción con los partidos (-.24), con el Congreso (-.159) y con los funcionarios (-.233).

Son ciudadanos que, si bien pueden estar de acuerdo con que un Presidente prescinda de ciertas instituciones políticas, no apoyarían un golpe militar para solucionar problemas económicos o de gestión (desempleo, alza de precios, sueldos bajos o cuestiones de gestión pública). Sin embargo, sí apoyan la posibilidad de un golpe militar frente a un contexto de alta delincuencia (46%) o alta corrupción (44%), muy por encima de los conformistas desinformados y de los leales institucionales. Siendo personas que valoran el cumplimiento de las normas, terminan avalando salidas autoritarias cuando el orden público se ve amenazado.

Como ya se indicó, un 44% de los críticos participativos quisiera intervenir en cuestiones sociales o políticas, pero no sabe cómo hacerlo, ya que consideran que los partidos no son una opción que pueda canalizar esta inquietud. Por tal motivo, este segmento es el que estaría más dispuesto a participar en partidos si estos contaran con procesos más democráticos (62%). Claramente, quienes lo conforman están interesados en involucrarse más en política partidaria, pero su imagen de las agrupaciones políticas no contribuye a lograrlo; tienen una actitud crítica hacia ellas, pero no las rechazan, solo les gustaría que cambiasen (véase tabla 113 en el anexo 2).

3.4.4.6 *Sus actitudes hacia el papel del Estado*

Hasta el momento tenemos a un ciudadano participativo, involucrado, muy dedicado a los demás, crítico de las instituciones, más interesado en la política que otros y conocedor de los temas de actualidad. Recordemos que en el grupo de los críticos participativos hay una mayor presencia de provincianos y de otras personas que han sido víctimas de discriminación por su origen y por su nivel socioeconómico, y que probablemente han sufrido las consecuencias de la exclusión social en carne propia. Por ello, reclaman reformas profundas. A su vez, tienen una actitud crítica hacia las instituciones del sistema político y muestran una tendencia a resolver los conflictos entre ellas y los ciudadanos a través de soluciones autoritarias o personalistas. Estas características son las que más los distinguen, pero al igual que la gran mayoría de habitantes de la capital, están insatisfechos con la gestión gubernamental. A continuación, detallaremos estas evaluaciones.

Respecto del Poder Judicial, el 71% lo evalúa de manera negativa; de este porcentaje, el 34% considera que su trabajo es muy malo. En cuanto al Congreso, el 65% cree que los parlamentarios están haciendo un mal trabajo; de hecho, el 33% califica su gestión como muy mala. En ambos casos, la desaprobación resulta significativamente mayor que en el resto de segmentos. Ya que están más implicados, esperan más y su frustración es alta.

Cuando se evalúa el nivel de confianza en las instituciones, este es relativamente bajo. Solo la Iglesia es para ellos una institución confiable (78%). Si bien, como ya se señaló, la insatisfacción con las agrupaciones políticas es alta, en términos comparativos, es un segmento donde estas organizaciones inspiran algo más de confianza (21%) que en los demás grupos. Esto podría deberse a que son ciudadanos que participan en ellos o que siguen su comportamiento, al menos más que otros segmentos. Como se ha señalado, son personas que consideran que los partidos podrían ser canales cívicos, pero no están satisfechas con su desempeño. Esta es una actitud semejante a la descrita por Dalton y Welzel (2014) cuando hablan del demócrata asertivo, alguien que tiene valores autoexpresivos y que se ve frustrado por la institucionalidad existente. El tema es que, para algunas de estas personas, la respuesta autoritaria es una posibilidad frente al problema de instituciones que no responden a la demanda ciudadana.

¿Cuál es el rol que debe asumir el Estado según los críticos participativos? El 80% considera que debe llevar a cabo políticas firmes para reducir la desigualdad entre ricos y pobres. Esto tiene sentido, pues se trata de un segmento que aboga por la igualdad y el bienestar de todos, y para el que la "mano dura" (en el Estado) es una opción que se ve como justiciera.

Sin embargo, también están a favor de una empresa privada que sea activa con la ciudadanía. Por ejemplo, el 50% considera que el sector privado debería ser el principal responsable de proveer los servicios de salud (una proporción por encima del promedio: 38%). La poca eficiencia de la gestión del Estado en el ámbito de salud es un factor que alienta esta idea. En materia económica, también se muestran a favor de que el mercado sea quien regule los precios, más que el Estado (46%), un asunto que en este segmento cobra más fuerza que en los demás.

En general, como se observa, el crítico participativo es un ciudadano activo que se involucra principalmente en organizaciones de base, además de ser crítico del sistema, con tendencias autoritarias y personalistas que surgen, sobre todo, como respuesta a la percepción de que la democracia y el conjunto de sus instituciones no están funcionando adecuadamente. Asimismo, es el segmento que más indica haber vivido situaciones de discriminación. Son personas interesadas y preocupadas por los asuntos públicos, lo que es algo importante, pero que no están logrando encausar sus demandas de cambio. En este contexto, es posible que una propuesta de mayor orden y estrictez, basada en liderazgos personales, pueda llamar su atención. Otra posibilidad para estos ciudadanos es la de unos partidos más transparentes y participativos, que canalicen su búsqueda de acción en un entorno de respeto a las personas y a las reglas. Su valoración de la honestidad e integridad constituye un activo importante en una propuesta de cambio. Finalmente, lo más probable es que un estilo firme y frontal frente a la injusticia obtenga un gran apoyo de los críticos participativos que, como ya se vio, son líderes de opinión en sus comunidades.

4

Conclusiones y reflexiones finales

4.1 Sobre el concepto y la medición de la cultura política

Una primera conclusión apunta a un avance en la definición de qué entendemos por cultura política. Al haber identificado once dimensiones (o factores) de la cultura política limeña, que abarcan las actitudes hacia el sistema, el gobierno y los diferentes actores políticos, así como aspectos vinculados al comportamiento político, esperamos haber contribuido al reto que Aragón (2010) señala como pendiente en los estudios sobre cultura política en el país: llegar a un consenso sobre cómo se conceptualiza y define de manera operacional esta clase de cultura, para evitar hablar de cultura política solo a partir de unas cuantas variables o, en todo caso, saber que se está haciendo el análisis solo de un aspecto específico.

Nuestro trabajo incluyó muchas de las variables propuestas por Morán y Benedicto (1995). Si bien la estructura de la cultura política es un tema que debe seguir profundizándose, es importante tomar en cuenta los cuatro grandes componentes señalados por estos autores: i) el ciudadano como actor; ii) la vinculación del ciudadano con la política: iii) la imagen del sistema político; y iv) la evaluación de los resultados de la acción institucional. La propuesta de Morán y Benedicto, a pesar de sus limitaciones —como una escasa base empírica y una metodología de análisis descriptiva—, tiene el mérito de ordenar las nociones en un conjunto conceptual amplio. Como ya hemos indicado, tomando en cuenta las variables planteadas por estos autores —salvo las vinculadas a la socialización política–, pudimos identificar once dimensiones de la cultura política limeña. Análisis o estudios posteriores permitirán ver si las mismas, a su vez, pueden agruparse, de qué manera ello podría hacerse, y si esa posible agrupación dialoga con lo trazado por los autores españoles o si se estructura de una manera diferente. Si bien en nuestro análisis los valores y ciertas actitudes sociales no forman parte de las dimensiones de la cultura política identificada, es indudable que se relacionan con ella y que son importantes en su proceso de constitución, así como para comprenderla mejor. Asimismo, han sido útiles para describir algunos segmentos y es probable que ciertos valores tengan que ser mejor definidos o que se establezca con mayor claridad la relación entre valores y actitudes políticas.

Una primera mirada a los factores identificados nos permite señalar que en la cultura política limeña hay por lo menos tres aspectos que se deben tomar en cuenta para entender la dimensión vinculada al ciudadano como actor: la competencia informativa, la tolerancia política y las actitudes hacia el uso de la autoridad. El mayor o menor manejo y exposición a la información política, la tolerancia o intolerancia con los que piensan diferente a uno y la aceptación o rechazo al uso de mano dura son aspectos importantes para comprender al ciudadano limeño como actor político.

Por otro lado, en nuestros resultados, seis de los once factores se dirigen a entender el vínculo del ciudadano con la política: la orientación hacia el *input* (su interés general en la política y su percepción de eficacia política); el interés eventual en la política; la participación cívico-política; la demanda de apertura institucional (o demanda de instituciones más democráticas); la orientación hacia el *output*; así como la disposición hacia temas de política local. En tal sentido, hay tres componentes que en la lógica de Morán y Benedicto se incluirían en lo que ellos denominan imagen del sistema político: la simpatía por partidos y líderes políticos, la satisfacción con la democracia y la evaluación de instituciones políticas.

Una adecuada revisión conceptual, estudios exploratorios adicionales y el uso de modelos avanzados de análisis estadístico podrían ayudar a perfilar un modelo específico. Por su parte, algunos estudios sobre cultura política relativamente recientes (Camacho 2010, Camacho y Sanborn 2008, Carlos Torres 2010) plantean la importancia de combinar métodos y técnicas, así como la aplicación del análisis multivariado en este tipo de esfuerzo.

4.2 La cultura política en Lima

Luego de nuestro análisis, el resultado general es el siguiente. Se puede observar una ciudad en la que la mayoría de los habitantes tiene un ínfimo capital social –como ya indicó Díaz-Albertini (2010)– y un extendido sentimiento de anomia, y donde los niveles de confianza interpersonal, de percepción de cumplimiento de las normas de convivencia y de vida asociativa son muy bajos. Los lazos de solidaridad atañen principalmente a la familia y la noción de un espacio público compartido es muy reducida. La confianza en las instituciones también es escasa, salvo algunas excepciones.

Hay una percepción generalizada de vivir en una sociedad muy jerarquizada, donde la discriminación por raza o condición social es frecuente. De este modo, se percibe que quienes están en posiciones de poder abusan de su condición. Además, se considera que no todos son iguales ante la ley y que las autoridades son las primeras en incumplir las normas. Por tanto, hay una fuerte sensación de injusticia. Un abrumador 83% de los habitantes de Lima piensa que "el país está gobernado por unos cuantos grupos poderosos que buscan su propio beneficio". Paradójicamente, esto conduce a buscar soluciones autoritarias. Como mencionan Portocarrero, Ubilluz y Vich (2010), la extendida idea de que no todos tenemos los mismos derechos solo resalta la vigencia del autoritarismo como forma de relación.

La sociedad peruana en general –y la limeña en particular– está pasando por un proceso de cambio en el que las demandas sociales no encuentran una adecuada respuesta institucional, lo que provoca una tensión. Lima es una sociedad que ha cambiado mucho en los últimos cincuenta años. Diversos procesos de transformación social, política, económica y cultural han rebasado a sus instituciones, tanto formales como informales. En ese proceso, la migración hacia la capital desde diferentes lugares del país ha ido constituyendo una ciudadanía diferente. Observamos la preeminencia de valores orientados a la búsqueda de justicia e igualdad (universalismo), una preocupación por los allegados (benevolencia), una autonomía que adquiere relevancia y la posibilidad de salir creativamente de los problemas (autodirección), así como valores tradicionales (seguridad, tradición, conformidad). El universalismo y la benevolencia remiten a una empatía con el conjunto de habitantes de la ciudad, que dialoga con la percepción de vivir todos en un mundo injusto, donde solo los que acceden al poder se benefician. Las cifras que hemos mostrado y lo que indicaron quienes asistieron a las dinámicas grupales —"solo en la familia se puede confiar"— llevan a que nos preguntemos por la gravedad de esta fragmentación social. Aludiendo a los trabajos de Linz y Stepan (1996), Grompone (2005) subraya la importancia de una sociedad civil activa para consolidar la democracia. No la tenemos, o en todo caso es muy débil.

Al ser la sociedad civil tan precaria, ¿qué se puede entonces esperar de la política? Esta imagen de la población contrasta fuertemente con la de la bibliografía de la década de 1980. La valoración de la justicia e igualdad (universalismo) se mantiene casi como una denuncia ante la idea de que la situación que se vive es exactamente la contraria. La demanda de democracia de los ciudadanos se vincula a estos valores, y en esta búsqueda de justicia e igualdad, no todas las alternativas se condicen con la democracia. Como lo señaló Grompone (2006) al comentar el apoyo que obtuvo Ollanta Humala en las elecciones de 2006, paradójicamente, la reivindicación de los derechos políticos frustrados puede llevar a respaldar propuestas autoritarias o populistas.

Si bien hay diferencias entre los pobladores de Lima, no se puede dejar de recordar que la autodirección, como valor, se encuentra en un segundo lugar. En el contexto de lo analizado, se presenta como el sustento de una estrategia de sobrevivencia en un entorno donde ni las instituciones ni la gente son consideradas confiables, y donde la libertad personal y la creatividad son recursos importantes de adaptación. Lógicamente, para muchos se hace difícil seguir las reglas, pues hay una percepción generalizada de que nadie las respeta o que solo rigen para algunos. En dicho escenario, el individualismo como estrategia resuelve el corto plazo, pero dista de ser socialmente productivo; más bien, ahonda o refuerza el escaso capital social existente, fundamental tanto para la vida política como para la social y económica.

Por otra parte, hay diferencias importantes entre los valores de aquellos nacidos en Lima y los de quienes residen en la ciudad, pero han nacido en otros lugares del país. Entre los primeros predominan el hedonismo, la autodirección y los valores autoexpresivos, mientras que entre los segundos, los valores de tradición, conformidad (Schwartz) y sobrevivencia (Inglehart). Sería interesante profundizar en este tema en futuras investigaciones, pues coincide con lo que la sociología (Parodi 1986) y los estudios de mercado (Arellano 2003, 2010) señalan sobre las diferencias entre los que hemos llamado "limeños" y "provincianos".

Asimismo, habría que analizar qué deriva de la combinación entre valores de autodirección y conservadores, en el caso de los provincianos, y valores de autodirección y de promoción personal, en el de los limeños. Una primera impresión es que, entre los limeños, esta búsqueda de libertad y autonomía, combinada con la de goce personal y éxito, lleva a comportamientos más individualistas. En cuanto a los provincianos, la tendencia estaría más en poner la autodirección al servicio del bienestar familiar, la familia extensa o las redes de parentesco, como indican Golte y Adams (1990). Otro estudio que apunta en similar dirección es el de Golte y León (2014), quienes plantean la existencia de un "liberalismo aimara" entre la población de origen migrante en Lima. En otras palabras, un afán de aumentar el bienestar individual y familiar que se expresaría en el comercio de alasitas y que estaría vinculado a la inserción de estas comunidades en la ciudad.

Otro tema que debe ser investigado son los cambios entre los que hemos denominado los "limencianos", algo más de un tercio de los pobladores de Lima, gente nacida en la ciudad, pero con al menos uno de los padres oriundo de otro lugar del país. Como se indicó, en todos los aspectos evaluados, este grupo se encuentra en una situación intermedia entre los limeños y los provincianos.

En cuanto a las creencias políticas que forman parte de la cultura política en Lima, hemos visto que hay una percepción de que los políticos no se preocupan por lo que ocurre con los ciudadanos (baja eficacia política externa), y que esta idea se relaciona con una escasa competencia subjetiva y con un pobre interés en la política. Tal desinterés por los ciudadanos que se advierte en la élite política genera, a su vez, una falta de interés entre los propios ciudadanos.

Almond y Verba (1970) mencionan que un elemento regulador de gran importancia en la democracia es que las élites políticas perciban que sus actos tendrán consecuencias, frente a una sociedad civil empoderada, capaz de influir en su situación. En nuestro estudio nos hemos centrado en la ciudadanía, no en las élites, pero sí quisiéramos reconstruir ese proceso de interacción simbólica, en el que un lado se autorregula en función de lo que advierte o cree advertir en el otro. Así, veremos que en la subjetividad ciudadana hay una sensación de batalla perdida, no tanto porque los habitantes de Lima no se consideren capaces de influir en la política (aun si solo un 27% se siente capaz de hacerlo), sino porque muy pocos creen que a los gobernantes les interesa lo que piensan (20%). Hemos visto distintas reacciones frente a este tema, pero preocupa que cerca del 70% de los que viven en Lima —los conformistas desinformados y los renegados insatisfechos— responda con desafecto o rechazo. De esta manera, frente a la percepción de que las élites son indiferentes, estos sectores de la ciudadanía reaccionan también con indiferencia, o con cinismo o rabia. Tomar distancia de la política o rechazarla no es una falta de responsabilidad cívica, sino la reacción a un vínculo fallido. Un reto importante es desarrollar estudios sobre la cultura política de las élites políticas del país.

Otro tema preocupante es que solo el 14% se sienta muy satisfecho o satisfecho con la democracia. Este sentimiento se relaciona con la escasa satisfacción que hay con diversas instituciones y actores políticos — el Ejecutivo, el Congreso, los funcionarios, el Poder Judicial—, así como con la poca confianza y simpatía que despiertan los partidos políticos. Según nuestra investigación, solo un 8% está satisfecho con el desempeño de las instituciones relacionadas con la gestión de gobierno y, por otro lado, quienes muestran menos confianza y satisfacción con dichas instituciones son quienes menos se interesan en la política.[1] Las instituciones no

---

1. ** La correlación es significativa al 0,01 (bilateral). En estos casos, los niveles de confianza son de .170** y .178**, respectivamente. Se trata de correlaciones bajas, pero significativas.

atienden las demandas ciudadanas y la respuesta es la desconexión o el rechazo de la ciudadanía, y optar por salidas personales o grupales.

Igualmente, los resultados muestran que hay una relación entre el interés en la política y la confianza interpersonal. Así, entre las personas menos interesadas en este tema, la confianza interpersonal es menor, mientras que es mayor entre las que más interés tienen. Se ha encontrado una correlación baja, pero positiva, entre ambas variables.[2] ¿Qué significa esto? No sabemos cómo se establece dicho vínculo entre escaso interés en la política y poca confianza interpersonal, pero lo más probable es que sea parte de un problema mayor relacionado con la debilidad del capital social en Lima. Los bajos niveles de confianza interpersonal, que dificultan la participación y organización social, así como la vinculación con el espacio público, terminan afectando el interés y la relación de los ciudadanos con la política. El problema por lo tanto es doble. No solo hay una relación precaria con el sistema político y sus representantes, sino que el tejido social que sostiene a la sociedad civil también se debilita y termina reforzando la salida individual o grupal, que pasa a ser casi una estrategia de sobrevivencia social.

A pesar de todo, la gente sigue esperando de la democracia el cumplimiento de las leyes, el reconocimiento de sus derechos y que, en general, predominen la igualdad y la justicia, es decir, el universalismo ya mencionado. Como señala Vergara (2007), la esperanza de inclusión está puesta tanto en el Estado (en cuanto proveedor de servicios) como en la nación (en lo que respecta a que no haya discriminación racial, de origen, etc.). Como hemos mostrado, el apoyo a la democracia se relaciona con la evaluación que se hace de los poderes del Estado, los funcionarios y las agrupaciones políticas. El respaldo es menor ahí donde se ha percibido ser objeto de discriminación. Un sentimiento negativo está vinculado, en gran medida, a la percepción de actores políticos distantes y a un funcionamiento institucional que no está cubriendo las expectativas ciudadanas, un resultado parecido al de Carlos Torres (2010) en el ámbito nacional. El escaso apoyo y los altos niveles de insatisfacción con la democracia son generalizados, aun si todavía predomina la idea

---

2. (.139**).

de que sigue siendo la mejor forma de gobierno. Se trata, pues, de una democracia que no escucha y que constituye la base que luego permite la anexión de ciertos apellidos.

El trabajo de Dalton y Welzel (2014), en el que se habla de un "demócrata asertivo", el concepto de Norris (1999) de "ciudadanos críticos", o incluso la propuesta de Finifter (1970) sobre las actitudes ortofuncionales, permiten realizar un análisis más positivo de este indicador de insatisfacción, en combinación con el apoyo a la democracia. En dichos trabajos se menciona que estas situaciones pueden ser una señal de que las instituciones necesitan reformas profundas para estar a la altura de las demandas ciudadanas, y no limitarse a etiquetar la cultura política como disfuncional, sin cuestionar el sistema. La desafección y la alineación de algunos es una crítica a un sistema que no está caminando. No se las puede clasificar solo como una actitud antisistema o anti *establishment*. La situación particular en Lima es que esta insatisfacción no se canaliza en manifestaciones de protesta o en algún movimiento cívico, salvo el circunstancial, por el reducido capital social de sus habitantes. Solo un segmento minoritario es activo y otro solo se moviliza si la situación lo afecta directamente.

Tanto la información cualitativa como la cuantitativa apuntan a que las personas perciben como algo complicado y conflictivo el juntarse y buscar resolver asuntos de interés común (solo un 28% afirma que ello es fácil). Esto ya predispone negativamente a cualquier clase de experiencia asociativa, incluida la política, donde los vínculos son menos cercanos que los que se tienen con los vecinos o en el ámbito local. No solo es escasa la participación política, sino también la vida asociativa. Nos quejamos mucho del sistema político, pero la sociedad civil también tiene serias dificultades en su base.

La percepción de una mala *performance* del sistema político y su vínculo con la corrupción (por ejemplo, un 95% considera que los funcionarios son corruptos) llevan a que la gente pierda interés en la política, desarrolle sentimientos de baja eficacia política y no se interese en participar en asuntos relacionados con ella. Tampoco se percibe que haya instituciones cívicas o políticas capaces de canalizar estas inquietudes. Solo el 13% considera que los partidos representan a sus votantes, y ya se han visto los bajos niveles de participación en asociaciones.

Como ya se indicó, si bien se trata de un tema que hay que seguir explorando, se observa que existe una relación entre la percepción de eficacia política interna y el interés en la política;[3] así pues, esta interesa solo en tanto se siente que se puede influir en ella. El escaso interés en asuntos públicos va de la mano con la autopercepción de no tener posibilidades de influir; es decir, con la idea de que la política es un asunto de otros. En consecuencia, la anomia se instala como un sentimiento y la política pasa a considerarse como algo lejano. Como ya hemos expuesto, entre las personas con menos interés en la política, el "interés político eventual" es mayor (la política les interesa, para bien o para mal, solo cuando las afecta personalmente). No en vano más de la mitad de los votantes acude a votar solo para no pagar la multa. Asimismo, no es casual que la gente suela votar por candidatos que considera que harán obras o que tienen la suficiente experiencia de gestión como para llevarlas a cabo. Por ello, se comprende mejor por qué tuvo tantos problemas la anterior alcaldesa de Lima, Susana Villarán, quien al comienzo de su periodo (2011-2014) comunicó que dejaría de hacer obras de cemento para construir ciudadanía. Un amplio sector —anómico y descreído— que cínicamente solo deseaba obra física, se desenganchó.

Todo esto nos lleva a un escenario de escasa participación cívica y política. La gente afirma que participaría más si los partidos fuesen más transparentes y democráticos en sus procesos internos. Surge entonces una situación en la que se le otorga más importancia a los procesos del *output*, porque en los relacionados con el *input* la percepción de eficacia política es muy baja. En otras palabras, es la democracia que no escucha ni responde. Como señala Carlos Torres (2010: 411), así haya procesos electorales competitivos y crecimiento económico, "la falta de un Estado de derecho que regule efectivamente a las autoridades, proteja a los ciudadanos y establezca mecanismos efectivos de vinculación entre ambos" afectará el apoyo a la democracia.

Nos parece que este es el correlato sicosocial, de cultura política, de lo que diversos autores han descrito como una "democracia sin partidos" para referirse al Perú (Levitsky y Cameron 2003, Tanaka 2005). Nuestro

---

3. Una correlación positiva (.201**) significativa al nivel de 0,01 (bilateral).

sistema político se centra en liderazgos personales, que poco tienen que ver con partidos institucionalizados (Crabtree 2010, Levitsky 2012). Estas tendencias han sido la base de discursos antipartido que refuerzan su fragilidad y que buscan canalizar simpatías hacia quienes se presentan como salvadores. Este sentimiento tuvo su primera manifestación en la década de 1990, con la elección del primer candidato independiente a la alcaldía de Lima, Ricardo Belmont, con su movimiento Obras, y luego, con la de Alberto Fujimori como presidente del Perú. Ellos, más que iniciadores, fueron los síntomas de la dificultad de las instituciones políticas de responder a las nuevas demandas ciudadanas surgidas a partir de todos los cambios vividos en Lima y en el Perú entero.

Frente a esta insatisfacción y escaso apoyo a la democracia, ante la percepción de que las instituciones solo se guían por intereses personales y frente al sentimiento de ineficacia política surge una actitud de aprobación a la posibilidad de instaurar un gobierno de "mano dura" (72%) que lo que busca son resultados. Esta demanda aumenta cuando se trata de combatir la corrupción, poner orden, luchar contra la inseguridad ciudadana o moralizar. Como acertadamente explica Portocarrero, "como no sabemos organizarnos de otra manera, tendemos a buscar al jefe, a la autoridad. Hay una democratización de la sociedad, pero en nuestro imaginario aún hay el guion del patrón, la incapacidad de actuar colectivamente" (2010: 38). Vemos que no surge otra alternativa en el repertorio de nuestra cultura política. La demanda está democratizada, pero no el ejercicio del poder que canalice tantos deseos. En efecto, el populismo y la democracia con apellidos se dan la mano.

Tal como se puso de manifiesto en las dinámicas grupales, la "mano dura" se asocia con disciplina y justicia en una sociedad que se percibe jerarquizada y con mucha desigualdad y, sobre todo, con instituciones responsables de tal inequidad (Congreso, Poder Judicial, Policía, etc.). Este sentimiento probablemente se relacione con el hecho de que el 63% considere que se puede tener un buen gobierno con un Presidente y un equipo calificado de técnicos.[4] Paradójicamente, la situación autoritaria

4. Como se vio en el caso de Pedro Pablo Kuczynski, ni siquiera esa alternativa ha demostrado eficacia.

(de inequidad, de falta de democracia en cuanto a no igualdad ante la ley) se busca resolver con autoritarismo.

Esta sería la cultura política que facilita la permanencia del populismo o neopopulismo. Cabe precisar que el populismo se basa en una relación directa entre el líder y la ciudadanía. Quien gobierna es el Presidente, la persona, prescindiendo de los partidos e instituciones en los que no se confía. Este constituye un gran problema, pues como señala Weyland (2001), el populismo se vincula a instituciones débiles y no hace más que debilitarlas. En el caso del neopopulismo, dicho estilo de ejercicio del poder se combina con un manejo de la economía que da prioridad a la gestión privada frente a la estatal, y en el que se liberaliza la economía utilizando los recursos del Estado para satisfacer la demanda de obra inmediata de la población. El punto radica en que, como menciona Tanaka (1999), este tipo de relación gobernante-ciudadano es frágil. La ciudadanía otorga poder y puede ser hasta permisiva ("que robe"), pero demanda beneficios inmediatos ("pero que haga obra"). Peor aún, puede estar dispuesta a aceptar cierto grado de violencia con tal de obtener los beneficios buscados. Como lo indicó una de las personas que asistió a las dinámicas grupales: "Yo pondría una pizca de Pinochet para que no haya delincuentes". En este contexto, hay un 35% de personas en Lima que justifica un golpe militar para combatir la inseguridad ciudadana. Menos dramático que un golpe militar, un 70% justifica un gobierno democrático de "mano dura" para luchar contra la delincuencia, un 63% para acabar con la corrupción, un 56% para mejorar el sistema de justicia, y un 55% para combatir la ineficiente gestión de la burocracia. En resumen, golpe de Estado no, "mano dura" sí.

Estamos, así, ante un vínculo población-gobernante en permanente negociación y en el cual, aparentemente, el poder está del lado del segundo. De manera menos explícita, su legitimidad depende de que cumpla con las expectativas populistas, no de que realice reformas a mediano o largo plazo, sino de lo inmediato. Si a ello se suma un Estado lento y complicado, tenemos buena parte de la explicación de por qué los últimos gobiernos ven disminuir rápidamente su nivel de aprobación antes de terminar su primer año de gestión. El líder político es tratado como un salvador, como alguien que carga con las esperanzas de los ciudadanos. Según esta lógica, lo que interesa es que sea capaz de resolver (lo antes posible) los problemas para cuya solución fue elegido. Sin embargo, en los últimos gobiernos —al menos en los nacionales—, los líderes no han podido resolver las urgentes demandas relacionadas con lo que la ciudadanía considera sus principales problemas: la inseguridad ciudadana, la corrupción, la educación y la salud pública. En el caso de Lima, la demanda ciudadana ha sido de obra física, y quien ha respondido a tales requerimientos ha alcanzado un alto nivel de aprobación: Castañeda obtuvo un 58% de aprobación en junio de 2015 porque seguía concentrado en hacer obras (aunque este porcentaje cayó a 33% en septiembre de 2017, luego de desplomarse el famoso puente Solidaridad). En cambio, Villarán, quien no respondió a estas demandas desde el comienzo (durante el periodo 2011-2014), se vio enfrentada a serios problemas de gobernabilidad.

Las dificultades de los gobernantes elegidos para cumplir con el mandato populista han llevado a que la imagen misma de los líderes se deteriore. En la actualidad, solo un 27% de quienes residen en Lima tiene simpatía por algún líder político, pero además, se trata de una simpatía endeble. En los últimos gobiernos, todos los presidentes han caído luego del primer año a la mitad de su nivel inicial de aprobación. Se ha generado un sentimiento antipolítico, que se ha sumado al antipartidario y que deriva en una lógica electoral de antivoto (Meléndez 2012b) o de elegir al candidato que se considera menos malo (el "mal menor").

En consecuencia, en Lima tenemos una cultura política semejante a lo que Almond y Verba (1970) denominaron "cultura de súbdito participante", pero con un componente adicional de anomia y alienación muy importante. Es, pues, una cultura política mixta, o híbrida (Crabtree 2010, Reyna 2010), en la que en una gran parte de la población predominan las actitudes orientadas a los procesos administrativos (el *output*), combinadas con una actitud pasiva o de rechazo hacia el sistema, y en la que estos sectores conviven con otros, menos numerosos, con una mayor orientación hacia los procesos políticos (el *input*), una actitud activa y una percepción de competencia subjetiva en relación con el sistema político. Almond y Verba (1970) señalan que, durante los periodos democráticos, este tipo de cultura desarrolla un "tono populista" para poder competir con los demás sectores, y puede adoptar una forma democrática, pero de manera *toscamente alterada*. Como afirma Portocarrero, la legitimidad tradicional no ha sido reemplazada por una legitimidad moderna y "estamos dejando de ser siervos, pero no somos aún ciudadanos" (2010: 13).

El objetivo de esta investigación no ha sido establecer el origen de este patrón de actitudes, pero varios de nuestros resultados nos permiten apreciar el rol que desempeñan en él las características mismas del sistema político peruano. La ciudadanía responde a la indiferencia y el rechazo con la misma actitud. Si se observa que entre los políticos hay poco interés en las personas y mucha corrupción, se les pide "que al menos hagan obras". El problema, como ha señalado Aragón (2010) al revisar estudios sobre cultura política en países poscomunistas y de América Latina, es que cuando los regímenes democráticos no cumplen con sus promesas y generan insatisfacción —considerando lo frágiles que suelen ser los sistemas de partidos en esos casos—, surgen líderes y propuestas que cuestionan los procedimientos democráticos y que suelen conectar bastante bien con tanta demanda democrática (de justicia, igualdad), no siempre explícita, pero bastante frustrada. Digamos que las actitudes anti-*establishment* o antisistema de la población surgen y se mantienen porque hay una élite política que actúa de manera antisistémica. Dicho de otro modo, hemos encontrado que el patrimonialismo y la desafección política están relacionados.

4.3 Las subculturas políticas en Lima

Volvemos a la pregunta que planteamos al inicio de esta investigación: ¿cómo desarrollar una propuesta política que mejore la gobernabilidad y a la vez dialogue con esta demanda ciudadana sin caer en el populismo, "obrismo" o autoritarismo? ¿Son así todos los habitantes de Lima? Murakami señala que una actitud plebiscitaria puede "tanto acercar a los sectores populares al proceso democrático (aunque de manera limitada o insuficiente), como facilitarles aceptar relaciones o decisiones autoritarias en función de conseguir beneficios" (2000: 171). Según este autor, incluso, el apoyo popular que obtuvo la izquierda en la década de 1980 se debió a que respondió a las demandas plebiscitarias del momento. El acercamiento de los sectores populares habría obedecido a que podían depositar sus expectativas en los dirigentes sindicales o partidarios y en las instituciones vinculadas a la izquierda, y no a una adscripción a determinadas propuestas políticas o ideológicas resultado de un cambio en su conciencia de clase. Asimismo, este acercamiento habría estado condicionado a resultados de corto plazo. Al no darse, estos sectores fueron retirando paulatinamente su respaldo. Para Murakami, el error de los partidos en la década de 1980 fue no "consolidar el proceso y el procedimiento democráticos", no hacer pedagogía política porque la idealización subyacente a lo que denomina el "enfoque positivo" progresista no permitió ver la realidad de la cultura plebiscitaria.[5] Como indica el trabajo de Stokes (1989), es probable que en esos años hubiera una diversidad de actitudes, pero lo cierto es que hoy la situación ha cambiado en muchos sentidos.

Observar las subculturas políticas y no quedarnos en la imagen de una cultura política general abre puertas para comprender otras posibilidades. Los estudios revisados sobre subculturas se inspiran, en su gran mayoría, en enfoques preestablecidos (Díaz de Landa 2007, Sudarsky 2007), en la estabilidad democrática (Almond y Verba 1970, Carlos Torres 2010) y en la participación política (Brussino y Rabbia 2007, Dalton 1984). Varios de estos esfuerzos establecen una suerte de gradiente donde subyace la idea de que una mejor subcultura política es aquella que brinda estabilidad al sistema político, sin poner en cuestión el funcionamiento de este sistema. Ello puede suponer avalar una situación de inequidad que, por todo lo expuesto, no se sostiene en el tiempo. Así, tenemos tipologías de subculturas políticas que aluden a un segmento "más maduro", "medianamente maduro" y de "Presidencia fuerte" (asumimos que sería el inmaduro); otras que distinguen entre "demócratas institucionales", "seudodemócratas", "proautoritarios" e "indiferentes"; así como las que se refieren a "demócratas puros", "disconformes",

5. Algo que para Murakami sería una herencia del pensamiento jerárquico colonial en América Latina. A lo largo de la historia, la legitimidad política en nuestro continente se habría dado a partir de la capacidad del gobernante de asegurar el bien común, de conseguir resultados más allá del respeto a reglas y procedimientos. Esto último sería propio de la historia y cultura anglosajonas.

"desencantados", "débiles" y "no demócratas". En todos estos casos, el cuestionado resulta ser el ciudadano y no el sistema; los evaluados más positivamente son los demócratas, mientras que a los no tan partidarios de la democracia se los percibe —implícita o explícitamente— como una amenaza. Para nosotros, lo importante, más que comprobar en qué medida calzan las actitudes con cierto modelo, es entender su racionalidad.

En nuestro caso, hemos partido de una indagación más abierta, que si bien ha supuesto revisar la bibliografía, también ha buscado incorporar la propia mirada de los actores. Por ello, hicimos tanto una averiguación exploratoria como luego la encuesta. Tomamos como punto de partida el esquema dimensional de Morán y Benedicto (1995), pero buscamos recoger el punto de vista de la gente mediante dinámicas grupales y llevamos a cabo un análisis multivariado a nivel estadístico para definir qué dimensiones surgían como base para el estudio. Asimismo, incorporamos preguntas sobre la democracia, pero el objetivo no era buscar una cultura política funcional a esta forma de gobierno. Lo que intentamos hacer fue identificar qué actitudes hay y qué vínculos tienen con la política. Como ya mencionamos, Almond y Verba (1970) no cuestionaban el sistema y se preguntaban por una cultura política que se adecuara a él. Empero, ¿y si el problema fuera el sistema? Como han señalado Ganoza y Stiglich (2015), la reforma institucional es un tema muy relevante en la agenda política peruana y no se puede pensar en desarrollo si se la deja de lado. Por tal motivo, habría que identificar las actitudes políticas "ortofuncionales" (Finifter 1970) que están en la base del "ciudadano crítico" (Norris 1999) o "asertivo" (Dalton y Welzel 2014); aquellas que, en sí mismas, constituyen una suerte de denuncia de la tensión no resuelta que hay entre demanda y oferta políticas y que llevan a reflexionar sobre la posibilidad de un cambio institucional. ¿El problema es la cultura política de los ciudadanos, de la élite, del sistema o el vínculo que hay entre ellos? ¿Qué ciudadanos podrían apoyar una reforma política?

Los cuatro segmentos encontrados —"los conformistas desinformados", "los renegados insatisfechos", "los leales institucionales" y "los críticos participativos"— tienen aspectos en común (unos más que otros), pero también perfiles claramente diferentes. Si bien es cierto que todos tenemos un poco de las actitudes de cada uno de estos grupos, y que, como dice Amat y León (2006), podemos recurrir a diferentes "disquetes" según la situación, predomina en cada uno de nosotros una cierta combinación que nos hace más parecidos a un segmento que a otro. Por otro lado, habrá personas muy representativas de una subcultura específica, otras serán más "mixtas" y compartirán características con varias, pero eso ya es tema de otra investigación.

Un primer asunto que llama la atención es que casi las tres cuartas partes de la población limeña tiene una cultura política marcada por un distanciamiento del sistema o un rechazo afectivo. El 41% compuesto por los conformistas desinformados (donde prevalece la desafección) y el 31% que conforman los renegados insatisfechos (donde se impone el rechazo a los políticos e instituciones) muestran actitudes que, de diferente manera, reflejan la misma lejanía con los asuntos públicos. Ambos se sienten muy distanciados de los partidos y líderes políticos y ninguno de los dos se inclina a la participación cívica o política. A su modo, cada uno es individualista o, mejor dicho, poco proclive a lo comunitario. La diferencia entre ambos segmentos es la que hay entre los conceptos de anomia y apatía política que plantean Almond y Verba (1970).

En el caso de los conformistas desinformados, prima el "familismo", la competencia política interna y externa es muy baja y hay una fuerte desconexión afectiva con la política. Es decir, prevalece el desafecto político: sienten que lo que pasa en el poder no les incumbe, aunque consideran importante que se "cacen ratones". Por tanto, son mucho más tolerantes ante un régimen autoritario populista. En dicho segmento la población femenina es mayoritaria, lo que coincide con lo señalado por otros estudios (Camacho y Sanborn 2008, Stokes 1989).

Por otro lado, entre los renegados insatisfechos, la apatía implica un vínculo negativo de fuerte insatisfacción con la democracia (es el segmento más insatisfecho con esta forma de gobierno), pero al fin y al cabo, un vínculo con ella. Este grupo es el que tiene un mayor puntaje en la dimensión que hemos denominado "interés político eventual". En tal sentido, se engancha más con la política en coyunturas electorales o cuando esta toca temas que le afectan directamente. Son los jóvenes que salen a las calles a marchar para protestar por un proyecto de reforma laboral (la llamada "ley Pulpín") porque consideran que recorta sus derechos. Este segmento es el menos tolerante en política y uno de los menos interesados en participar en acciones cívicas o políticas, pero su competencia subjetiva está en el promedio y es, junto con el segmento de los críticos participativos, el que tiene una mayor carga en la dimensión "demanda de apertura institucional".

Un segundo aspecto que hay que tomar en cuenta es que solo el segmento de los leales institucionales (que representa el 16% de la población de Lima) tiene una clara actitud de apoyo a las actuales instituciones políticas. En este segmento el nivel de insatisfacción con la democracia es semejante al de los demás, pero aun así defiende esta modalidad de gobierno, tiene simpatías políticas y cierta confianza en las instituciones. Los demás grupos expresan un fuerte desinterés por los asuntos públicos y solo buscan resultados, sin importar demasiado los medios (los conformistas desinformados y los renegados insatisfechos), o mantienen una actitud crítica que persigue reformas (los críticos participativos).

Todo ello puede originar una lectura negativa, pero también ser visto con optimismo. El 84% de la población de Lima no soporta la actual situación de las instituciones políticas y de manera activa o pasiva plantea un cambio. El 65%, sin diferencias apreciables por segmento, considera que la sociedad necesita reformas profundas. Los conformistas desinformados, el grupo más grande (el 41% de la población electoral limeña), solo están interesados en resultados y tienen una actitud pasiva pero muy pragmática hacia la política. Los críticos participativos y los renegados insatisfechos, por diferentes motivos, muestran actitudes que pueden favorecer comportamientos autoritarios en ciertas circunstancias, pero también expresan una crítica activa y una expectativa de cambio que vale la pena considerar.

Si se piensa en la manera en que un partido o movimiento político podría lograr el apoyo de los conformistas desinformados, esta debería moverse en la lógica de los hechos, los resultados, los cambios a corto plazo. Si se pudiese mostrar experiencia de cambio y gestión, mejor, pero con un estilo sencillo y directo, pues este es el segmento con menor nivel educativo (el 62% tiene, como máximo, secundaria) y con más dificultades para entender lo que ocurre en la política (casi el 40% de este grupo afirma no comprenderlo). Es el segmento que más tardará en cambiar de actitud y el que más demandará gestión y resultados para revertir su falta de interés en la política.

En cuanto a los renegados insatisfechos, que son en su mayoría jóvenes (el 55% tiene menos de 39 años), se trata de un segmento más desconfiado, pero a quien le interesan las propuestas sobre temas que le incumben. Al igual que para los críticos participativos, para los renegados insatisfechos, un factor que puede atraerlos, entre otros, es una mayor transparencia política. Ambos grupos son muy críticos con los políticos y las instituciones; por tanto, sería importante mostrar que la política se está renovando. Para los críticos participativos, contar con espacios de interacción y participación concreta permitiría canalizar sus inquietudes.

Además de evaluar las formas de acercarse a estos tres segmentos, sería muy importante adoptar una firme actitud de cambio en las instituciones, que repercuta en el bienestar ciudadano y contribuya a recuperar la confianza de la gente, un tema que excede los alcances de este trabajo.

Una sociedad civil activa es fundamental para evitar los abusos de una élite que se percibe sin control ciudadano. Sin embargo, alentar su participación no será un asunto sencillo y demandará distinguir quiénes están dispuestos a hacerlo, al menos en una primera etapa.

Si analizamos los diferentes segmentos según su potencial cambio de actitud, consideramos que el dialogo con los críticos participativos y los renegados insatisfechos —que juntos suman el 43% de la población de Lima— es lo que más oportunidades ofrece. Ambos segmentos manejan información política y se mantienen relativamente informados, pero más importante aún, los dos aseguran que participarían más en cuestiones sociales y políticas, así como en partidos políticos, pero que no saben cómo hacerlo o que consideran que las instituciones no son lo suficientemente democráticas. En suma, participarían si se hicieran reformas concretas que promoviesen la democracia interna y la transparencia (véase anexo 2 tabla 77). En estos dos segmentos, más que en los demás, hay una combinación de interés en la política e insatisfacción con los políticos y las instituciones. Ambos comparten niveles de insatisfacción, ya sea con la institucionalidad en su conjunto o con la democracia y los partidos políticos. Por ello, aunque estos grupos se inclinan más a que, en ciertas circunstancias, el poder lo asuma un gobierno autoritario o de "mano dura", esto se puede interpretar como una medida desesperada ante la falta de alternativas. Se trata de personas que hoy se mueven guiadas por sentimientos anti-*establishment*, que no rechazan a la democracia en sí, sino el funcionamiento de las instituciones y los políticos. Y aunque pueden sentirse atraídas por propuestas populistas y por la arenga salvadora del líder de turno, a diferencia de los conformistas desinformados, están más a la espera de alternativas institucionales o pueden ser más sensibles a ellas. En síntesis, son segmentos que tienen el potencial de apoyar una propuesta más institucional, siempre y cuando se desarrolle de manera transparente y llegue a ellos.

¿Se pueden aplicar nuestros resultados al ámbito nacional? Hacerlo es difícil, porque hay una serie de variables históricas y diferencias regionales que hay que considerar. Estudios realizados por GfK sobre valores (2012) permiten ver que la costa norte y Lima tienen más aspectos en común que con los valores presentados en resto del país (por ejemplo, una mayor presencia de valores hedónicos). En cambio, la sierra (norte, centro y sur) tiene particularidades muy marcadas (entre ellas, la importancia que le otorga a los valores tradicionales y la seguridad), y la selva también constituye un espacio diferente. Sin embargo, en septiembre de 2015, solo como ejercicio preliminar, se aplicó la misma escala que la que se utilizó en Lima (GfK 2015). Si la imagen capitalina era preocupante, lo fue más la nacional.[6] El 49% en el ámbito nacional, y ya no el 41% de Lima, se ubicó en el denominado segmento de los conformistas desinformados; el 25% en el de los críticos participativos, el doble que en Lima; el 21% en el de los renegados insatisfechos, y solo un 5% correspondió al segmento de los leales institucionales. La proporción de los dos últimos segmentos es más pequeña a escala nacional que en Lima. Este es un punto de partida, pero queda mucho por investigar.

Una pregunta final, que amerita realizar otra investigación, es la de cuál es el rol de las élites y de los movimientos sociales en un posible proceso de cambio. Aragón (2010) señala que, en los estudios sobre

---

6. Una muestra urbana y rural de 1305 casos.

procesos de democratización en países poscomunistas, los problemas no venían tanto por el lado de la demanda política sino de la oferta. Entre otros aspectos, nos parece que el comportamiento de las élites políticas es fundamental en este sentido. Ya sea que el problema sea canalizar una demanda que ya existe, o que lo importante sea promover experiencias mediante las cuales se aprenda a resolver los conflictos democráticamente, la relación entre ciudadanía y élite política en el país es débil y está muchas veces circunscrita a lo utilitario o lo electoral, de ambos lados. Al respecto, Murakami (2000) señalaba que las actitudes no democráticas constituyen finalmente el punto de partida de una relación y que la responsabilidad de cambiar esta lógica, desde un cierto vínculo establecido, recae en los políticos. Como afirma Aragón (2010), cuando se pregunta acerca del futuro de los estudios sobre cultura política, es fundamental entender la interrelación entre las actitudes políticas, las variables estructurales, el desempeño de los gobiernos y, añado, el de las élites políticas. Estudios vinculados al rol de las élites, además de las propuestas sobre cambio institucional, pueden ser de interés para evaluar cuál podría ser la ruta capaz de reactivar o cambiar el tejido social.

Hoy hay un fuerte consenso sobre la importancia de la reforma de las instituciones, pero las dificultades que este proceso viene afrontando —véanse los avatares de la propuesta de reforma política y de justicia, por ejemplo— hacen que nos preguntemos quién va a cambiarlas. En un momento en el que parece haber poca voluntad política para la reforma electoral (Tuesta 2017), se necesita más crítica y menos lealtad ciega con la forma en que opera el sistema. Lo que se puede asumir como demandas democráticas de igualdad y justicia frente a la ley, en la frustrante relación con un sistema democrático inoperante, se convierte, para algunos grupos, en demandas autoritarias antes que en acciones de fortalecimiento de la sociedad civil. Hoy tenemos, al menos en una buena parte de Lima, una sociedad que ya abandonó el intento o que, impotente, no encuentra rutas claras, salvo las menos democráticas.

Anexo 1

Aspectos metodológicos

1. Diseño de la investigación

Nuestro objetivo fue identificar qué clases de subculturas políticas hay en Lima y cuáles son sus principales características. Así pues, se buscó entender su naturaleza y su arraigo entre la población de estudio, así como el significado de los patrones actitudinales que las componen. Por eso se optó por un diseño multimétodo interparadigmático (Ruiz 2008) que combina métodos cualitativos y cuantitativos. En esa línea, de acuerdo con Balestrini (2005), nuestra estrategia de integración de métodos fue de "combinación", pues buscamos que los resultados del estudio cualitativo sirvieran para fortalecer y potenciar el objetivo de la encuesta, que era identificar los diferentes tipos o segmentos de cultura política que hay en la capital. Según lo expuesto, se desarrolló una primera fase cualitativa, a través de la técnica de grupos de discusión, y una segunda, que consistió en encuestas cara a cara en hogares.

2. El estudio cualitativo sobre la cultura política en Lima

Para el estudio cualitativo, los grupos de discusión se organizaron para tratar diversos aspectos de interés referentes a las características de la cultura política en Lima. Se buscó conocer la perspectiva de la gente con respecto a valores, normas de convivencia, confianza, asociacionismo, democracia, etc.; en general, todos los aspectos señalados por Morán y Benedicto (1995) como parte del modelo multidimensional de cultura política.

Tal como sugiere Valles (2003), nos pareció útil comenzar las reuniones con un juego de *lluvia de ideas* para promover una actitud más dispuesta al debate. La guía de discusión consideraba diferentes temas a tratarse, según la bibliografía, pero nos pareció conveniente iniciar las dinámicas de manera más abierta, a través de un juego, para poder acercarnos a los valores, actitudes sociales y políticas de manera más espontánea. Considerando que las reuniones se desarrollaron con personas de niveles educativos diversos, fue de gran ayuda usar material gráfico para ayudarlas a expresarse. Cabe señalar que al comienzo de cada dinámica se les planteaba que se desarrollaría un juego, que consistía en responder con imágenes a la pregunta del moderador sobre cómo somos los pobladores en Lima. Así, se ponía una cartulina al centro de la mesa y se le daba a cada uno unas cinco o seis revistas. La consigna era que escogieran una imagen que expresara cómo veían ellos a los habitantes de Lima (que en otros momentos podía variar a cómo veían a los peruanos). Luego de que cada uno escogía su imagen, esta se pegaba en la cartulina y se formaba un *collage*. En cada grupo, la gente tenía que decir cómo era esta foto construida por todos, y luego contar qué los llevó a escogerla. La experiencia fue que, en todos los grupos, muchos de los temas vinculados a la dimensión "ciudadano como actor" surgieron espontáneamente. A partir de ahí se fue planteando al grupo qué tenían que decir sobre los distintos aspectos que se fueron sugiriendo y que cubren las diferentes dimensiones consideradas en la propuesta de Morán y Benedicto.

2.1 *Perfil de los participantes en los grupos de discusión*

Se organizaron ocho grupos de discusión con mujeres y hombres de entre 18 y 55 años de edad, de todos los niveles socioeconómicos (A/B, C D y E). En términos de edad, se consideró un segmento de jóvenes (18 a 24 años) y otro de adultos (30 a 55). El número de grupos se definió con el objetivo de analizar, de manera exploratoria, las diferencias en el discurso a nivel de género, grupo etario y condición socioeconómica.

NSE	GÉNERO	EDAD
A/B	FEMENINO	18 a 24
A/B	MASCULINO	30 a 55
C	FEMENINO	18 a 24
C	MASCULINO	30 a 55
D	FEMENINO	18 a 24
D	MASCULINO	30 a 55
E	FEMENINO	18 a 24
E	MASCULINO	30 a 55

2.2 *Instrumento*

Se trabajó con una guía de indagación que se dividió en dos grandes partes. En la primera, de indagación espontánea, se les pidió a los participantes que imaginaran cómo somos los habitantes de Lima y que lo expresaran con imágenes (se les dio revistas para que escogieran las que coincidían con sus ideas). La segunda parte abordó las diferentes dimensiones de la cultura política señaladas por Morán y Benedicto (1995) en su modelo dimensional de cultura política. La estrategia en cada dinámica fue observar qué tipo de contenidos surgían a partir de la dinámica inicial, para ir planteando los temas de indagación preestablecidos en función de los contenidos que el mismo grupo ponía en agenda. El trabajo de campo se realizó entre el 13 y el 16 de enero de 2015.

3. El estudio cuantitativo sobre la cultura política en Lima

La encuesta tuvo como objetivo recoger información que sirviera de insumo para el análisis multivariado que se deseaba desarrollar, y así establecer qué dimensiones dan forma a la cultura política limeña y qué tipos de subculturas políticas hay en Lima, así como sus características. El objetivo final, que era la identificación de las subculturas políticas, debe contribuir a la reflexión sobre qué tareas pendientes tienen tanto la sociedad política como la civil y la academia para desarrollar una democracia que no solo cumpla un rol minimalista centrado en lo electoral, como bien señala Munck (2010).

3.1 *Universo y muestra*

La población estuvo conformada por habitantes de la ciudad de Lima de todos los niveles socioeconómicos, mayores de edad (18 años en adelante) y que se ubican en el casco urbano de la capital peruana (6.272.772 habitantes).[1] La distribución de la muestra se realizó de manera proporcional a la población limeña, considerando variables como la edad, el nivel socioeconómico, el sexo y las zonas geográficas en las que se agrupan los 31 distritos que conforman Lima. El siguiente cuadro resume la composición del universo del estudio y la distribución de la muestra considerando las cinco zonas en las que se subdivide la ciudad.

Distribución de la muestra por zona geográfica

Zona	Pob. de 18 años a más con DNI1	%	Muestra proporcionada	Muestra desproporcionada	Margen de error +/- (%)2
Lima Centro 1	835.912	13,0	199	192	6,9
Lima Este	1.353.676	22,0	337	332	5,3
Lima Centro 2	1.366.534	22,0	336	330	5,3
Lima Norte	1.621.214	26,0	398	418	4,9
Lima Sur	1.095.436	17,0	260	258	6,1
Total	6.272.772	100,0	1530	1530	2,5

[1] Fuente: Reniec (2013).
Lima Centro 1: Breña, La Victoria, Lima Cercado, Rímac y San Luis.
Lima Centro 2: Jesús María, La Molina, Lince, Miraflores, Pueblo Libre, San Borja, San Isidro, San Miguel, Santiago de Surco y Surquillo.
[2] El margen de error es calculado a un 95% de confianza y p/q = 0,5.

La muestra del estudio estuvo conformada por 1530 personas, de 18 años a más de todos los niveles socioeconómicos, de ambos sexos, y todos ellos habitantes de la ciudad de Lima. La elección de 1530 casos respondió a la necesidad de contar con una muestra lo suficientemente grande como para poder construir submuestras (segmentos) que permitieran realizar comparaciones entre ellas. De manera más detallada, los participantes se subdividieron de la siguiente manera:

---

1. Según el Reniec (2013).

Distribución de la muestra por sexo

Sexo	%	Muestra proporcionada	Muestra desproporcionada
Hombre	49,3	754	743
Mujer	50,7	776	787
Total	100,0	1530	1530

Distribución de la muestra por nivel socioeconómico

NSE	%	Muestra proporcionada	Muestra desproporcionada
A	5,3	81	86
B	19,2	293	304
C	40,5	619	603
D	26,1	399	399
E	8,9	136	138
Total	100,0	1530	1530

Distribución de la muestra por edad

Edad	%	Muestra proporcionada	Muestra desproporcionada
18-24	17,0	260	264
25-39	30,2	462	462
40-80	52,8	808	804
Total	100,0	1530	1530

Para seleccionar a los participantes del estudio, se utilizó un muestreo de tipo polietápico, probabilístico en las fases de selección de manzanas y viviendas; asimismo, se empleó un criterio de cuotas para elegir a las unidades de análisis que permitieran obtener una muestra representativa por edad y sexo. El aspecto polietápico se organizó de la siguiente manera:

1. Primera etapa: las manzanas se agrupan según el nivel socioeconómico predominante, de acuerdo con la información codificada por el INEI (2007) en la cartografía digital de Lima.
2. Segunda etapa: se elige al azar la manzana de inicio entre todas las pertenecientes al nivel socioeconómico. Se tiene en cuenta

la proporción de manzanas del NSE del ámbito seleccionado y del marco muestral.

3. Tercera etapa: en la manzana de inicio, se elige al azar la vivienda de inicio. Para la elección de las siguientes viviendas se aplica un salto sistemático de 3. En cada manzana, o unidad de muestreo primaria seleccionada, se aplicaron cinco encuestas.
4. Cuarta etapa: se elige a la persona que se entrevistará, según las cuotas que figuran en la guía de ruta.

3.2 *Los instrumentos: la encuesta y la entrevista estandarizadas*

Las fuentes principales para el diseño del cuestionario fueron los estudios sobre cultura política desarrollados por el LAPOP (Carrión, Zárate y Seligson 2006, 2008, 2010, 2012; Carrión, Zárate y Zechmeister 2014); el estudio realizado por Murakami (2000) sobre cultura política en los sectores populares; el estudio sobre capital social de Díaz-Albertini (2010), y la Encuesta Mundial de Valores.[2] Además, se consideraron preguntas ya elaboradas en otros estudios sobre cultura política en países de América Latina.

Luego de diseñar el primer borrador del cuestionario, se desarrollaron diez entrevistas piloto del instrumento. Se contactó a individuos de manera accidental, de diferentes niveles socioeconómicos y edades. Luego, se evaluó el entendimiento de las preguntas del cuestionario y su tiempo de duración. En promedio, el cuestionario tuvo una duración de 55 minutos.

A continuación, se describe cada uno de los indicadores. Luego del nombre adjudicado, se pone entre paréntesis el código de la pregunta que figura en el cuestionario. Los constructos abordados y los indicadores construidos en el cuestionario fueron los siguientes:

Valores de Schwartz (SWT1, SWT2, SWT3[3]): se utilizó la versión recortada de la traducción castellana del Portrait Values Questionnaire (PVQ)

---

2. Disponible en: <http://www.worldvaluessurvey.org/wvs.jsp>.
3. Para cada constructo evaluado, se ha colocado entre paréntesis el número de pregunta que figura en el cuestionario original.

de Schwartz, adaptada por Herrera y Lens a la población peruana (2003). Esta versión fue validada en estudiantes peruanos —965 universitarios y 431 escolares— durante 2002 en la ciudad de Lima.

El cuestionario mide valores individuales y consta de 21 enunciados en una escala de tipo Likert de 6 puntos, en la que los encuestados responden en qué medida consideran que se parecen a la persona descrita en cada ítem. Las opciones de respuesta son: "Se parece mucho a mí" = 6; "Se parece a mí" = 5; "Se parece algo a mí" = 4; "Se parece poco a mí" = 3; "No se parece a mí" = 2; y "No se parece nada a mí" = 1 (Schwartz 2003).

Con estas puntuaciones se obtienen los diez tipos de valor individual propuestos por Schwartz, los que a su vez se agrupan en cuatro dimensiones. Los coeficientes de confiabilidad (Alpha de Cronbach) hallados en la presente investigación son los siguientes: universalismo (α = .44); benevolencia (α = .45); conformidad (α = .40); tradición (α = .25); seguridad (α = .26); poder (α = .27); logro (α = .52); hedonismo (α = .51); estimulación (α = .43) y autodirección (α = .44).

Tomando en cuenta los bajos niveles de confiabilidad en algunos de los diez grupos motivacionales propuestos por Schwartz, se consideró pertinente incluir los coeficientes de confiabilidad (Alpha de Cronbach) que se obtienen en las cuatro dimensiones generales que comprenden dichos valores, tales como: apertura al cambio (α = .50), conservación (α = .58), autopromoción (α = .64) y autotrascendencia (α = .61), los cuales sustentaron el agrupamiento general presentado en esta investigación.

Cabe añadir que, de manera adicional, se incorporaron diez ítems distintos a los planteados por Schwartz (todos los agrupados en la pregunta SWT3), pero que habían sido validados en investigaciones previas en nuestro país (GfK 2012). No obstante, estos enunciados no formaron parte de los indicadores generales asociados a valores, por ser ajenos a los grupos motivacionales originales; simplemente se los revisó a modo descriptivo para presentar los segmentos hallados.

Escala de valores de Inglehart (EMV): al igual que en la Encuesta Mundial de Valores, se utilizaron diez de las preguntas que sirven para generar las dos dimensiones que plantea el autor:

1. *Sobrevivencia-autoexpresión*: en este continuo se contraponen la preferencia por valores asociados a la seguridad material frente a los valores más vinculados a la libertad de expresión y la participación. Las puntuaciones en este eje van de 6 a 22, en donde un mayor puntaje significa una mayor preferencia por valores posmaterialistas. Los indicadores que forman parte de este eje son:

   - Índice de materialismo-posmaterialismo (V5): escala corta que consta de 4 ítems en los que se les pide a los encuestados que elijan las dos funciones más importantes del gobierno: dos de ellas vinculadas a preferencias por la seguridad física y económica (1 = Mantener el orden social y 3 = Combatir la subida de precios) y otras dos relacionadas con valores expresivos (2 = Generar oportunidades para escuchar a la población y 4 = Proteger la libertad de expresión).

     Los puntajes asignados en esta escala son del 1 al 3, donde:

     - o Si se eligen los ítems 1 y 3 (sin importar el orden de preferencia), la persona es calificada como *materialista* y recibe un puntaje de 1.
     - o Si se eligen los ítems 2 y 4 (sin importar el orden de preferencia), la persona es calificada como *posmaterialista* y recibe un puntaje de 3.
     - o Si se elige cualquier otra combinación, la persona es calificada como *mixta* y recibe un puntaje de 2.
   - Felicidad (V3): pregunta única en la que se le pide al entrevistado que diga qué tan feliz se considera, en una escala del 1 al 4, en donde 1 = Nada feliz, 2 = No muy feliz, 3 = Bastante feliz y 4 = Muy feliz.
   - Actitud hacia la homosexualidad (TS1): en este caso, se le pregunta al encuestado qué tan justificable considera que es ser homosexual, en una escala del 1 al 5, donde 1 = Nunca se justifica y 5 = Siempre se puede justificar. Dado que la escala de Inglehart es del 1 al 10, se recodificaron los

valores de manera proporcional para tener puntajes en el rango original.

- Firma de una petición (PP2): se le pregunta al entrevistado por la realización de esta actividad, que consiste en participar en una recolección de firmas o firmar una solicitud dirigida a alguna autoridad. Se utilizó una escala del 1 al 3, en donde 1 = La ha hecho/la hace, 2 = Podría hacerla y 3 = Nunca la haría. Estos valores fueron invertidos para el cálculo de la dimensión general.
- Confianza interpersonal (CI1): en este caso, se le pide al entrevistado que elija entre dos opciones sobre el grado de confianza que se debe tener en la gente en general, en donde 1 = Se puede confiar en la mayoría de personas y 2 = No se puede confiar en la mayoría de personas. Al igual que en el indicador anterior, los valores fueron invertidos para el cálculo de la dimensión general.

2. Tradicional-racional secular: esta dimensión fue creada originalmente para analizar el paso de las sociedades tradicionales a las sociedades modernas. Combina actitudes hacia la religión, la familia, el país y hacia la autoridad en general. Las puntuaciones en este eje van de 3 a 29, en donde un mayor puntaje significa una mayor preferencia por valores asociados a la secularidad. Los indicadores que forman parte de este eje son:

   - Índice de autonomía en los niños (V1): se le presenta al encuestado una lista con diez cualidades que se pueden desarrollar en los niños en casa y se le pide que escoja hasta cinco de ellas que considere importantes en la crianza de los niños. El cálculo del indicador se obtiene de la diferencia entre valores como la independencia (+1) y la perseverancia (+1); menos valores como la obediencia (-1) y la fe religiosa (-1). Este índice se ubica en el rango de -2 a +2, en donde un menor puntaje representa una mayor preferencia por valores religiosos y tradicionales.

- Importancia de Dios (V2): pregunta única en la que se le pide al entrevistado que diga qué tan importante considera que es Dios en su vida, en una escala del 1 al 10, en donde 1 = Nada importante y 10 = Muy importante. Los puntajes fueron invertidos para el cálculo de la dimensión general.
- Actitud hacia el aborto (TS1): en este caso, se le pregunta al encuestado qué tan justificable considera que es el aborto, en una escala del 1 al 5, donde 1 = Nunca se justifica y 5 = Siempre se puede justificar. Dado que la escala de Inglehart es del 1 al 10, se recodificaron los valores de manera proporcional para tener puntajes en el rango original.
- Orgullo nacional (ORG1): pregunta única en la que se le pide al entrevistado que diga qué tan orgulloso se siente de ser peruano, en una escala del 1 al 4, en donde 1 = Nada orgulloso, 2 = Poco orgulloso, 3 = Algo orgulloso y 4 = Muy orgulloso. Para el cálculo de la dimensión general los puntajes fueron invertidos.
- Actitud hacia la autoridad (CS2): se le pregunta al entrevistado por su percepción frente a cambios que se pueden dar en un futuro, como que haya un mayor respeto por la autoridad. Se utilizó una escala del 1 al 3, en donde 1 = Sería algo malo, 2 = No le importa y 3 = Sería algo bueno. Estos valores fueron invertidos para el cálculo de la dimensión general.

Confianza interpersonal (CI2.1 y CI2.2): se le define como un recurso social fundamental para la consolidación de una cultura cívica. La confianza interpersonal puede asociarse a personas que se conocen entre sí (confianza particularizada) o entre extraños (confianza generalizada) (Medina 2005). Para evaluar ambos aspectos de la confianza interpersonal, se incluyeron dos ítems en los que se le pregunta al encuestado CI2.1. "¿Qué tan confiable es para usted la gente de Lima?" (confianza generalizada) y CI2.2. "¿Qué tan confiable para usted es la gente de su comunidad o vecindario?" (confianza particularizada), en una escala del 1 al 4, donde 1 = Nada confiable, 2 = Poco confiable, 3 = Algo confiable y 4 = Muy confiable. Se construyó un indicador de confianza interpersonal que consiste en el puntaje promedio de ambos ítems. El coeficiente de confiabilidad (Alpha de Cronbach) hallado para ambos ítems como formas de evaluar la confianza interpersonal es de $\alpha = .64$.

Racismo (RAC1, RAC2): dada su prevalencia en el país y la valoración de la "blancura" como fuente de inequidad social y económica, se consideró pertinente evaluar este constructo. Para ello, se incluyó un primer ítem en el que se le pregunta al encuestado qué tan de acuerdo o en desacuerdo se encuentra con la frase: (RAC1) "En el Perú hay racismo", en una escala del 1 al 5, donde 1 = Totalmente en desacuerdo, 2 = En desacuerdo, 3 = Ni de acuerdo ni en desacuerdo, 4 = De acuerdo y 5 = Totalmente de acuerdo.

Además, se le preguntó al encuestado: (RAC2) "¿Alguna vez se ha sentido discriminado por alguno de los siguientes aspectos: por su nivel socioeconómico, por su nivel educativo, por su color de piel/raza, por sus creencias políticas, por ser provinciano, o nunca se ha sentido discriminado por alguna de estas condiciones?". Para fines analíticos, esta escala se recodificó y quedaron únicamente dos grupos: las personas que señalan haber sido discriminadas por al menos uno de estos motivos y las que nunca se han sentido víctimas de la discriminación.

Igualdad/desigualdad ante la ley (NC2.1 y NC2.2): para fines de esta investigación, esta variable se midió con dos ítems independientes que dan cuenta del nivel de desigualdad percibido por los ciudadanos. Se preguntó por el grado de acuerdo o desacuerdo con las siguientes frases: (NC2.1) "En el Perú la gente es igual ante la ley" y (NC2.2) "Las autoridades son las primeras en no cumplir con las normas". En ambos casos, se utilizó una escala del 1 al 5, en donde 1 = Totalmente en desacuerdo, 2 = En desacuerdo, 3 = Ni de acuerdo ni en desacuerdo, 4 = De acuerdo y 5 = Totalmente de acuerdo.

Percepción de incumplimiento de normas (NC1): en línea con lo anterior, se intentó abordar la percepción de incumplimiento de las normas por parte de la población en nuestro país. De este modo, se preguntó qué tan común es que la gente en Lima: compre artículos robados, acepte un soborno o "coima", se meta en una cola cuando está apurado y nadie lo ve, saque la basura a la calle en cualquier momento si el camión de la basura no tiene un horario fijo, y no pague impuestos. La escala de respuesta consta de 5 puntos, en donde 1 = Nunca, 2 = Rara vez, 3 = Algunas veces, 4 = Casi siempre y 5 = Siempre.

Se construyó un indicador de percepción de incumplimiento de las normas. Asimismo, se realizó una suma simple de todos los ítems descritos y luego se obtuvo el promedio general. El coeficiente de confiabilidad (Alpha de Cronbach) encontrado para el conjunto de ítems que conforman esta batería es de α = .90.

Actitudes hacia el cambio social (CS1): las reacciones frente a posibles cambios en la sociedad fueron evaluadas a través de una pregunta única: "¿Qué opina de la sociedad en que vivimos?". Las opciones de respuesta fueron: 1 = Está bien como está, 2 = Puede mejorarse con pequeños cambios, 3 = Necesita reformas profundas, 4 = Debe cambiarse radicalmente con una acción revolucionaria y 5 = Debe cambiarse radicalmente con un golpe de Estado.

Tolerancia política (TP1): entendida como el respeto de los ciudadanos por los derechos políticos de los demás, en especial de aquellos con quienes no se está de acuerdo. Consta de una batería de 4 ítems que abordan el grado de acuerdo o desacuerdo con que las personas que siempre hablan mal de la forma de gobierno del Perú realicen las siguientes actividades políticas: que ejerzan su derecho al voto/que puedan votar, que participen en manifestaciones pacíficas para expresar su punto de vista, que puedan postular a cargos públicos y que salgan en televisión para dar un discurso. Esta batería ha sido validada por el LAPOP durante los últimos años en nuestro país (Carrión, Zárate y Seligson 2008, 2010, 2012). Comprende una escala del 1 al 5, en donde 1 = Totalmente en desacuerdo, 2 = En desacuerdo, 3 = Ni de acuerdo ni en desacuerdo, 4 = De acuerdo y 5 = Totalmente de acuerdo.

Con estos datos, se generó una suma de puntajes de las variables descritas y se tomó el promedio de esta suma como indicador de tolerancia política. El coeficiente de confiabilidad (Alpha de Cronbach) encontrado para el conjunto de ítems que conforman esta batería es de α = .73.

Autopercepción ideológica (IPO1, IPO2, IPO3): mayormente conocida como la posición ideológica política autopercibida por el ciudadano, en un continuo que va de izquierda a derecha. Para medir este binomio se utiliza una escala del 1 al 10, en la que se le pide al encuestado que se ubique según su tendencia y simpatía políticas (IPO1), considerando que 1 es izquierda y 10 es derecha (Carrión, Zárate y Seligson 2008, 2010, 2012).

Para esta investigación, se incluyeron, de manera adicional, dos preguntas en las que se les pidió a los encuestados que describieran de forma asistida qué significa para ellos ser de izquierda (ipo2) y ser de derecha (IPO3), siempre en términos políticos.

Eficacia política (EP1.2, EP1.4, EP2.2, EP2.4): es la capacidad autopercibida de poder influir en asuntos políticos. La escala seleccionada fue la de Durand y Smith (1996), cuyos ítems recogen los sentimientos asociados a la competencia subjetiva en el plano político, tanto hacia el gobierno central (EP1) como hacia el gobierno local (EP2). Se preguntó qué tan de acuerdo o en desacuerdo se encuentra con las siguientes frases: (EP1.2 Y EP2.2) "A los que gobiernan el país/trabajan en la municipalidad les interesa lo que piensa la gente como yo" y (EP1.4 Y EP2.4) "Personas como yo pueden realmente influir en lo que el gobierno/alcalde y municipio hace". Comprende una escala del 1 al 5, donde 1 = Totalmente en desacuerdo, 2 = En desacuerdo, 3 = Ni de acuerdo ni en desacuerdo, 4 = De acuerdo y 5 = Totalmente de acuerdo.

Con estos datos, se generó una suma de puntajes de las variables descritas y se tomó el promedio de esta suma como indicador de eficacia política. El coeficiente de confiabilidad (Alpha de Cronbach) para esta batería es $\alpha = .63$.

Entendimiento político (EP1.1, EP1.3, EP2.1, EP2.3): es la autopercepción de la capacidad para entender lo que ocurre en el gobierno local o nacional. Para medirla, se utilizó la escala de Durand y Smith (1996). Se evalúa en relación con el gobierno central y el gobierno local (orientada a la municipalidad del distrito en el que vive el participante). Se preguntó qué tan de acuerdo o en desacuerdo se encuentra con las siguientes frases: (EP1.1, EP1.3) "Votar es la única posibilidad que tienen las personas como yo para decir si el gobierno/la municipalidad hace bien o mal las cosas" y (EP2.1, EP2.3) "Generalmente, la política y el gobierno/gestión municipal parecen tan complicados que una persona como yo no puede entender lo que pasa". Comprende una escala del 1 al 5, donde

1= Totalmente en desacuerdo, 2 = En desacuerdo, 3 = Ni de acuerdo ni en desacuerdo, 4 = De acuerdo y 5= Totalmente de acuerdo.

Con estos datos, se generó una suma de puntajes de las variables descritas y se tomó el promedio de esta suma como indicador de entendimiento político. El coeficiente de confiabilidad (Alpha de Cronbach) para esta batería es α = .72.

Interés en la política (INT1, INT2, INT3): se refiere al grado de motivación por la política que tienen los ciudadanos. Para medirla se utilizó la pregunta del LAPOP (Carrión, Zárate y Seligson 2008, 2010, 2012) (INT1) "¿Qué tanto interés diría usted que tiene en la política?". La escala está compuesta por 4 puntos: 1 = Nada de interés, 2 = Poco interés, 3 = Algo de interés y 4 = Mucho interés.

Se incluyeron dos ítems que buscaban medir el nivel de interés político eventual que caracteriza a los ciudadanos. A través de una escala de acuerdo de 5 puntos, donde 1 = Totalmente en desacuerdo, 2 = En desacuerdo, 3 = Ni de acuerdo ni en desacuerdo, 4 = De acuerdo y 5 = Totalmente de acuerdo, se evaluó el nivel de acuerdo y desacuerdo con las siguientes afirmaciones: (INT2.1) "La política me interesa solo cuando hay elecciones" y (INT2.2) "La política me interesa solo cuando afecta temas que me tocan personalmente". Ambos ítems se trabajaron de manera individual.

Además, se preguntó por el nivel de interés en seis aspectos específicos en nuestro país (INT3.1 a INT3.6): la salud, la educación, lo que ocurre en los partidos políticos, lo que ocurre en el Congreso, lo que ocurre en su distrito y lo que ocurre en su vecindario, a través de una escala del 1 al 4, donde 1 = Nada de interés, 2 = Poco interés, 3 = Algo de interés y 4 = Mucho interés.

La bibliografía revisada (Almond y Verba 1970) nos permitió plantear el agrupamiento de estos seis ítems en solo tres aspectos: interés por temas del *output* (salud y educación; INT3.1 e INT3.2), interés por temas del *input* (lo que ocurre en los partidos políticos y en el Congreso; INT3.3 e INT3.4) e interés en asuntos locales (lo que ocurre en el distrito y vecindario; INT3.5 e INT3.6). Las correlaciones obtenidas en esta investigación entre los ítems correspondientes a cada uno de estos tres aspectos fueron buenas, todas mayores que .60, por lo que se consideró pertinente utilizar esta clasificación y generar tres indicadores.

Así, se incluyó un indicador de actitudes hacia el *output*, otro de actitudes hacia el *input* y otro de interés en asuntos locales. Para cada caso se generó una suma de puntajes de las variables descritas y se tomó el promedio de esta suma como indicador de interés hacia el *output*, interés hacia el *input* e interés en asuntos locales. Los coeficientes de confiabilidad (Alpha de Cronbach) obtenidos fueron $\alpha = .76$, $\alpha = .80$ y $\alpha = .78$, respectivamente.

Conocimiento político (CON1): es el conjunto de información del que disponen los ciudadanos en materia política. Para medirlo se utilizó una batería de preguntas empleada en el Latinobarómetro, compuesta por tres variables: política nacional, política internacional y geografía. En el primer caso, se les pidió a los encuestados que mencionasen quién era el presidente del Consejo de Ministros en ese momento y cuánto tiempo dura el periodo presidencial en el Perú. Para evaluar el conocimiento político internacional, se les pidió que mencionasen el nombre del presidente de Estados Unidos. Finalmente, un último indicador fue que respondieran correctamente cuántos departamentos o regiones tiene el Perú. Para las cuatro preguntas se utilizó una escala de 3 puntos, donde 1 = Respuesta correcta, 2 = Respuesta incorrecta, 3 = No sabe/no precisa la respuesta. Para fines analíticos, se realizó una recodificación en la que se le asignó un puntaje de diez puntos a cada respuesta correcta y un puntaje de uno a cada respuesta incorrecta o no precisa.

Con estos datos, se generó una suma de puntajes de las variables descritas y se tomó el promedio de esta suma como indicador de conocimiento político. El coeficiente de confiabilidad (Alpha de Cronbach) para esta batería es $\alpha = .59$.

Exposición a fuentes de información política (MED1, MED2): para medir la frecuencia de uso de medios de comunicación con fines políticos (MED2), se utilizó una escala del 1 al 5, donde, 1 = Nunca, 2 = Rara vez, 3 = Algunas veces, 4 = Casi siempre y 5 = Siempre. Se preguntó por la frecuencia con la que se escucha noticias por la radio sobre política, se mira noticias en la televisión sobre política, se lee noticias en los periódicos sobre política, se lee o escucha noticias en internet sobre política y con la que se conversa con amigos o familiares sobre política. Se evaluó la exposición a las siguientes fuentes: escuchar noticias por la radio sobre política, mirar noticias en la televisión sobre política, leer noticias en los periódicos sobre política, leer o escuchar noticias vía internet sobre política y conversar con amigos o familiares sobre política.

Con estos datos, se generó una suma de puntajes de las variables descritas y se tomó el promedio de esta suma como indicador de consumo de información política. El coeficiente de confiabilidad (Alpha de Cronbach) encontrado para el conjunto de ítems que conforman esta batería es $\alpha = .75$.

Cabe añadir que, para fines analíticos y comparativos, se incluyó esta misma escala de frecuencia de uso de medios, pero de manera general (MED1), donde se evaluó la exposición a las mismas fuentes sin especificar el contenido político, sino únicamente la frecuencia con la que: se escucha la radio por música o cualquier programa, se mira televisión, se lee periódicos y se usa internet. Con estos datos, se generó una suma de puntajes de las variables descritas y se tomó el promedio de esta suma como indicador de consumo de información. El coeficiente de confiabilidad (Alpha de Cronbach) encontrado para el conjunto de ítems que conforman esta batería es $\alpha = .37$.

El objetivo responde a la obtención de una ratio que determine cuántas de las personas que usan determinado medio de modo general también lo utilizan para informarse de temas políticos.

Por otro lado, en relación con esta variable, se incorporó un ítem independiente que es utilizado únicamente con fines descriptivos: "Informarse de lo que ocurre es imposible, porque todos los medios de comunicación mienten y tienen posturas interesadas". Se midió a través de una escala de acuerdo de 5 puntos, donde 1 = Totalmente en desacuerdo, 2 = En desacuerdo, 3 = Ni de acuerdo ni en desacuerdo, 4 = De acuerdo y 5 = Totalmente de acuerdo.

Asociacionismo voluntario (ASO1-ASO8): entendido como la participación ciudadana en organizaciones del ámbito social y en menor medida, del sector político. Esta participación considera la pertenencia a grupos de acción comunitaria, agrupaciones profesionales, partidos políticos, hermandades y grupos religiosos, movimientos de derechos humanos, voluntariados, asociaciones de padres de familia y grupos deportivos, entre otros que serán más detallados a continuación.

En un primer momento se les preguntó a los encuestados, de manera general, con qué frecuencia se han reunido con otras personas para resolver algún problema de interés común o para resolver problemas del barrio con sus vecinos (ASO1). Se utilizó una escala del 1 al 4, donde 1 = Nunca, 2 = Una o dos veces al año, 3 = Una o dos veces al mes y 4 = Una vez a la semana. Asimismo, a todos los que mencionaron haberse juntado al menos una o dos veces al año se les preguntó por el grado de dificultad con esta experiencia de trabajo conjunto (ASO2), en una escala del 1 al 5, donde 1 = Muy fácil, 2 = Fácil, 3 = Algunas veces, 4 = Casi siempre y 5 = Siempre.

Nuevamente se les preguntó a todos los encuestados, de manera específica, por su pertenencia a 16 organizaciones características en la ciudad de Lima (ASO3):

- Asociación de padres de familia del colegio (Apafa)
- Asociación deportiva (club de futbol, vóley, etc.)
- Hermandades patronales (por ejemplo, Señor de los Milagros)
- Grupos parroquiales o religiosos
- Agrupación cultural o artística
- Agrupación de protección al medio ambiente
- Asociación de protección a los animales
- Organizaciones de apoyo social, como los comités del Vaso de Leche, los comedores populares u otras
- Sindicatos o agrupaciones profesionales
- Partidos políticos/agrupaciones políticas
- Voluntariados
- Juntas vecinales o comités de la comunidad
- Juntas de ahorro
- Comités vecinales de vigilancia
- Clubes o asociaciones de provincianos
- Grupos de amigos para hacer *skate*, bailar hip hop, etc.

Si la persona no pertenece a ninguna de estas organizaciones, se le asigna el código: Ninguna/No pertenencia. Para fines analíticos, se consideraron dos grupos respecto a esta variable: 1 = Quienes no pertenecen a ninguna asociación y 2 = Quienes pertenecen a al menos una de estas asociaciones.

De manera adicional, se incorporaron preguntas que ayudan a comprender el fenómeno del asociacionismo, que fueron aplicadas para quienes pertenecían a alguna de las asociaciones listadas. Por ejemplo, variables como:

1. *La frecuencia de asistencia a las reuniones de cada asociación a la que pertenece* (ASO4), con una escala del 1 al 4, donde 1 = Una vez a la semana o más, 2 = Una o dos veces al mes, 3 = Una o dos veces al año, y 4 = Nunca. Para fines analíticos, la pregunta fue recodificada de la siguiente manera, considerando una escala del 1 al 5, donde: 1 = No pertenece a ninguna asociación, 2 = Nunca asiste a reuniones, 3 = Asiste una o dos veces al año, 4 = Asiste una o dos veces al mes y 5 = Asiste una vez a la semana o más.
2. *El rol que cumple el encuestado en cada asociación a la que pertenece* (ASO5), con una escala de dos puntos, donde 1 = Cumple el rol de asistente/miembro y 2 = Cumple un rol directivo en la asociación. Para fines analíticos, la pregunta fue recodificada de la siguiente manera, considerando una escala del 1 al 3, donde: 1 = No pertenece a ninguna asociación, 2 = Cumple el rol de asistente/miembro y 3 = Cumple un rol directivo en la asociación. Cuando el encuestado cumple diferentes roles en más de una asociación, el criterio utilizado para calificarlo como un participante activo es que ocupe un rol directivo en al menos una de las asociaciones a las que pertenece. De lo contrario, se le califica como un participante pasivo.
3. *El tipo de dirección de cada asociación a la que pertenece* (ASO6), con una escala de dos puntos, donde 1 = La organización funciona de manera democrática y 2 = La asociación funciona de manera vertical. Para fines analíticos, la pregunta fue recodificada de la siguiente manera, considerando una escala del 1 al 3, donde:

1 = No pertenece a ninguna asociación, 2 = La organización funciona de manera democrática y 3 = La asociación funciona de manera vertical y 4 = Algunas de las asociaciones a la que pertenece funcionan de manera democrática y otras de manera vertical (mixta).

4. *El tipo de vinculación de cada asociación a la que pertenece con otras asociaciones* (ASO7), con una escala de 3 puntos, donde 1 = Su asociación está en contacto con otras asociaciones, 2 = Su asociación está en contacto con el municipio o el gobierno y 3 = Su asociación funciona por sí sola. Para fines analíticos, la pregunta fue recodificada de la siguiente manera, considerando una escala del 1 al 4, donde: 1 = No pertenece a ninguna asociación, 2 = Su asociación está en contacto con otras asociaciones o con el municipio/gobierno, 3 = Su asociación funciona por sí sola y 4 = Algunas de las asociaciones a la que pertenece funcionan con otras asociaciones y otras funcionan solas (mixtas). Este agrupamiento recoge la posición de Putnam (2000), quien considera que las asociaciones que funcionan de manera conjunta utilizan un capital social caracterizado por el *bridging*, mientras que aquellas que trabajan de manera solitaria representan una relación más de *bonding*.

5. Además, en función del tipo de organización(es) a las que pertenece el encuestado, se elaboró una clasificación en la que se recogieron:
   - 1 = No pertenece a ninguna asociación;
   - 2 = Pertenece a alguna organización de tipo funcional (Apafa, organizaciones de apoyo social, como los comités del Vaso de Leche y los comedores populares, sindicatos o agrupaciones profesionales, juntas vecinales, juntas de ahorro y comités de vigilancia);
   - 3 = Pertenece a alguna organización de tipo expresiva (asociaciones deportivas, hermandades patronales, agrupaciones culturales, protección de animales, voluntariados, clubes de provincianos y grupos artísticos);

- 4 = Pertenece a alguna organización de tipo religiosa (grupos parroquiales y religiosos);
- 5 = Pertenece a alguna organización de tipo política (partidos y agrupaciones políticas); y
- 6 = Pertenece a organizaciones de diferentes tipos (mixta).

La última pregunta del bloque buscó indagar sobre alguna pertenencia previa (pasada) a alguna de estas organizaciones (ASO8).

Cooperación cívica (CCIV1): en cuanto a la medición de esta variable, definida por Almond y Verba (1970) como estar dispuesto a buscar el apoyo de otros para influir en asuntos políticos, la pregunta que se utilizó para esta investigación fue de tipo dicotómica, pues se les pidió a los encuestados que eligieran la afirmación que más se ajustaba a su forma de pensar: "¿Diría usted que la mayor parte de la gente está dispuesta a ayudar (1) o que casi todos piensan solo en sí mismos (2)?". Este ítem solo es utilizado a modo descriptivo y no forma parte de ningún indicador.

Identificación y afiliación partidaria (PPOL2, PPOL3, PPOL4, PPOL5, PPOL6, PPOL7): la identificación con un partido político corresponde a una de las orientaciones centrales en la vida política de los ciudadanos (Murga 2012). Para medir esta variable, se les preguntó a los encuestados si simpatizaban con algún partido político en particular y sobre su afinidad con algún líder político en especial. En ambos casos se les preguntó con qué partido o con qué líder simpatizaban más y el nivel de simpatía que manifestaban hacia estos, con una escala del 1 al 5, donde 1 = Simpatía muy débil, 2 = Simpatía débil, 3 = Simpatía ni débil ni fuerte, 4 = Simpatía fuerte y 5 = Simpatía muy fuerte. Esta actitud partidaria se basa en la escala planteada por la Encuesta Social Europea (Murga 2012), en la que fueron consideradas todas estas preguntas.

Para fines analíticos, las preguntas fueron recodificadas de la siguiente manera, con el objetivo de tener un indicador de simpatía política partidaria y de simpatía política con un líder político. Se utilizó una escala del 1 al 5, donde: 1 = No simpatiza con ningún partido/ líder, 2 = Simpatía muy débil/débil hacia un partido/líder, 3 = Simpatía ni débil ni fuerte hacia un partido/líder, 4 = Simpatía fuerte hacia un partido/ líder y 5 = Simpatía muy fuerte hacia un partido/líder.

Por otro lado, se les preguntó de manera espontánea a los encuestados por las cualidades ideales de un candidato a la presidencia del país (ACT1), así como las razones que los harían inscribirse y participar de una manera más activa en un partido político (PPOL1).

Y, a modo de control, en este bloque también se registró el nombre de los candidatos por los que votaron en las elecciones municipales de 2014 (PPOL8) y las razones principales que orientaron sus votos (PPOL9).

Finalmente, se consideraron algunos ítems que, de manera individual, explican algunas actitudes relacionadas con los partidos políticos (PPOL12). A través de una escala del 1 al 5, donde 1 = Totalmente en desacuerdo, 2 = En desacuerdo, 3 = Ni de acuerdo ni en desacuerdo, 4 = De acuerdo y 5 = Totalmente de acuerdo, se consignaron las evaluaciones de los siguientes ítems: "para gobernar, un Presidente no necesita de partidos, suficiente con hacer una buena campaña para ganar las elecciones"; "un Presidente puede hacer un buen gobierno con él al mando y un buen grupo de técnicos"; "prefiero un candidato que robe y que por lo menos haga obras, a uno honrado pero ineficiente"; "si los partidos políticos tuvieran procesos más democráticos, sí podría pensar en participar en uno de ellos"; y "los partidos políticos actuales representan bien a sus votantes".

Participación política partidaria (PP3, códigos 1, 2 y 3): definida como una serie de actividades, formales e informales, que realizan los ciudadanos para influir de alguna manera en el gobierno, sus funcionarios o sus políticas. Se la considera un elemento fundamental para la democracia.

Consta de una batería de tres ítems en los que se pregunta por la frecuencia referida a: la asistencia a mítines políticos durante campañas electorales, la asistencia a reuniones de partidos políticos y si se trabaja para algún candidato o partido político en campañas electorales. Esta batería es una adaptación de las escalas de Durand y Smith (1996) y Morán y Benedicto (1995). Comprende una escala de 5 puntos, donde 1 = Nunca, 2 = Rara vez, 3 = Algunas veces, 4 = Casi siempre y 5 = Siempre.

Con estos datos se generó una suma de puntajes de las variables descritas y se tomó el promedio de esta suma como indicador de participación política partidaria. El coeficiente de confiabilidad (Alpha de Cronbach) encontrado para el conjunto de ítems que conforman esta batería es de $\alpha = .83$.

De manera adicional, se preguntó por los sentimientos asociados al acto de votación (PP1). En este caso, se utilizó una escala de 4 puntos, donde 1 = Satisfacción porque ejerzo mi derecho a votar, 2 = Lo hago porque es mi deber y no quiero pagar la multa, 3 = Molestia, es una pérdida de tiempo, y 4 = Nada en particular.

Participación cívica (PP3): aquí se mide la participación en actividades no necesariamente políticas, pero que responden a un interés por reformas o cambios en el entorno social. Muchos autores consideran que una participación cívica considerable augura una buena base para la participación política tradicional; de allí la importancia de considerarla como parte de los indicadores de cultura política.

Se compone de una batería de 7 ítems: participa en una recolección de firmas o firma una petición; se pone en contacto con un político o autoridad estatal; avisa al periódico, la radio o televisión acerca de algún problema local; avisa a la policía o a un juzgado acerca de algún problema local; participa en una marcha autorizada; participa en acciones ilegales de protesta y asiste a reuniones vecinales de su distrito.

Esta batería es una adaptación de las escalas de Durand y Smith (1996) y Morán y Benedicto (1995). Comprende, al igual que la participación política, una escala de 5 puntos, donde 1 = Nunca, 2 = Rara vez, 3 = Algunas veces, 4 = Casi siempre y 5 = Siempre.

Con estos datos, se generó una suma de puntajes de las variables descritas y se tomó el promedio de esta suma como indicador de participación cívica. El coeficiente de confiabilidad (Alpha de Cronbach) encontrado para el conjunto de ítems que conforman esta batería es de $\alpha = .71$.

Actitudes hacia la participación cívica (PP4, códigos 1, 2, y 3): para medir esta variable, que comprende aquellas actitudes que se tienen hacia la participación tanto cívica como política de otras personas, se utilizó la batería de 3 ítems validada por el LAPOP durante los últimos años en nuestro país (Carrión, Zárate y Seligson 2008, 2010, 2012). En ella se averigua el grado de acuerdo o desacuerdo con las siguientes frases: "que las personas participen en manifestaciones permitidas por la ley"; "que las personas participen en un grupo para tratar de resolver los problemas de las comunidades" y "que las personas trabajen en campañas electorales para un partido político o candidato". Comprende una escala del 1 al 5, donde 1 = Totalmente en desacuerdo, 2 = En desacuerdo, 3 = Ni de acuerdo ni en desacuerdo, 4 = De acuerdo y 5 = Totalmente de acuerdo.

Los ítems correspondientes son: "que las personas participen en manifestaciones permitidas por la ley"; "que las personas participen en un grupo para tratar de resolver los problemas de las comunidades" y "que las personas trabajen en campañas electorales para un partido político o candidato".

Con estos datos, se generó una suma de puntajes de las variables descritas y se tomó el promedio de esta suma como indicador de actitudes hacia la participación cívica. El coeficiente de confiabilidad (Alpha de Cronbach) encontrado para el conjunto de ítems que conforman esta batería es de α = .67.

Actitudes hacia la protesta social y política extrema (PP4, códigos 4 y 5): en este caso, se especifica una forma de participación vinculada a la protesta. Se utilizaron dos ítems validados por el LAPOP (Carrión, Zárate y Seligson 2008, 2010, 2012), en los que se aborda el grado de acuerdo o desacuerdo con las siguientes frases: "que las personas participen en un bloqueo de calles o carreteras como forma de protesta"; y "que las personas participen en un grupo que quiera derrocar por medios violentos a un gobierno electo". Consta de una escala del 1 al 5, donde 1 = Totalmente en desacuerdo, 2 = En desacuerdo, 3 = Ni de acuerdo ni en desacuerdo, 4 = De acuerdo y 5 = Totalmente de acuerdo.

Los ítems correspondientes para esta variable son: "que las personas participen en un bloqueo de calles o carreteras como forma de protesta" y "que las personas trabajen en campañas electorales para un partido político o candidato".

Con ambos datos, se generó una suma de puntajes de las variables descritas y se tomó el promedio de esta suma como indicador de actitudes hacia la protesta social y política. El coeficiente de confiabilidad (Alpha de Cronbach) encontrado para el conjunto de ítems es de α = .73.

La concepción de la democracia (DEM1): se compone de una pregunta única en la que se le pide al encuestado que, de manera asistida, mencione qué significa la democracia para él. A través de una escala de respuesta múltiple, validada por Murakami (2000), las opciones recogen aspectos como: la libertad (de prensa, de participación, poder organizarse, escoger autoridades y protestar), la igualdad (de oportunidades, frente a la ley), el respeto de las leyes y derechos, el bienestar económico y social, entre otros temas.

Satisfacción con la democracia (DEM2): incluye un único ítem validado por el LAPOP (Carrión, Zárate y Seligson 2008, 2010, 2012), en el que se le pregunta al encuestado qué tan satisfecho está con el desempeño de la democracia en nuestro país, en una escala del 1 al 5, donde 1 = Totalmente insatisfecho, 2 = Insatisfecho, 3 = Ni satisfecho ni insatisfecho, 4 = Satisfecho y 5 = Totalmente satisfecho.

Apoyo a la democracia (AUT1): se mide a través de una pregunta en la que se evalúa la preferencia de la democracia frente a cualquier otro sistema político (Carrión, Zárate y Seligson 2008, 2010, 2012). El encuestado debe elegir la afirmación con la que se sienta más identificado: 1 = A la gente como yo, lo mismo le da un régimen democrático que uno no democrático; 2 = La democracia es preferible a cualquier otra forma de gobierno y 3 = En algunas circunstancias, un gobierno autoritario puede ser preferible a uno democrático.

A modo de control, como ítem independiente, se consideró la afirmación: "Puede que la democracia tenga problemas, pero es mejor que cualquier otra forma de gobierno". En este caso, se utilizó una escala del 1 al 5, donde 1 = Totalmente en desacuerdo, 2 = En desacuerdo, 3 = Ni de acuerdo ni en desacuerdo, 4 = De acuerdo y 5 = Totalmente de acuerdo.

Eficacia percibida de la democracia (DEM3): en este caso, con el fin de medir todas las actitudes positivas hacia la democracia como régimen, se utilizó la pregunta de Murakami (2000), en la que se le pide al encuestado que mencione con cuál de las siguientes afirmaciones se siente más de acuerdo: 1 = Nuestra democracia funciona bien; 2 = Nuestra democracia tiene pequeños problemas, pero funciona bien; 3 = Nuestra democracia tiene grandes problemas pero funciona, a pesar de todo; 4 = Nuestra democracia funciona cada vez peor, y de seguir así, no funcionará en absoluto; y 5 = No tenemos una democracia.

Para fines analíticos, se invirtieron los puntajes de esta escala, de tal forma que, a mayor puntaje, mejor sea la percepción de eficacia de la democracia en nuestro país.

Actitudes antidemocráticas (DEM4): para medir esta variable, que comprende aquellas actitudes que priorizan algunos otros aspectos frente a la democracia *churchilliana*, se utilizó una batería de nueve ítems adaptada de algunos indicadores considerados por el LAPOP durante los últimos años en nuestro país (Carrión, Zárate y Seligson 2008, 2010, 2012). Esta consta de una escala del 1 al 5, donde 1 = Totalmente en desacuerdo, 2 = En desacuerdo, 3 = Ni de acuerdo ni en desacuerdo, 4 = De acuerdo y 5 = Totalmente de acuerdo.

Los nueve ítems considerados fueron: "el desarrollo económico es más importante que la democracia", "la democracia puede funcionar sin partidos políticos", "la democracia puede funcionar sin Congreso", "el Presidente puede ir más allá de las leyes si el país tiene dificultades", "el presidente de la república debe controlar los medios de comunicación, si el país está pasando por una situación difícil"; "la democracia no es necesaria para lograr el desarrollo", "la democracia puede funcionar sin Poder Judicial", "el pueblo debe gobernar directamente y no a través de los representantes electos" y "la democracia solo se justifica si la gente como yo puede prosperar".

Con estos datos, se generó una suma de puntajes de las variables descritas y se tomó el promedio de esta suma como indicador de actitudes antidemocráticas. El coeficiente de confiabilidad (Alpha de Cronbach) encontrado para el conjunto de ítems que conforman esta batería es de $\alpha = .79$.

Finalmente, como ítem independiente, se consideró la afirmación: "En este país se necesita mano dura para gobernar", para el cual se utilizó una escala del 1 al 5, donde 1 = Totalmente en desacuerdo, 2 = En desacuerdo, 3 = Ni de acuerdo ni en desacuerdo, 4 = De acuerdo y 5 = Totalmente de acuerdo.

Justificación de golpes militares (AUT2): una forma de medir el apoyo a los golpes militares se asocia a su justificación, especialmente ante situaciones extremas y contextos de crisis. El LAPOP evalúa la disposición de los ciudadanos a apoyar este tipo de medida bajo tres condiciones distintas: frente a un desempleo muy alto, frente a mucha delincuencia y frente a mucha corrupción (Carrión, Zárate y Seligson 2008, 2010, 2012). Para esta investigación se incluyó un contexto adicional: frente a la subida de precios.

En todos los casos se utilizó una escala dicotómica, donde 1 = Sí se justificaría que los militares tomen el poder por un golpe de Estado y 2 = No se justificaría que los militares tomen el poder por un golpe de Estado.

Para fines analíticos, la escala fue recodificada de tal forma que a todos aquellos que mencionaron que justificarían un golpe militar, en al menos una de las circunstancias presentadas, se les asignó el código 1 (se justifica golpe militar); mientras que todos los que se negaron a cualquier tipo de intervención militar obtuvieron el código 2 (no se justifica golpe militar)

Valoración de la eficacia de gobiernos democráticos y militares frente a contextos de crisis (AUT3): un aspecto importante que se tomó en cuenta para esta investigación es la percepción ciudadana de eficacia por tipo de régimen frente a la resolución de los principales problemas del país (Murakami 2000). De manera previa, se le aclaró al encuestado que sus respuestas podían ser independientes de su opinión personal y que simplemente se quería lograr un acercamiento a esta percepción de eficacia gubernamental.

La pregunta textual fue: "¿Qué tipo de gobierno cree que es el más capaz de resolver los siguientes problemas que tiene el Perú: un gobierno autoritario por golpe de Estado (1), un gobierno demócrata, pero con mano dura (2), o un gobierno demócrata con participación de todos (3)?".

Las situaciones presentadas fueron: "la mala administración estatal/burocracia", "los bajos sueldos", "la corrupción", "el desempleo", "la desigualdad", "la baja calidad del sistema de justicia", "la pobreza", "la baja calidad de la educación/salud", "el terrorismo" y "la delincuencia".

Para cada una de ellas, el encuestado debía elegir el tipo de gobierno que creía más eficaz para resolverla.

Percepción sobre las autoridades que gobiernan el país (DEM5): como ítem independiente, se consideró la pregunta dicotómica: "¿Diría usted que el país está gobernado por unos cuantos grupos poderosos que buscan su propio beneficio (1) o que está gobernado para bien de todo el pueblo (2)?". Los encuestados debían seleccionar solo una de estas opciones.

Evaluación de los actores e instituciones democráticas (ACT2, ACT3, ACT4, ROL1): el LAPOP realiza estas evaluaciones generales para los principales actores e instituciones democráticas de nuestro país (Carrión, Zárate y Seligson 2008, 2010, 2012). Se utiliza una escala del 1 al 5, donde 1 = Muy mal, 2 = Mal, 3 = Regular, 4 = Bien y 5 = Muy bien. Los agentes políticos evaluados fueron: el Congreso Nacional de la República, el Poder Judicial, los partidos políticos peruanos y el presidente del Perú.

Para el caso particular de los funcionarios (ACT5), se utilizó una batería con dos ítems, considerando una escala del 1 al 5, donde 1 = Totalmente en desacuerdo, 2 = En desacuerdo, 3 = Ni de acuerdo ni en desacuerdo, 4 = De acuerdo y 5 = Totalmente de acuerdo. Los ítems fueron: "los funcionarios están dispuestos a atender a la gente" y "los funcionarios son eficaces en su trabajo". Con estos datos se generó una suma de puntajes de las variables descritas y se tomó el promedio de esta suma como indicador de evaluación general de los funcionarios. El coeficiente de confiabilidad (Alpha de Cronbach) encontrado para el conjunto de ítems que conforman esta batería es de $\alpha = .74$.

De manera adicional, en relación con los partidos políticos, se profundizó en uno de los fenómenos sociales que más ha caracterizado su labor durante los últimos años: el clientelismo de campaña (Muñoz 2013). Este sistema es definido como el uso de favores o regalos por parte de los candidatos políticos, con el fin de generar una clientela política que los apoye durante la campaña electoral, a través de firmas, de la asistencia a mítines y, en última instancia, de su voto durante la elección.

Para medir esta variable, también se consideraron dos preguntas planteadas por el LAPOP (Carrión, Zárate y Seligson 2008, 2010, 2012). La primera (CLI1) es si algún candidato o alguien de un partido político le había ofrecido algún favor, comida o alguna otra cosa a cambio de que el encuestado lo apoyase yendo a una manifestación, firmando algo o votando por él. A través de una escala de 1 al 5, donde 1 = Nunca, 2 = Rara vez, 3 = Algunas veces, 4 = Casi siempre y 5 = Siempre, el encuestado era capaz de expresar la frecuencia con que ocurría esto en las últimas campañas electorales. Si esta conducta se había concretado en alguna oportunidad, el encuestado debía señalar si, la última vez que ello ocurrió, lo que le ofrecieron lo hizo estar más inclinado o menos inclinado a votar por el candidato o partido político involucrado (CLI2). Esto a través de una escala de 3 puntos, donde 1 = Lo hizo estar menos inclinado, 2 = Ni más ni menos inclinado, 3 = Lo hizo estar más inclinado.

Juicios sobre la labor del gobierno (CRP1, CRP2, VIC1, VIC2): la evaluación de los resultados de la acción gubernamental se mide específicamente en aspectos como la corrupción y la seguridad ciudadana en nuestro país. Esto de acuerdo con lo planteado por Almond y Verba (1970), quienes señalaban que estos aspectos configuran el *output* o el resultado de la gobernabilidad de cada régimen.

En el primer caso, para medir la percepción de corrupción del sector público, se utilizó la pregunta del LAPOP (Carrión, Zárate y Seligson 2008, 2010, 2012), con una escala del 1 al 4, donde 1 = No hay corrupción, 2 = Hay poca corrupción, 3 = Hay algo de corrupción y 4 = Hay mucha corrupción. De manera adicional, se incorporó una pregunta planteada por Díaz-Albertini (2010), en la que se explora la frecuencia de victimización correspondiente a los actos de corrupción. La pregunta fue: "En el último año, ¿ha tenido usted que pagar algún tipo de coima o soborno en alguno de estos casos o con alguna de estas autoridades?". Al encuestado se le presentó un listado de funcionarios (del gobierno, del municipio de Lima, del municipio de su distrito), agentes de seguridad (policías, militares), escuelas/colegios públicos, tribunales de justicia (secretarios de juzgado), entre otros.

En cuanto a la percepción de seguridad ciudadana, se utilizó nuevamente la pregunta del LAPOP (Carrión, Zárate y Seligson 2008, 2010, 2012), en la que se le pide al encuestado que manifieste en función del lugar o el barrio donde vive, y pensando en la posibilidad de ser víctima de un asalto o robo, qué tan seguro se siente con ello. Para ello se contó con una escala del 1 al 4, en donde 1 = Nada seguro, 2 = Poco seguro,

3 = Algo seguro y 4 = Muy seguro. Y como un segundo indicador independiente, se preguntó por el grado de acuerdo con la siguiente afirmación: "La mejor medida para enfrentar la delincuencia es hacer leyes más duras". Esta pregunta consta de una escala del 1 al 5, en donde 1 = Totalmente en desacuerdo, 2 = En desacuerdo, 3 = Ni de acuerdo ni en desacuerdo, 4 = De acuerdo y 5 = Totalmente de acuerdo.

Confianza institucional (GOB1): para medir el grado de confianza en las instituciones, se utilizó la pregunta planteada en la última Encuesta Mundial de Valores, en la que se le pide al entrevistado que, para cada institución, señale qué tanto confía en ella, a través de una escala del 1 al 4, donde 1 = No confía, 2 = Confía poco, 3 = Confía algo y 4 = Confía mucho.

Se evaluaron 12 instituciones, las más representativas en nuestro país, validadas en la investigación de Díaz-Albertini (2010). Con estos datos, se generó una suma de puntajes de las variables descritas y se tomó el promedio de esta suma como indicador de confianza institucional general. El coeficiente de confiabilidad (Alpha de Cronbach) encontrado para el conjunto de ítems que conforman esta batería es de $\alpha = .85$.

Además, se generaron agrupamientos por tipo de institución. De este modo, se obtuvieron indicadores adicionales para cada una de estas clasificaciones:

- Confianza en el gobierno central (gobierno, Congreso y Poder Judicial)
- Confianza en los partidos políticos (partidos y líderes políticos)
- Confianza en el gobierno local (Municipalidad de Lima y municipalidad del distrito)
- Confianza en instituciones expresivas (medios de comunicación y Defensoría del Pueblo)
- Confianza en instituciones del *output* (Policía Nacional y Fuerzas Armadas)
- Confianza en la Iglesia

Las correlaciones obtenidas en esta investigación entre los ítems correspondientes a cada uno de estos seis grupos son buenas, todas de más de .50, por lo que se consideró pertinente utilizar esta clasificación a través de las sumas simples en estos indicadores.

Satisfacción con la gestión del gobierno (ROL3): se le pide al encuestado que, teniendo en cuenta la situación actual del país, defina qué tan satisfecho se encuentra con cómo el gobierno actual está gestionando cada aspecto, considerando una escala del 1 al 5, donde 1 = Totalmente en desacuerdo, 2 = En desacuerdo, 3 = Ni de acuerdo ni en desacuerdo, 4 = De acuerdo y 5 = Totalmente de acuerdo.

El coeficiente de confiabilidad (Alpha de Cronbach) encontrado para el conjunto de ítems (diez) que conforman esta batería es de α = .85. Por ello fue posible generar un indicador conjunto de satisfacción con la gestión del Estado.

De manera adicional, los diez aspectos fueron clasificados en función del tipo de problemática que abordaban:

- Satisfacción con la gestión de aspectos sociales (lucha contra la pobreza, la mejora de la seguridad ciudadana, la calidad de los servicios médicos y de salud públicos, la calidad de las escuelas públicas, el funcionamiento del Poder Judicial y el funcionamiento de la Policía).
- Satisfacción con la gestión de aspectos políticos (la defensa de la democracia y la lucha contra la corrupción).
- Satisfacción con la gestión de aspectos económicos (lucha contra el desempleo y el manejo de la economía).

Las correlaciones obtenidas en esta investigación entre los ítems correspondientes a cada uno de estos tres grupos son aceptables, todas entre .30 y .50, por lo que se consideró pertinente utilizar esta clasificación y generar tres indicadores.

Así, se incluyó un indicador de satisfacción con la gestión de aspectos sociales, otro de satisfacción con la gestión de aspectos políticos, y otro de satisfacción con la gestión de aspectos económicos. Para cada caso se generó una suma de puntajes de las variables descritas y se tomó el promedio de esta suma como indicador de satisfacción con la gestión de aspectos sociales, otro de satisfacción con la gestión de aspectos políticos y otro de satisfacción con la gestión de aspectos económicos. Los coeficientes de confiabilidad (Alpha de Cronbach) obtenidos fueron α = .77, α = .57 y α = .66, respectivamente.

Actitudes hacia el rol del Estado (ROL2): los peruanos se caracterizan por una actitud ambivalente; si bien valoran la estabilidad macroeconómica y la inversión privada, también demandan una mayor participación del Estado en sectores básicos como la salud y la educación.

Para medir esta actitud, se consideraron las preguntas planteadas en la batería del LAPOP (Carrión, Zárate y Seligson 2008, 2010, 2012), con una escala del 1 al 5, donde 1 = Totalmente en desacuerdo, 2 = En desacuerdo, 3 = Ni de acuerdo ni en desacuerdo, 4 = De acuerdo y 5 = Totalmente de acuerdo.

Los ítems evaluados fueron: "El Estado debería ser el principal responsable de asegurar el bienestar de la gente, más que los mismos individuos" (1), "La empresa privada debería ser el principal responsable de crear empleos, más que el Estado" (2), "El Estado debe implementar políticas firmes para reducir la desigualdad de ingresos entre ricos y pobres" (3), "El sector privado debería ser el principal responsable de proveer los servicios de salud, más que el Estado" (4) y "El mercado debería ser el encargado de regular los precios, no el Estado" (5).

Para fines analíticos, se generaron dos indicadores que, por separado, evaluasen la actitud hacia el Estado, tanto en su rol intervencionista (ítems 1 y 3) como en la importancia que le debe otorgar al sector privado para el desarrollo del país (ítems 2, 4 y 5). Para ambos casos, los indicadores se crearon con la suma de puntajes de las variables descritas y se tomaron los promedios de cada suma como indicadores de actitudes a favor de la intervención estatal y otro de actitudes a favor del sector privado.

En el primer caso, el coeficiente de confiabilidad (Alpha de Cronbach) encontrado para el conjunto de ítems que conforman el indicador de actitudes a favor de la intervención estatal es de α = .46; mientras que en el segundo caso, el coeficiente de confiabilidad (Alpha de Cronbach) encontrado para el conjunto de ítems que conforman el indicador de actitudes a favor del sector privado es de α = .59.

Percepción de importancia de problemas (PER1): un tema importante para la investigación es identificar el grado de impacto que tienen los diversos problemas del país en los ciudadanos. Por tal motivo, se les pidió a los encuestados que, considerando una escala del 1 al 4, donde 1 = Nada importante, 2 = Poco importante, 3 = Importante y 4 = Muy importante, evaluasen el grado de importancia que le atribuían a cada uno de los 16 problemas presentados. Estos fueron clasificados en función del tipo de problemática que abordaban:

- Importancia de problemas sociales (delincuencia y crimen, corrupción, contaminación ambiental, respeto de la gente por normas/leyes, calidad de la educación pública, situación de las postas médicas/centros de salud, acceso a agua potable, mantenimiento de las pistas y veredas, tenencia de un título de propiedad en su vivienda, y presencia de alumbrado público).
- Importancia de problemas económicos (su situación económica, la falta de trabajo/desempleo, la diferencia entre ricos y pobres, el comercio informal/ ambulatorio y la inflación/aumento de precios).
- Importancia de problemas políticos (la situación política del país). Para fines analíticos, se generaron dos indicadores creados a partir de la suma de puntajes de las variables descritas para luego tomar los promedios de cada suma como indicadores de importancia de los problemas sociales e importancia de los problemas económicos. Los coeficientes de confiabilidad (Alpha de Cronbach) encontrados para cada indicador son $\alpha = .63$ y $\alpha = .46$, respectivamente. En el último caso (importancia de los problemas políticos), se utilizó el promedio directo por tratarse de un único ítem.

Estrategias de resolución frente a los problemas (PER2): por otro lado, como pregunta individual y en función de la validación realizada por Murakami (2000), se les pidió a los encuestados que señalasen cuál de las medidas presentadas consideraban la más eficiente para enfrentar los problemas económicos y sociales del país.

El formato utilizado fue el de respuesta única, siendo las opciones presentadas:

- Uno debería juntarse con otras personas para buscar soluciones (1).
- Cada uno tiene que ver lo que hace para salir adelante (2).
- Confiar en que las cosas mejoren (3).
- Apoyarse en personas influyentes, varas o padrinos (4).
- Protestar en la calle y hacer huelgas (5).
- Pedir ayuda a los familiares/paisanos (6).

Para fines analíticos, se realizó una recodificación de estos seis ítems en solo dos grupos, en función del tipo de estrategia más utilizada. De esta manera, los ítems 1, 5 y 6 se consideran "formas de enfrentar los problemas con ayuda de otros" = 1; mientras que los ítems 2, 3 y 4 se entienden como "formas de enfrentar los problemas de manera individual" = 2.

Uso de contactos como estrategia de resolución de problemas (V4): finalmente, dado que se trata de un aspecto muy común en el contexto local, se midió la preferencia por el uso de contactos frente a los problemas, en contraposición al uso de recursos personales para solucionarlos. Por ello, se les pidió a los encuestados que, en una escala del 1 al 5, donde 1 = Totalmente en desacuerdo, 2 = En desacuerdo, 3 = Ni de acuerdo ni en desacuerdo, 4 = De acuerdo y 5 = Totalmente de acuerdo, evaluasen su nivel de acuerdo con las siguientes dos afirmaciones: "para solucionar muchos de mis problemas, necesito contar con los contactos necesarios" y "para salir adelante en la vida, las habilidades personales son más importantes que los contactos que uno tenga". En ambos casos, los dos ítems fueron trabajados de manera independiente en la presente investigación.

Ficha de nivel socioeconómico (NSE): la Asociación Peruana de Empresas de Investigación de Mercados (APEIM) cuenta con una fórmula para el cálculo del nivel socioeconómico en nuestro país, la cual recoge el bienestar material de cada entrevistado.

Ficha de datos sociodemográficos (DAT1-DAT18): en este consolidado, se vieron algunos aspectos relacionados con el entorno sociodemográfico del entrevistado, tales como:

- Su rol en el hogar (jefe de hogar, ama de casa u otro).
- Su estado civil (soltero, conviviente, casado, divorciado, viudo).
- Su lugar de nacimiento y el de sus padres (Lima o provincia).
- Su nivel de instrucción.
- Su ocupación principal y la de la persona que más aporta a la economía familiar del hogar (en caso sea una persona distinta a él).
- El rubro o sector laboral en el que trabajan él y la persona que más aporta a la economía familiar del hogar (en caso sea una persona distinta a él).
- La cantidad de trabajadores con la que labora él y la persona que más aporta a la economía familiar del hogar (en caso sea una persona distinta a él).
- La pertenencia a una planilla, tanto en su caso como en el de la persona que más aporta a la economía familiar del hogar (en caso sea una persona distinta a él).
- El contar con un seguro de salud, tanto en su caso como en el la persona que más aporta a la economía familiar del hogar (en caso sea una persona distinta a él).

3.2.1 Trabajo de campo

Luego de los ajustes realizados, se llevó a cabo una capacitación exhaustiva a 40 encuestadores, quienes se encargaron de la recolección presencial de los resultados. Como paso previo, todas estas personas pasaron por juegos de roles y por una evaluación final aprobatoria que acreditaba su participación en la investigación.

Se aplicaron encuestas estructuradas cara a cara en hogares a la muestra seleccionada. A los participantes se les pidió su autorización para participar en un estudio de opinión pública. Luego de ser aceptada la solicitud por el participante, se aplicó la encuesta. El trabajo de campo se llevó a cabo entre el viernes 20 de febrero y el viernes 6 de marzo de 2015.

Se realizó una supervisión coincidental del 30% del total de la muestra del estudio, con el fin de garantizar la selección adecuada de los hogares participantes y la calidad de la aplicación del instrumento.

Un equipo de editores se encargó de la revisión preliminar de los cuestionarios, de modo tal que se corrigieran dudas e imprecisiones de manera anticipada. Posteriormente, las encuestas fueron digitadas y procesadas utilizando el paquete estadístico Quantum. Los datos fueron ponderados en función del peso demográfico de nivel socioeconómico, la edad, el género y el rol en el hogar del encuestado.

3.2.2 Análisis factorial

Con los datos de la encuesta, se realizó un análisis factorial para luego construir y describir los segmentos de subculturas políticas resultantes. El *K* medias es el algoritmo de mayor uso entre los métodos de agrupamiento no jerárquicos cuando las variables son continuas y se cuenta con un número *K* conocido de conglomerados iniciales. A diferencia de los métodos de agrupación jerárquicos, cuyo objetivo principal es revelar de manera exploratoria el número *K* de grupos naturales, el algoritmo *K* medias ofrece procedimientos más finos para el cálculo de proximidades entre una observación y un determinado conglomerado. A través de este proceso se asigna a cada individuo al conglomerado *K* con el centroide más próximo (mediante el cálculo de distancias), de tal forma que se maximice la homogeneidad de los sujetos asignados a un mismo grupo y la heterogeneidad entre los distintos grupos. Este algoritmo requiere tres parámetros:

- El número de conglomerados *K*.
- Los centroides iniciales de cada conglomerado.
- Una medida de distancia que sirva como criterio de agrupamiento entre un individuo y un conglomerado. La medida más utilizada (cuando las variables son continuas y no hay evidencias de sobredispersión) es la distancia euclidiana.

Análisis factorial de la cultura política en Lima

		Carga factorial
Factor 1 Evaluación de las instituciones	Evaluación del Poder Judicial	.82
	Evaluación del Congreso	.80
	Evaluación de los partidos políticos	.80
	Confianza institucional	.46
	Evaluación de los funcionarios	.44
Factor 2 Participación cívico/política	Participación cívica	.76
	Asociacionismo	.72
	Participación política partidaria	.68
	Frecuencia de asistencia a asociaciones	.65
Factor 3 Orientación hacia el *input*	Interés en asuntos del *input*	.73
	Interés general en la política	.67
	Eficacia política	.61
Factor 4 Competencia informativa	Conocimiento político	.65
	La actualidad política no me interesa porque me aburre y no la entiendo	-.61
	Consumo de información política	.58
	Entendimiento político	.57
Factor 5 Actitudes hacia el uso de la autoridad	En este país se necesita mano dura para gobernar	.69
	Un Presidente puede hacer un buen gobierno con él al mando y un buen grupo de técnicos	.63
	La mejor medida para enfrentar la delincuencia es hacer leyes más duras	.58
	Actitudes hacia mayor intervención del Estado	.53
Factor 6 Interés político eventual	La política me interesa solo cuando afecta temas que me tocan personalmente	.86
	La política me interesa solo cuando hay elecciones	.83
Factor 7 Simpatía política partidista	Simpatía con líderes políticos	.88
	Simpatía con partidos políticos	.87
Factor 8 Tolerancia política	Actitudes hacia la participación cívica política legal	.75
	Tolerancia política	.72
	Actitudes antidemocráticas	-.49

		Carga factorial
Factor 9 Satisfacción con la democracia	Funcionamiento de la democracia	83
	Satisfacción con la democracia	.77
Factor 10 Demanda de apertura institucional	Me gustaría tener una manera de participar en cuestiones sociales o políticas, pero no sé cómo hacerlo	.75
	Si los partidos políticos tuvieran procesos más democráticos, sí podría pensar en participar en uno de ellos	.65
Factor 11 Orientación hacia el *output* y temas locales	Interés en aspectos del *output*	.77
	Interés en asuntos locales	.62

Anexo 2

Tablas y gráficos

1. Cultura política en Lima

Gráfico 1
VALORES DE SCHWARTZ POR LUGAR DE NACIMIENTO. PORCENTAJE DE PUNTAJES T2B

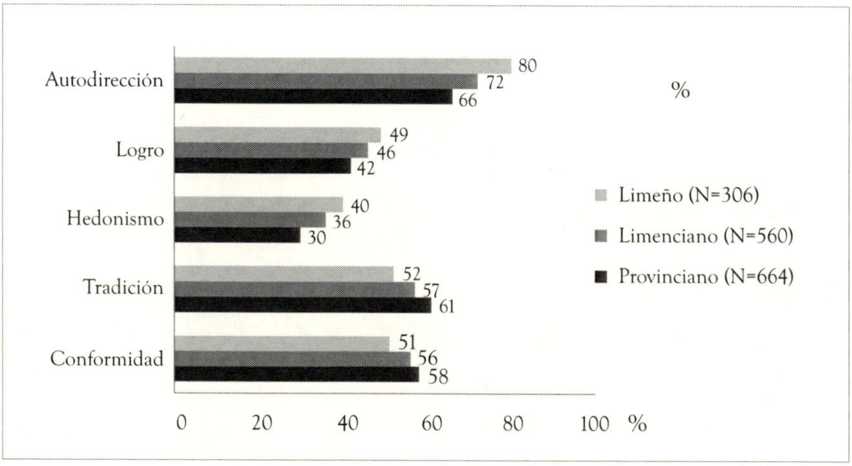

Gráfico 2
VALORES DE LIMEÑOS Y PROVINCIANOS
Porcentaje de puntajes T2B

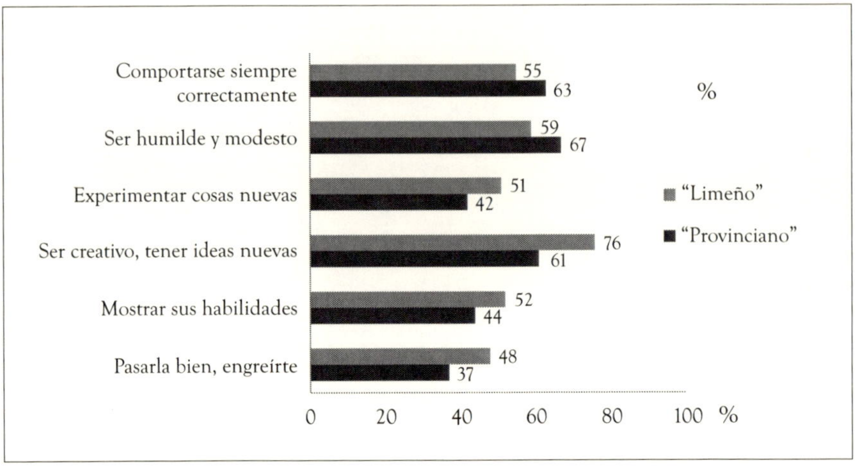

Gráfico 3
VALORES DE SCHWARTZ SEGÚN CUATRO ÁREAS Y POR LUGAR DE NACIMIENTO.
Porcentaje de puntajes T2B

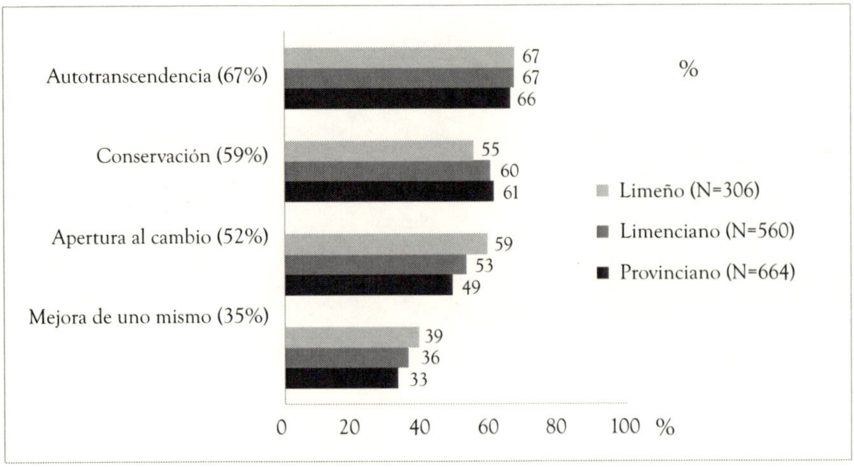

Tabla 1

INTERÉS POR LA POLÍTICA Y LOS VALORES

	Bajo interés	Alto interés
Universalismo	63%	71%
Fomentan la igualdad	73%	78%
Cuidan el medio ambiente	64%	71%
Escuchan a quien piensa diferente	53%	63%
N	960	570

Gráfico 4

NIVELES DE CONFIANZA INTERPERSONAL SEGÚN DIFERENTES ESCENARIOS

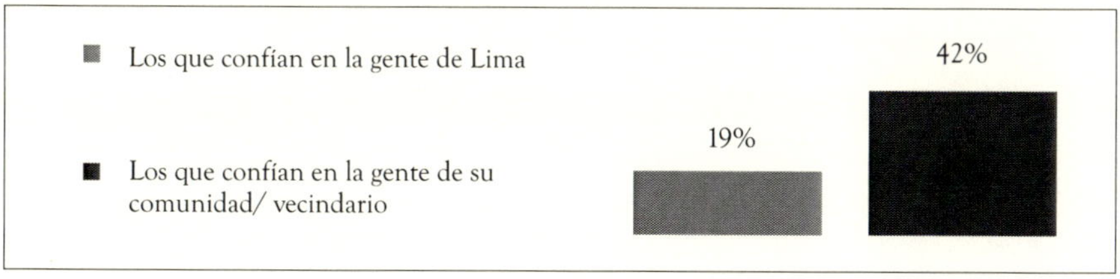

Tabla 2

CONFIANZA INTERPERSONAL. MEDIAS Y DESVIACIONES TÍPICAS POR NSE

	NSE A/B	NSE C	NSE D/E	F	P
Confianza interpersonal	M= 2.20 DT= .66	M= 2.12 DT= .63	M= 2.02 DT= .60	9.01	.02*
N	365	656	509	1530	1530

*p < .05

Tabla 3

CONFIANZA INTERPERSONAL-DIFERENCIA DE MEDIAS POR NSE

	Nivel socioeconómico		Diferencia de medias	p (Games Howell)
Confianza interpersonal	NSE A/B	NSE C	0.08	0.16
	NSE A/B	NSE D/E	0.18	.00**
	NSE C	NSE D/E	0.1	.03*

*p < .05 **p < .01

Gráfico 5

PERCEPCIÓN DE CUMPLIMIENTO DE NORMAS DE CONVIVENCIA. PORCENTAJE T2B

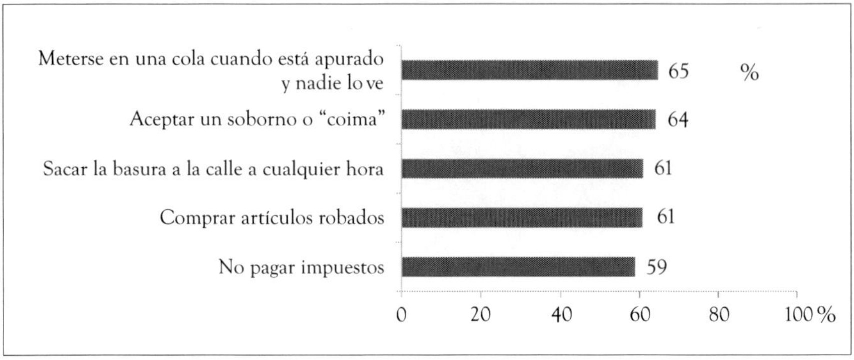

Gráfico 6

PERCEPCIÓN DE EXCLUSIÓN EN UNA SOCIEDAD MUY JERARQUIZADA

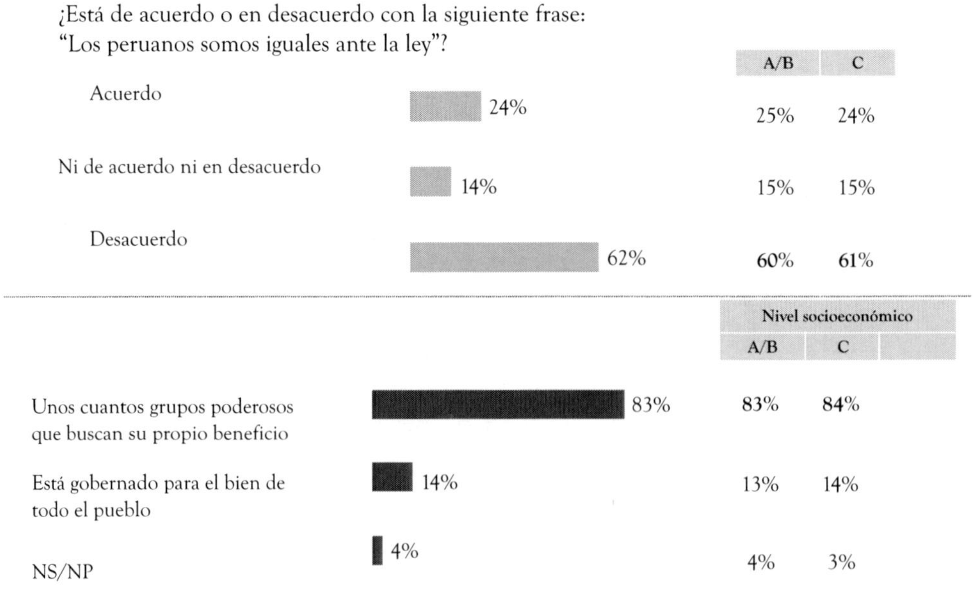

Base: (100%) Total de entrevistados - (1530)

Gráfico 7
TOLERANCIA POLÍTICA. PORCENTAJE T2B

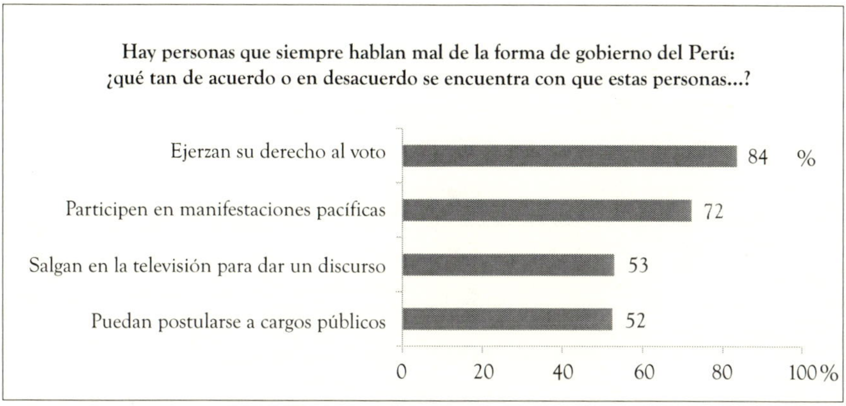

Gráfico 8
¿QUÉ SE ENTIENDE POR...?: LA BÚSQUEDA DE JUSTICIA/IGUALDAD

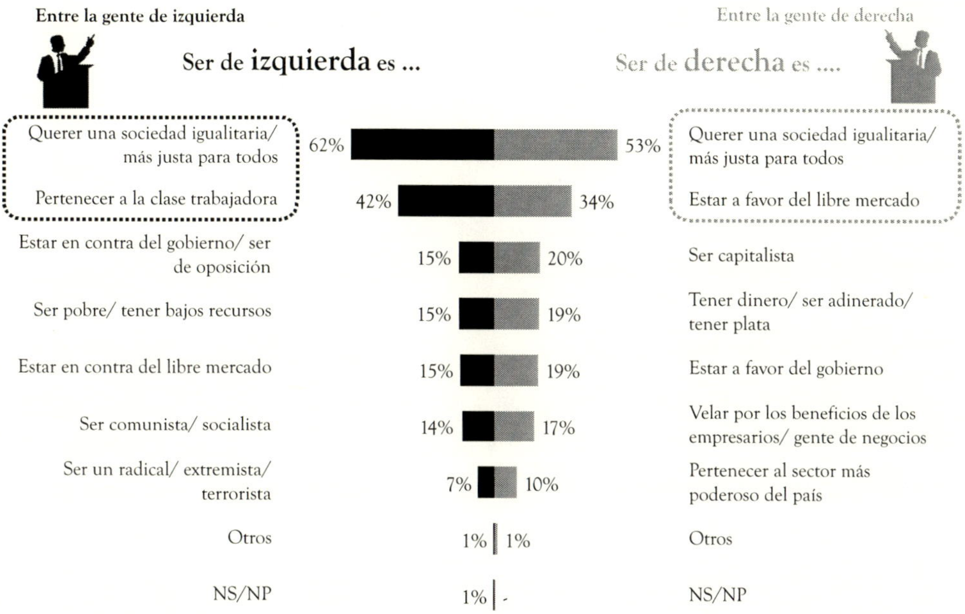

Base: (100%) Total de entrevistados - (1530)

Gráfico 9

¿Cómo ven (estereotipan) a los contrarios?

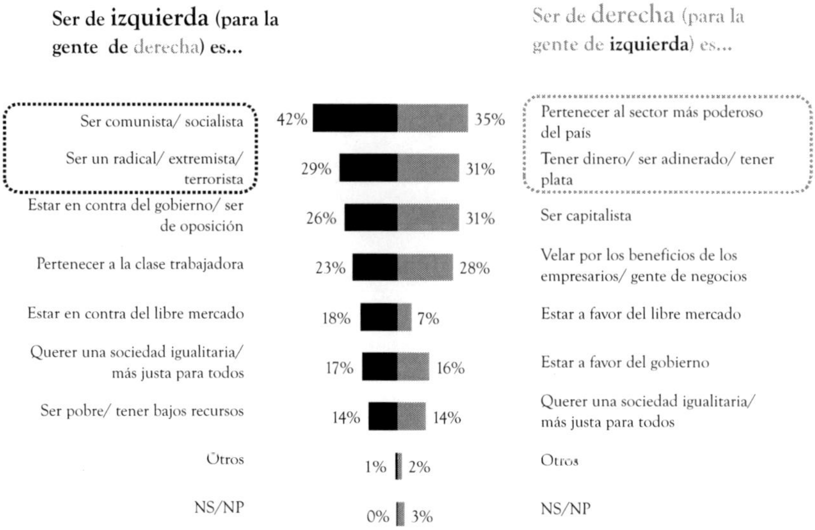

Base: (100%) Total de entrevistados - (1530)

Tabla 4

Eficacia política. Medias y desviaciones típicas por NSE
Contraste paramétrico ANOVA de homogeneidad de varianzas

	NSE A/B	NSE C	NSE D/E	F	p
Eficacia política	M=47.61 DT= 12.41	M=42.73 DT= 12.27	M= 40.27 DT= 11.83	39.11	.00**
N	365	656	509	1530	1530

**p < .01

Tabla 5

Eficacia política. Diferencia de medias por NSE

	Nivel socioeconómico		Diferencia de medias	p (Games Howell)
Eficacia política	NSE A/B	NSE C	4.88	.00**
	NSE A/B	NSE D/E	7.33	.00**
	NSE C	NSE D/E	2.46	.00**

*p < .05 **p < .01

Tabla 6
EFICACIA POLÍTICA POR NIVEL EDUCATIVO

	Nivel educativo básico (hasta secundaria)	Nivel educativo superior
Eficacia política	M= 41.08 (DT= 11.99)	M= 45.54 (DT= 18.60)
N	844	686

Gráfico 10
BAJA PERCEPCIÓN DE EFICACIA POLÍTICA (INTERNA Y EXTERNA)
% de acuerdo + totalmente de acuerdo

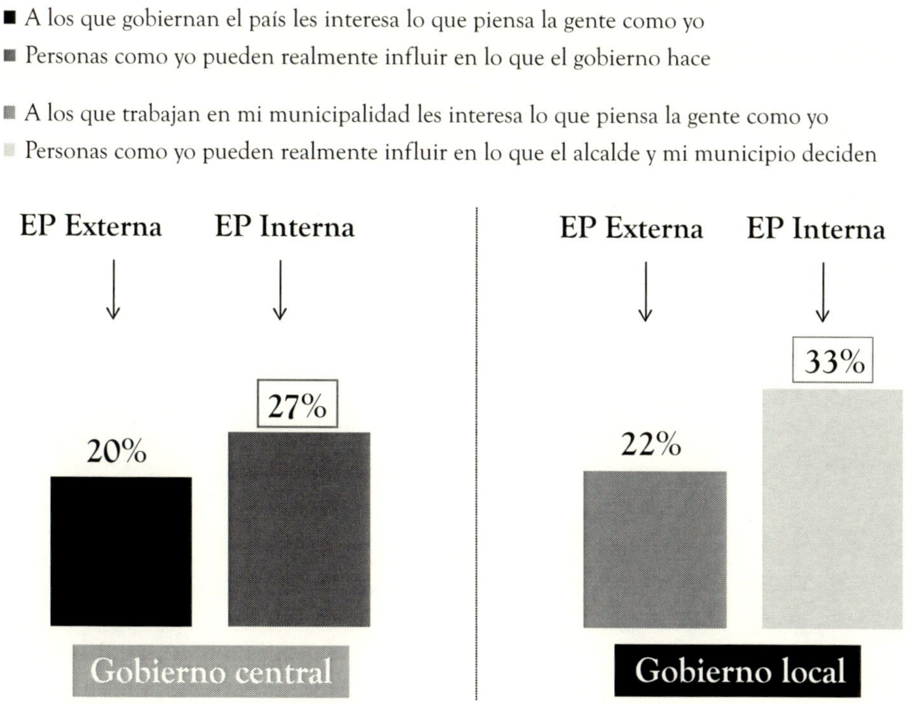

Base: (100%) Total de entrevistados - (1530)

Tabla 7

INTERÉS EN LA POLÍTICA. INTERÉS EN LA POLÍTICA DICOTÓMICA

	Total	NSE			Sexo		Edad		
		NSE A/B	NSE C	NSE D/E	Hombre	Mujer	18-24	25-39	40-80
Base real	1530	390	603	537	743	787	264	462	804
Base ponderada	1530	365	656	509	754	776	260	462	808
Nada/poco interés	63%	53%	62%	71%	59%	67%	62%	59%	65%
Algo/mucho interés	37%	47%	38%	29%	41%	34%	38%	41%	35%

Base vertical 100%. Total entrevistados

Tabla 8

INTERÉS GENERAL POR LA POLÍTICA - MEDIAS Y DESVIACIONES TÍPICAS POR NSE
CONTRASTE PARAMÉTRICO ANOVA DE HOMOGENEIDAD DE VARIANZAS

	NSE A/B	NSE C	NSE D/E	F	p
Interés general en la política	M=2.48 (DT=.91)	M= 2.24 (DT= .96)	M= 2.08 (DT= .90)	19.8	.00**
N	365	656	509	1530	1530

**p < .01

Tabla 9

INTERÉS GENERAL POR LA POLÍTICA - DIFERENCIA DE MEDIAS POR NSE

	Nivel socioeconómico		Diferencia de medias	p (Games Howell)
Interés general en la política	NSE A/B	NSE C	0.24	.00**
	NSE A/B	NSE D/E	0.4	.00**
	NSE C	NSE D/E	0.16	.02*

*p < .05 **p < .01

Tabla 10

INTERÉS EN LA POLÍTICA SEGÚN DIVERSAS SITUACIONES Y TEMÁTICAS

La política me interesa cuando... % Totalmente de acuerdo/De acuerdo	Total	NSE			Sexo		Edad			Ideología política		
		NSE A/B	NSE C	NSE D/E	Hombre	Mujer	18-24	25-39	40-80	Izq.	Centro	Derecha
Base real	1530	390	603	537	743	787	264	462	804	143	843	319
Base ponderada	1530	365	656	509	754	776	260	462	808	146	843	311
Interés eventual en la política												
La política me interesa solo cuando hay elecciones	42%	30%	41%	52%	39%	45%	46%	43%	41%	38%	42%	47%
La política me interesa solo cuando trata temas que me afectan personalmente	38%	27%	40%	43%	37%	38%	40%	40%	36%	38%	38%	38%
Interés en aspectos de *input*												
Mucho/algo de interés por lo que ocurre en los partidos políticos	31%	39%	31%	24%	34%	28%	28%	33%	30%	35%	31%	36%
Mucho/algo de interés por lo que ocurre en el Congreso	38%	44%	40%	30%	41%	35%	37%	42%	36%	36%	40%	37%
Interés en aspectos de *output*												
Mucho/algo de interés en temas de salud en el país	97%	99%	98%	94%	96%	97%	96%	96%	98%	96%	97%	97%
Mucho/algo de interés en temas de educación en el país	96%	98%	96%	94%	96%	96%	96%	96%	96%	96%	96%	97%
Interés en aspectos locales												
Mucho/algo de interés por lo que ocurre en su distrito	82%	84%	84%	79%	83%	82%	79%	83%	83%	79%	84%	82%
Mucho/algo de interés por lo que ocurre en su vecindario	87%	86%	86%	88%	87%	87%	85%	88%	87%	88%	86%	88%

Total entrevistados que responde Totalmente de acuerdo/de acuerdo en cada ítem

Tabla 11

INTERÉS POR ASPECTOS DE LA CULTURA POLÍTICA

Medias, desviaciones típicas, T2B y Top Box

	Media	Desviación típica	T2B	TB
	Puntaje 1 al 4			(Mucho interés)
Interés en aspectos del *output*	3.72	0.5	96%	76%
Interés en aspectos del *input*	2.19	0.86	34%	11%
Interés en asuntos locales	3.28	0.73	85%	48%
Interés general en la política	2.24	0.94	37%	11%
N	1530	1530	1530	1530

Tabla 12

INTERÉS EN EL *INPUT* 1. MEDIAS Y DESVIACIONES TÍPICAS POR NSE

Contraste paramétrico ANOVA de homogeneidad de varianzas

	NSE A/B	NSE C	NSE D/E	F	p
Interés en el *input*	M=2.36 (DT=.85)	M= 2.19 (DT= .86)	M= 2.06 (DT= .84)	14.02	.00**
N	365	656	509	1530	1530

**p < .01

Tabla 13

INTERÉS EN EL *INPUT* 2. DIFERENCIA DE MEDIAS POR NSE

	Nivel socioeconómico		Diferencia de medias	p (Games Howell)
Interés en el *input*	NSE A/B	NSE C	0.18	.01**
	NSE A/B	NSE D/E	0.31	.00**
	NSE C	NSE D/E	0.13	.02*

*p < .05 **p < .01

Tabla 14

INTERÉS EN ASUNTOS LOCALES 1. MEDIAS Y DESVIACIONES TÍPICAS POR EDAD

Contraste paramétrico ANOVA de homogeneidad de varianzas

	18-24	25-39	40-80	F	p
Interés en asuntos locales	M=3.16 (DT=.72)	M= 3.30 (DT= .71)	M= 3.32 (DT= .74)	4.81	.01**
N	260	462	808	1530	1530

**p < .01

Tabla 15

INTERÉS EN ASUNTOS LOCALES 2. DIFERENCIA DE MEDIAS POR EDAD

	Edad		Diferencia de medias	p (Games Howell)
Interés en asuntos locales	18-24	25-39	-0.14	.03*
	18-24	40-80	-0.16	.01**
	25-39	40-80	-0.02	0.93

*p < .05 **p < .01

Tabla 16

FRECUENCIA DE CONSUMO DE MEDIOS PARA INFORMARSE SOBRE POLÍTICA

% que responde "casi siempre/siempre"	Total	NSE			Sexo		Edad		
		NSE A/B	NSE C	NSE D/E	Hombre	Mujer	18-24	25-39	40-80
Base real	1530	390	603	537	743	787	264	462	804
Base ponderada	1530	365	656	509	754	776	260	462	808
Ve noticias en la TV sobre política	33%	40%	35%	27%	38%	29%	23%	27%	40%
Lee noticias en los periódicos sobre política	22%	30%	24%	13%	29%	16%	10%	18%	28%
Escucha noticias por la radio sobre política	21%	23%	21%	18%	25%	16%	16%	17%	24%
Lee o escucha noticias en internet sobre política	9%	20%	7%	4%	11%	8%	13%	8%	9%

Total entrevistados que responde casi siempre/siempre en cada ítem

Tabla 17

Consumo de información política. Medias y desviaciones típicas por NSE
Contraste paramétrico ANOVA de homogeneidad de varianzas

	NSE A/B	NSE C	NSE D/E	F	P
Consumo de información política	M=2.72 (DT=.80)	M= 2.45 (DT= .82)	M= 2.21 (DT= .71)	44.99	.00**
N	365	656	509	1530	1530

**p < .01

Tabla 18

Consumo de información política 1. Diferencia de medias por NSE

	Nivel socioeconómico		Diferencia de medias	p (Games Howell)
Consumo de información política	NSE A/B	NSE C	0.27	.00**
	NSE A/B	NSE D/E	0.51	.00**
	NSE C	NSE D/E	0.23	.00**

**p < .01

Tabla 19

Consumo de información política 2. Medias y desviaciones típicas por edad

	18-24	25-39	40-80	F	p
Consumo de información política	M=2.28 (DT=.73)	M= 2.35 (DT= .78)	M= 2.53 (DT= .83)	12.94	.00**
N	260	462	808	1530	1530

**p < .01

Tabla 20

Consumo de información política 3. Diferencia de medias por edad

	Edad		Diferencia de medias	p (Games Howell)
Consumo de información política	18-24	25-39	-0.07	0.46
	18-24	40-80	-0.25	.00**
	25-39	40-80	-0.18	.00**

**p < .01

Tabla 21

CONVERSACIÓN CON AMIGOS O FAMILIARES SOBRE POLÍTICA

Le voy a leer algunas cosas que la gente puede o no realizar. Quisiera que me dijera con qué frecuencia usted...

% que responde "casi siempre/ siempre"	Total	NSE			Sexo		Edad		
		NSE A/B	NSE C	NSE D/E	Hombre	Mujer	18-24	25-39	40-80
Base real	1530	390	603	537	743	787	264	462	804
Base ponderada	1530	365	656	509	754	776	260	462	808
Conversa con amigos y/o familiares sobre política	12%	18%	12%	6%	16%	8%	5%	9%	15%

Total entrevistados que responde casi siempre/siempre

Tabla 22

CONOCIMIENTO POLÍTICO. MEDIAS Y DESVIACIONES TÍPICAS POR NSE
Contraste paramétrico ANOVA de homogeneidad de varianzas

	NSE A/B	NSE C	NSE D/E	F	p
Conocimiento político	M= 8.20 (DT=1.98)	M= 7.11 (DT= 2.51)	M= 6.01 (DT= 2.78)	83.42	.00**
N	365	656	509	1530	1530

**p < .01

Tabla 23

CONOCIMIENTO POLÍTICO. DIFERENCIA DE MEDIAS POR NSE

	Nivel socioeconómico		Diferencia de medias	p (Games Howell)
Conocimiento político	NSE A/B	NSE C	1.09	.00**
	NSE A/B	NSE D/E	2.19	.00**
	NSE C	NSE D/E	1.1	.00**

**p < .01

Tabla 24

ACTITUDES HACIA LA PARTICIPACIÓN EN MANIFESTACIONES LEGALES Y COOPERACIÓN CÍVICA

¿Qué tan de acuerdo o en desacuerdo se encuentra con que las personas realicen las siguientes acciones?

% que responde "totalmente de acuerdo/de acuerdo"	Total	NSE			Sexo		Edad		
		NSE A/B	NSE C	NSE D/E	Hombre	Mujer	18-24	25-39	40-80
Base real	1530	390	603	537	743	787	264	462	804
Base ponderada	1530	365	656	509	754	776	260	462	808
Que las personas participen en un grupo para tratar de resolver los problemas de las comunidades.	82%	82%	82%	83%	82%	83%	82%	83%	82%
Que las personas participen en manifestaciones permitidas por la ley.	78%	80%	77%	77%	79%	77%	77%	78%	78%

Total entrevistados que responde Totalmente de acuerdo/de acuerdo en cada ítem

Tabla 25

ACTITUDES HACIA LA PARTICIPACIÓN EN CAMPAÑAS ELECTORALES PARA UN PARTIDO POLÍTICO O CANDIDATO

¿Qué tan de acuerdo o en desacuerdo se encuentra con que las personas realicen las siguientes acciones?

Que las personas trabajen en campañas electorales para un partido político o candidato	Total	NSE			Sexo		Edad		
		NSE A/B	NSE C	NSE D/E	Hombre	Mujer	18-24	25-39	40-80
Base real	1530	390	603	537	743	787	264	462	804
Base ponderada	1530	365	656	509	754	776	260	462	808
Totalmente de acuerdo/ de acuerdo	53%	57%	54%	49%	53%	53%	50%	55%	53%
Ni de acuerdo ni en desacuerdo	29%	28%	29%	31%	30%	29%	31%	29%	29%
Totalmente en desacuerdo/ en desacuerdo	16%	14%	15%	17%	15%	16%	16%	15%	16%
No sabe/no precisa	2%	1%	3%	3%	2%	2%	3%	1%	3%

Base vertical 100%. Total entrevistados

Tabla 26

ACTITUD HACIA LA PARTICIPACIÓN SI SE DAN CAMBIOS EN LOS PARTIDOS

% que responde "totalmente de acuerdo/de acuerdo"	Total	NSE			Sexo		Edad		
		NSE A/B	NSE C	NSE D/E	Hombre	Mujer	18-24	25-39	40-80
Base real	1530	390	603	537	743	787	264	462	804
Base ponderada	1530	365	656	509	754	776	260	462	808
Si los partidos políticos tuvieran procesos más democráticos sí podría pensar en participar en uno de ellos	35%	33%	38%	32%	39%	31%	33%	34%	36%

Total entrevistados que responde Totalmente de acuerdo/de acuerdo en cada ítem

Tabla 27

ACTITUDES HACIA COMPORTAMIENTOS DE PROTESTA VIOLENTOS

¿Qué tan de acuerdo o en desacuerdo se encuentra con que las personas realicen las siguientes acciones?

% que responde "totalmente de acuerdo/ de acuerdo"	Total	NSE			Sexo		Edad		
		NSE A/B	NSE C	NSE D/E	Hombre	Mujer	18-24	25-39	40-80
Base real	1530	390	603	537	743	787	264	462	804
Base ponderada	1530	365	656	509	754	776	260	462	808
Que las personas participen en un bloqueo de calles o carreteras como forma de protesta	10%	6%	9%	14%	11%	9%	11%	11%	9%
Que las personas participen en un grupo que quiera derrocar por medios violentos a un gobierno electo	7%	4%	6%	9%	7%	7%	9%	7%	6%

Total entrevistados que responde Totalmente de acuerdo/de acuerdo en cada ítem

Tabla 28

FRECUENCIA DE REUNIONES CON OTRAS PERSONAS PARA RESOLVER ALGÚN PROBLEMA DE INTERÉS COMÚN

Para cambiar de tema, ¿alguna vez se ha juntado con otras personas para resolver un problema de interés común o un problema del barrio?

Frecuencia de reuniones para resolver problemas de interés común o del barrio con vecinos	Total	NSE			Sexo		Edad		
		NSE A/B	NSE C	NSE D/E	Hombre	Mujer	18-24	25-39	40-80
Base real	1530	390	603	537	743	787	264	462	804
Base ponderada	1530	365	656	509	754	776	260	462	808
Una vez a la semana	4%	2%	3%	6%	3%	4%	2%	3%	5%
Una o dos veces al mes	11%	9%	10%	14%	12%	10%	7%	10%	13%
Una o dos veces al año	26%	27%	26%	24%	27%	24%	14%	21%	32%
Nunca	57%	62%	60%	52%	55%	60%	77%	64%	48%
No sabe/no precisa	2%	1%	1%	5%	3%	2%	1%	2%	3%

Base vertical 100%. Total entrevistados

Tabla 29

PERTENENCIA A ASOCIACIONES

	Total	NSE			Sexo		Edad		
		NSE A/B	NSE C	NSE D/E	Hombre	Mujer	18-24	25-39	40-80
Base real	1530	390	603	537	743	787	264	462	804
Base ponderada	1530	365	656	509	754	776	260	462	808
No pertenece	64%	67%	64%	60%	64%	63%	74%	68%	58%
Sí pertenece	37%	33%	36%	40%	36%	38%	26%	32%	43%

Base vertical 100%. Total de entrevistados

Tabla 30

Asociaciones a las que pertenece (respuesta múltiple)

Voy a leerle una lista de grupos y organizaciones. Por favor, dígame si usted actualmente pertenece a alguno de ellos

	Total	NSE			Sexo		Edad		
		NSE A/B	NSE C	NSE D/E	Hombre	Mujer	18-24	25-39	40-80
Base real	1530	390	603	537	743	787	264	462	804
Base ponderada	1530	365	656	509	754	776	260	462	808
Juntas vecinales o comité de la comunidad	8%	6%	6%	13%	10%	7%	3%	6%	11%
Organizaciones de apoyo social como el Vaso de Leche, comedores populares u otros	7%	1%	7%	13%	3%	12%	4%	8%	8%
Grupos parroquiales o religiosos	7%	8%	8%	5%	5%	9%	4%	6%	8%
Asociación de padres de familia del colegio (APAFA)	6%	4%	4%	10%	4%	8%	2%	8%	7%
Asociación deportiva (club de fútbol, vóley, etc.)	5%	4%	6%	5%	9%	1%	7%	3%	5%
Hermandades patronales (ej. Señor de los Milagros)	4%	5%	4%	2%	3%	4%	2%	3%	5%
Juntas de ahorro	3%	2%	3%	3%	2%	4%	2%	3%	3%
Grupos de amigos para hacer *skate*, bailar hip hop, etc.	3%	4%	3%	1%	3%	3%	7%	3%	2%
Agrupación cultural o artística	3%	3%	3%	1%	3%	2%	5%	2%	2%
Voluntariados	2%	4%	2%	1%	2%	2%	2%	2%	2%
Sindicatos o agrupaciones profesionales	2%	2%	3%	1%	3%	1%	1%	1%	3%
Comités vecinales de vigilancia	2%	0%	2%	2%	2%	1%	1%	0%	3%
Partidos políticos/ agrupaciones políticas	2%	2%	3%	0%	2%	1%	0%	1%	2%
Asociación de protección al medio ambiente	2%	3%	1%	1%	1%	2%	2%	2%	2%
Otros	2%	3%	2%	1%	3%	2%	2%	1%	2%
Ninguno	64%	67%	64%	60%	64%	63%	74%	68%	58%

Base vertical múltiple. Total de entrevistados

Tabla 31

NIVEL DE PARTICIPACIÓN EN ASOCIACIONES SEGÚN FRECUENCIA DE REUNIONES

Frecuencia de reuniones en la asociación de pertenencia	Total	NSE			Sexo		Edad		
		NSE A/B	NSE C	NSE D/E	Hombre	Mujer	18-24	25-39	40-80
Base real	1530	390	603	537	743	787	264	462	804
Base ponderada	1530	365	656	509	754	776	260	462	808
Bajo asociacionismo (nunca - una o dos veces al año)	85%	89%	87%	81%	85%	85%	92%	87%	82%
Alto asociacionismo (una o dos veces al mes - una vez a la semana)	15%	11%	13%	19%	15%	15%	8%	13%	18%

Base vertical 100%. Total de entrevistados

Gráfico 11

PARTICIPACIÓN EN ORGANIZACIONES. PRINCIPALES MENCIONES (respuesta múltiple)

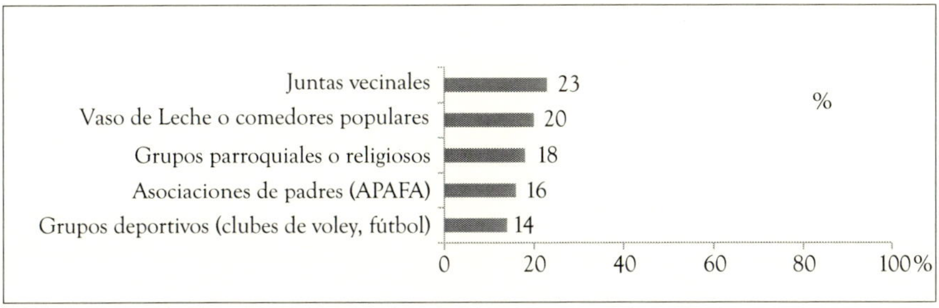

Base: personas que pertenecen a una asociación, 566

Tabla 32

PARTICIPACIÓN CÍVICA 1. MEDIAS Y DESVIACIONES TÍPICAS POR EDAD

	18-24	25-39	40-80	F	p
Participación cívica	M=1.25 (DT=.37)	M= 1.35 (DT= .42)	M= 1.42 (DT= .47)	14.01	.00**
N	260	462	808	1530	1530

**p < .01

Tabla 33

PARTICIPACIÓN CÍVICA 2. DIFERENCIA DE MEDIAS POR EDAD

	Edad		Diferencia de medias	p (Games Howell)
Participación cívica	18-24	25-39	-0.1	.00**
	18-24	40-80	-0.16	.00**
	25-39	40-80	-0.06	.04*

*p < .05 **p < .01

Tabla 34

ACTITUDES HACIA EL HECHO DE VOTAR

¿Cuál de las siguientes frases describe mejor su sentimiento cuando acude a votar?

	Total	NSE			Sexo		Edad			Ideología política		
		NSE A/B	NSE C	NSE D/E	Hombre	Mujer	18-24	25-39	40-80	Izquierda	Centro	Derecha
Base real	1530	390	603	537	743	787	264	462	804	143	843	319
Base ponderada	1530	365	656	509	754	776	260	462	808	146	843	311
Lo hago porque es mi deber y no quiero pagar la multa	46%	40%	46%	50%	44%	48%	48%	51%	42%	43%	47%	38%
Molestia, es una pérdida de tiempo	8%	6%	8%	8%	8%	7%	8%	7%	8%	7%	8%	7%
Satisfacción porque ejerzo mi derecho a votar	42%	49%	43%	36%	44%	40%	33%	39%	47%	46%	40%	53%
Nada en particular	5%	5%	4%	6%	4%	5%	10%	3%	4%	5%	5%	2%

Base vertical 100%. Total de entrevistados

Tabla 35

Participación en política

Participación polírico partidaria - Participación política partidaria dicotómica

	Total	NSE			Sexo		Edad			Ideología política		
		NSE A/B	NSE C	NSE D/E	Hombre	Mujer	18-24	25-39	40-80	Izquierda	Centro	Derecha
Base real	1530	390	603	537	743	787	264	462	804	143	843	319
Base ponderada	1530	365	656	509	754	776	260	462	808	146	843	311
Participa en política	14%	12%	13%	16%	15%	12%	9%	12%	16%	24%	13%	18%
No participa en política	86%	88%	87%	84%	85%	88%	91%	88%	84%	77%	87%	82%

Base vertical 100%. Total de entrevistados

Tabla 36

PARTICIPACIÓN EN POLÍTICA (por tipo de participación)

Le voy a leer algunas cosas que la gente puede o no realizar. Quisiera que me dijera con qué frecuencia usted...

% que responde "siempre/ casi siempre"	Total	NSE			Sexo		Edad			Ideología política		
		NSE A/B	NSE C	NSE D/E	Hombre	Mujer	18-24	25-39	40-80	Izquierda	Centro	Derecha
Base real	1530	390	603	537	743	787	264	462	804	143	843	319
Base ponderada	1530	365	656	509	754	776	260	462	808	146	843	311
Asiste a un mitin político durante campañas electorales	25%	22%	25%	26%	29%	21%	19%	25%	26%	39%	23%	29%
Asiste a reuniones de partidos políticos	16%	16%	17%	15%	19%	13%	8%	14%	20%	26%	15%	21%
Trabaja para un candidato o partido político en campañas electorales	9%	9%	9%	10%	10%	9%	7%	9%	10%	18%	8%	12%

Total de entrevistados que responden Siempre/Casi siempre en cada item

Tabla 37

EXPERIENCIAS DE CLIENTELISMO

¿Algún candidato o alguien de un partido político le ofreció algo, como un favor, comida o alguna otra cosa a cambio de que usted lo apoye yendo a una manifestación, firme algo o vote por él?

	Total	NSE			Sexo		Edad			Ideología política		
		NSE A/B	NSE C	NSE D/E	Hombre	Mujer	18-24	25-39	40-80	Izquierda	Centro	Derecha
Base real	1530	390	603	537	743	787	264	462	804	143	843	319
Base ponderada	1530	365	656	509	754	776	260	462	808	146	843	311
Sí (casi siempre, siempre, alguna vez, rara vez)	21%	17%	22%	25%	22%	21%	19%	23%	21%	19%	25%	19%
Nunca	77%	83%	78%	73%	78%	77%	79%	76%	78%	81%	75%	80%
No sabe/no precisa	1%	0%	1%	3%	1%	2%	2%	2%	1%	1%	1%	1%

Base vertical 100%. Total de entrevistados

Tabla 38

ACTITUDES POSTERIORES A LA PARTICIPACIÓN EN SITUACIONES DE CLIENTELISMO

Y pensando en la última vez que esto pasó, ¿lo que le ofrecieron le hizo estar más inclinado o menos inclinado a votar por el candidato o partido que le ofreció ese bien?

	Total	NSE			Sexo		Edad			Ideología política		
		NSE A/B	NSE C	NSE D/E	Hombre	Mujer	18-24	25-39	40-80	Izquierda	Centro	Derecha
Base real	323	65	131	127	158	165	51	103	169	27	203	58
Base ponderada	328	60	143	125	163	165	50	105	173	27	209	58
Menos inclinado	49%	62%	53%	37%	51%	46%	43%	47%	51%	46.7%	50.5%	45.1%
Ni más ni menos inclinado	40%	32%	40%	45%	39%	41%	52%	43%	35%	36.2%	41.4%	45.0%
Más inclinado	8%	3%	5%	13%	6%	9%	3%	7%	9%	17.1%	5.4%	8.7%
NS/NR	4%	3%	3%	5%	4%	3%	2%	4%	4%	-	2.7%	1.2%

Base vertical 100%. Total de entrevistados Les han ofrecido un favor, comida o alguna cosa a cambio de apoyo político

Gráfico 12

SIGNIFICADO DE DEMOCRACIA PARA LOS RESIDENTES EN LIMA (respuesta múltiple)

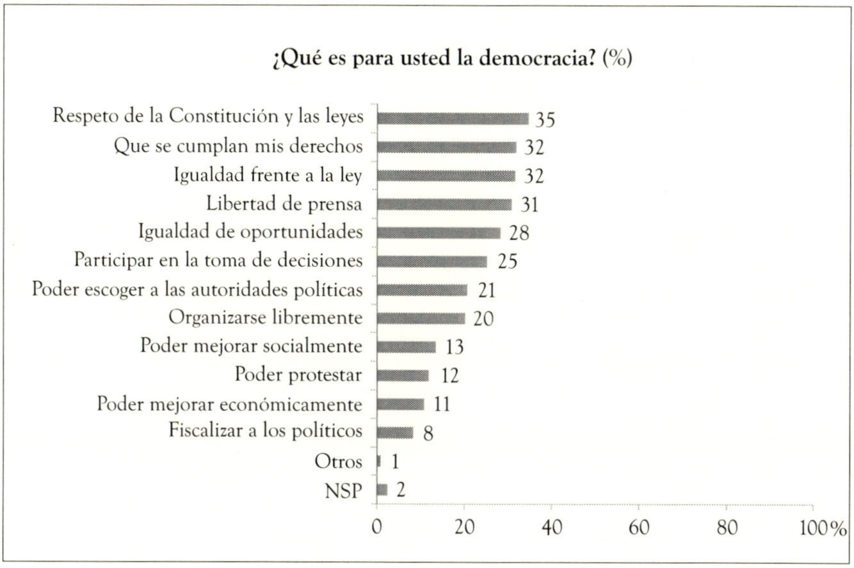

Tabla 39

SATISFACCIÓN CON LA DEMOCRACIA

¿Qué tan satisfecho se encuentra usted con la democracia en nuestro país?

	Total	NSE			Sexo		Edad			Ideologia política		
		NSE A/B	NSE C	NSE D/E	Hombre	Mujer	18-24	25-39	40-80	Izquierda	Centro	Derecha
Base real	1530	390	603	537	743	787	264	462	804	143	843	319
Base ponderada	1530	365	656	509	754	776	260	462	808	146	843	311
Muy satisfecho/ satisfecho	14%	16%	15%	11%	16%	12%	15%	12%	15%	13%	14%	17%
Ni satisfecho ni insatisfecho	40%	45%	37%	41%	39%	41%	42%	43%	38%	28%	43%	41%
Muy insatisfecho/ Insatisfecho	43%	38%	45%	44%	43%	43%	40%	43%	44%	56%	42%	40%
No sabe/no precisa	3%	1%	3%	4%	2%	4%	3%	2%	3%	3%	1%	3%

Base vertical 100%. Total de entrevistados

Tabla 40

APOYO A LA DEMOCRACIA

¿Qué tan de acuerdo se encuentra con la frase: "Puede que la democracia tenga problemas, pero es mejor que cualquier otra forma de gobierno"?

	Total	NSE			Sexo		Edad		
		NSE A/B	NSE C	NSE D/E	Hombre	Mujer	18-24	25-39	40-80
Base real	1530	390	603	537	743	787	264	462	804
Base ponderada	1530	365	656	509	754	776	260	462	808
Totalmente de acuerdo/de acuerdo	67%	76%	65%	63%	68%	66%	64%	62%	70%
Ni de acuerdo ni en desacuerdo	23%	18%	26%	21%	23%	22%	24%	24%	21%
Totalmente en desacuerdo/ en desacuerdo	8%	5%	7%	11%	7%	9%	10%	11%	6%
No sabe/no precisa	3%	2%	2%	5%	2%	3%	3%	3%	3%

Base vertical 100%. Total de entrevistados

Tabla 41

PERCEPCIÓN DE DISCRIMINACIÓN Y APOYO A LA DEMOCRACIA

¿Alguna vez se ha sentido discriminado por alguno de los siguientes aspectos? (Resp. múltiple)

		NSE			Percepción de discriminación (múltiple)					
	Total	NSE A/B	NSE C	NSE D/E	Por su NSE	Por su nivel educativo	Por su color de piel/ raza	Por sus creencias políticas	Por ser provinciano	Ninguno
Base real	1530	390	603	537	324	168	236	82	189	904
Base ponderada	1530	365	656	509	316	171	236	82	191	9902
Los que más apoyan a la democracia	17%	24%	18%	12%	17%	14%	14%	14%	13%	18%
Los que medianamente apoyan a la democracia	64%	63%	63%	66%	64%	67%	65%	59%	62%	64%
Los que menos apoyan a la democracia	19%	13%	20%	22%	19%	19%	21%	28%	25%	17%

Base vertical 100%. Total de entrevistados

Tabla 42

SATISFACCIÓN CON LA DEMOCRACIA Y APOYO A LA DEMOCRACIA (cuadro al 100%)

	Bajo apoyo a la democracia	Alto apoyo a la democracia
Satisfecho con la democracia	3%	11%
Insatisfecho con la democracia	28%	58%

Total al 100%. Total de entrevistados

Tabla 43

Actitudes hacia la "mano dura" para gobernar

¿Qué tan de acuerdo se encuentra con la frase: "En este país se necesita mano dura para gobernar"?

	Total	NSE			Sexo		Edad			Ideologia política		
		NSE A/B	NSE C	NSE D/E	Hombre	Mujer	18-24	25-39	40-80	Izq.	Centro	Derecha
Base real	1530	390	603	537	743	787	264	462	804	143	843	319
Base ponderada	1530	365	656	509	754	776	260	462	808	146	843	311
Totalmente de acuerdo/ de acuerdo	72%	66%	73%	74%	71%	72%	66%	76%	71%	74%	72%	73%
Ni de acuerdo ni en desacuerdo	16%	19%	15%	15%	16%	16%	18%	14%	16%	14%	17%	13%
Totalmente en desacuerdo/en desacuerdo	11%	14%	11%	10%	12%	11%	14%	9%	12%	12%	11%	12%
No sabe/no precisa	1%	1%	1%	1%	1%	1%	1%	1%	1%	1%	1%	1%

Base vertical 100%. Total de entrevistados

Tabla 44

MANO DURA Y APOYO A LA DEMOCRACIA (al 100%)

	Apoyo a la democracia	No apoya/dudas con democracia
De acuerdo con mano dura	51%	21%
Desacuerdo o dudas con mano dura	18%	10%

Total al 100%. Total de entrevistados

Tabla 45

TIPO DE GOBIERNO MÁS CAPACITADO PARA RESOLVER DIVERSOS TIPOS DE PROBLEMAS

	Tipos de gobierno			
	Autoritario por golpe de Estado	Demócrata pero con mano dura	Demócrata con participación de todos	Total
Delincuencia	15%	70%	15%	100%
Terrorismo	19%	68%	13%	100%
Corrupción	13%	63%	24%	100%
Baja calidad del sistema de justicia	6%	56%	38%	100%
Mala administración estatal/ burocracia	5%	55%	40%	100%
Pobreza	3%	39%	58%	100%
Desigualdad	4%	40%	56%	100%
Bajos sueldos	2%	41%	56%	100%
Desempleo	3%	42%	55%	100%
Baja calidad de la educación/ salud	3%	43%	54%	100%
N	~	~	~	1530

Base horizontal: 100%. Total de entrevistados

Gráfico 13
ARGUMENTOS JUSTIFICATIVOS DE UN GOLPE MILITAR

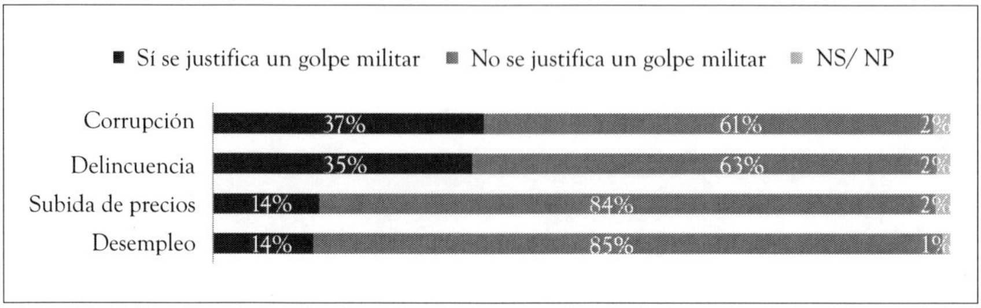

Gráfico 14
ACTITUDES HACIA LA DEMOCRACIA Y FORMAS ALTERNATIVAS DE GESTIÓN DEL PODER

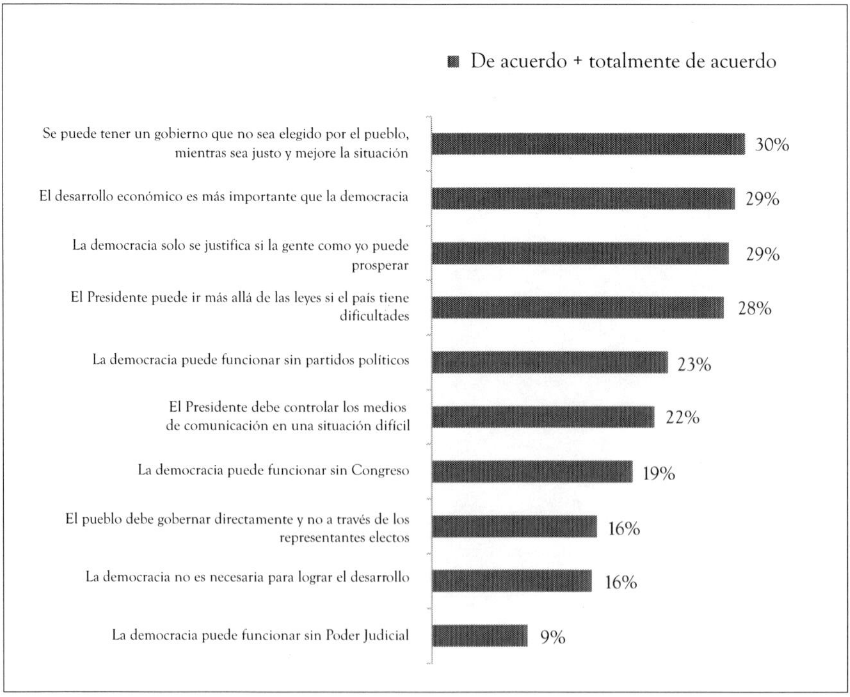

Tabla 46

INTERÉS POR LOS PARTIDOS POLÍTICOS

Ahora me gustaría saber qué tanto interés tiene usted por lo que ocurre con los siguientes temas en nuestro país.
- Lo que ocurre con los partidos políticos.

	Total	NSE			Sexo		Edad			Ideología política		
		NSE A/B	NSE C	NSE D/E	Hombre	Mujer	18-24	25-39	40-80	Izq.	Centro	Derecha
Base real	1530	390	603	537	743	787	264	462	804	143	843	319
Base ponderada	1530	365	656	509	754	776	260	462	808	146	843	311
Mucho interés	9%	11%	8%	7%	11%	6%	7%	8%	9%	13%	8%	10%
Algo de interés	22%	27%	23%	17%	23%	21%	21%	25%	21%	22%	23%	25%
Poco interés	44%	44%	41%	47%	44%	44%	48%	40%	45%	41%	47%	41%
Nada de interés	26%	18%	27%	29%	22%	29%	24%	27%	25%	24%	22%	23%
Mucho/algo de interés	31%	39%	31%	24%	34%	28%	28%	33%	30%	35%	31%	36%
Poco/nada de interés	70%	61%	69%	76%	67%	72%	72%	67%	70%	65%	69%	65%

Base vertical 100%. Total de entrevistados

Tabla 47

CONFIANZA EN LOS PARTIDOS POLÍTICOS

Dígame ahora, ¿qué tanto confía en los partidos políticos?

	Total	NSE			Sexo		Edad			Ideología política		
		NSE A/B	NSE C	NSE D/E	Hombre	Mujer	18-24	25-39	40-80	Izq.	Centro	Derecha
Base real	1530	390	603	537	743	787	264	462	804	143	843	319
Base ponderada	1530	365	656	509	754	776	260	462	808	146	843	311
Confía mucho/ algo	10%	9%	12%	8%	12%	8%	12%	9%	10%	9%	10%	12%
Confía poco/no confía	90%	90%	88%	92%	88%	91%	87%	91%	90%	91%	90%	88%
NS/NP	0%	1%	0%	0%	0%	0%	1%	-	0%	1%	0%	0%

Base vertical 100%. Total de entrevistados

Tabla 48

SIMPATÍA HACIA LÍDERES Y PARTIDOS POLÍTICOS

% que responde "Sí"	Total	NSE			Sexo		Edad			Ideología política		
		NSE A/B	NSE C	NSE D/E	Hombre	Mujer	18-24	25-39	40-80	Izq.	Centro	Derecha
Base real	1530	390	603	537	743	787	264	462	804	143	843	319
Base ponderada	1530	365	656	509	754	776	260	462	808	146	843	311
En este momento, ¿simpatiza con algún partido político?	20%	17%	20%	21%	23%	16%	10%	19%	23%	36%	19%	21%
¿Simpatiza con algún líder político en particular?	27%	29%	26%	26%	29%	25%	16%	25%	31%	39%	27%	29%

Total de entrevistados que responden sí a cada ítem

Tabla 49

Evaluación de los partidos políticos

¿Cómo calificaría la labor que vienen realizando los partidos políticos en el Perú?

	Total	NSE			Sexo		Edad			Ideología política		
		NSE A/B	NSE C	NSE D/E	Hombre	Mujer	18-24	25-39	40-80	Izq.	Centro	Derecha
Base real	1530	390	603	537	743	787	264	462	804	143	843	319
Base ponderada	1530	365	656	509	754	776	260	462	808	146	843	311
Muy bien/bien	2%	2%	2%	1%	1%	2%	2%	3%	1%	4%	2%	2%
Regular	40%	41%	41%	36%	39%	40%	48%	40%	37%	37%	41%	44%
Muy mal/mal	57%	55%	55%	60%	58%	55%	47%	56%	60%	58%	56%	54%
No sabe/no precisa	2%	2%	2%	3%	2%	3%	4%	1%	2%	2%	2%	1%

Base vertical 100%. Total de entrevistados

Tabla 50

Actitudes hacia el rol de los partidos en un gobierno

¿Qué tan de acuerdo se encuentra con la frase: "Para gobernar un Presidente no necesita de partidos, suficiente con hacer una buena campaña para ganar las elecciones"?

% que está totalmente de acuerdo/de acuerdo	Total	NSE			Sexo		Edad			Ideología política		
		NSE A/B	NSE C	NSE D/E	Hombre	Mujer	18-24	25-39	40-80	Izq.	Centro	Derecha
Base real	1530	390	603	537	743	787	264	462	804	143	843	319
Base ponderada	1530	365	656	509	754	776	260	462	808	146	843	311
Un Presidente puede hacer un buen gobierno con él al mando y un buen grupo de técnicos	64%	62%	66%	63%	64%	63%	63%	65%	64%	64%	63%	69%

Total de entrevistados que responden Totalmente de acuerdo/de acuerdo

Tabla 51

CARACTERÍSTICAS ESPERADAS DE UN CANDIDATO A LA PRESIDENCIA

Ahora me gustaría que me diga qué cualidades debe tener el candidato ideal a la presidencia.

	Total	NSE			Sexo		Edad			Ideologia política		
		NSE A/B	NSE C	NSE D/E	Hombre	Mujer	18-24	25-39	40-80	Izq	Centro	Derecha
Base real	1530	390	603	537	743	787	264	462	804	143	843	319
Base ponderada	1530	365	656	509	754	776	260	462	808	146	843	311
Que sea honesto/ honrado	56%	63%	57%	50%	55%	57%	55%	54%	57%	61%	58%	54%
Que haga obras	28%	24%	27%	31%	27%	28%	28%	29%	27%	20%	29%	26%
Que tenga carácter/ que sea firme/ mano dura	24%	25%	23%	23%	24%	23%	24%	26%	23%	20%	24%	23%
Que tenga un plan de trabajo	24%	29%	22%	25%	25%	24%	29%	23%	24%	26%	24%	24%
Que tenga capacidad en la gestión pública	22%	25%	21%	22%	24%	20%	20%	21%	23%	19%	23%	24%
Que combata la inseguridad ciudadana	21%	22%	18%	23%	20%	21%	19%	22%	20%	21%	19%	25%
Que tenga credibilidad política	17%	18%	16%	16%	16%	17%	18%	15%	17%	18%	17%	15%
Que tenga experiencia como funcionario	17%	18%	17%	16%	16%	18%	19%	16%	17%	12%	16%	21%
Que sea democrático	15%	23%	15%	10%	16%	15%	9%	15%	18%	18%	16%	15%
Que tenga propuestas nuevas/diferentes	13%	13%	14%	13%	14%	13%	15%	12%	14%	14%	13%	14%
Que sea un buen técnico	11%	13%	9%	12%	12%	9%	10%	10%	11%	9%	10%	16%
Que parezca mejor que los otros/el menos malo	6%	6%	4%	8%	6%	6%	4%	5%	7%	6%	6%	6%
Que sea de un partido político con experiencia	4%	5%	4%	4%	4%	4%	2%	4%	5%	8%	3%	5%
Otras cualidades	3%	5%	2%	2%	3%	3%	2%	3%	3%	4%	3%	3%
NS/NP	3%	2%	3%	3%	2%	3%	4%	4%	2%	3%	1%	3%

Base vertical múltiple. Total de entrevistados

Gráfico 15
Actitudes hacia la intervención del Estado

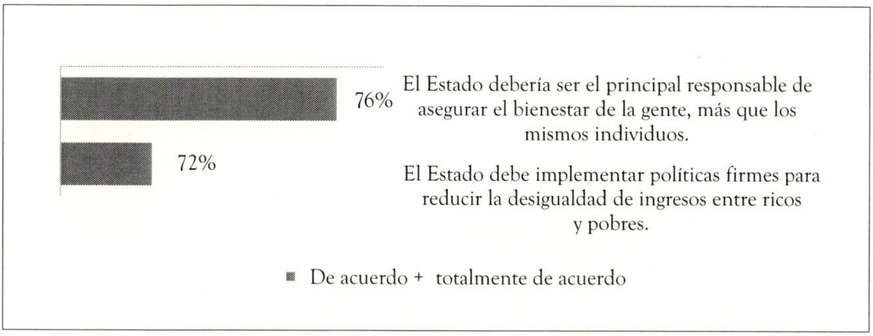

Gráfico 16
Actitudes hacia el rol de la empresa privada

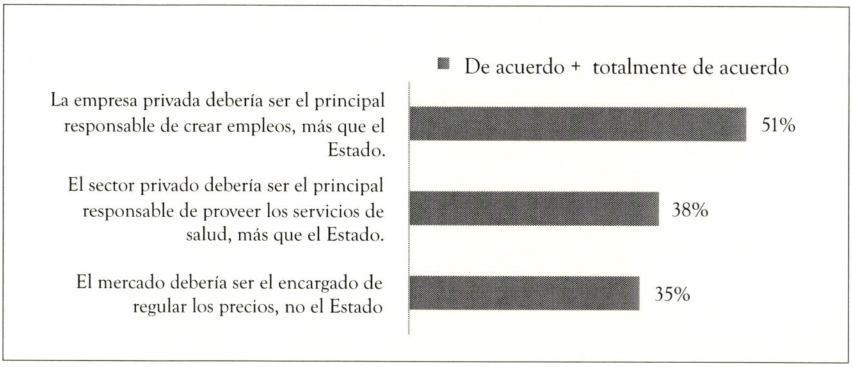

2. Subculturas políticas en Lima

Tabla 52

Cargas de los factores en los diferentes tipos de subculturas políticas

	Grupos			
Factores	Conformista desinformado	Renegado insatisfecho	Leal institucional	Crítico participativo
Factor 1: Evaluación de las instituciones	-0.04	0.1	0.06	-0.18
Factor 2: Participación cívico/ política	-0.17	-0.3	-0.3	1.66
Factor 3: Orientación al *input*	-0.19	0.06	0.35	0.02
Factor 4: Competencia informativa	-0.39	0.24	0.23	0.38
Factor 5: Actitudes hacia la autoridad	0.17	-0.22	-0.21	0.25
Factor 6: Interés político eventual	-0.15	0.37	-0.11	-0.28
Factor 7: Simpatía político partidista	-0.4	-0.36	1.68	0.02
Factor 8: Tolerancia política	0.28	-0.56	0.3	0.12
Factor 9: Soporte a la democracia	0.36	-0.53	0	0.14
Factor 10: Demanda de apertura institucional	-0.41	0.33	-0.14	0.68
Factor 11: Interés en temas del *output* y locales	0.03	0.08	0.05	-0.35

Gráfico 17
CONFORMACIÓN DE LOS SEGMENTOS DE SUBCULTURAS POLÍTICAS

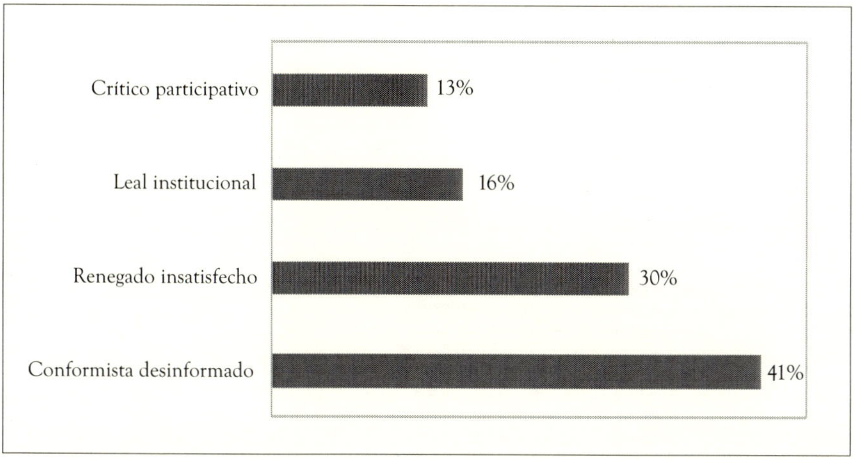

Gráfico 18
PRINCIPALES DIFERENCIAS ENTRE CONFORMISTAS DESINFORMADOS Y TOTAL POBLACIÓN (%)

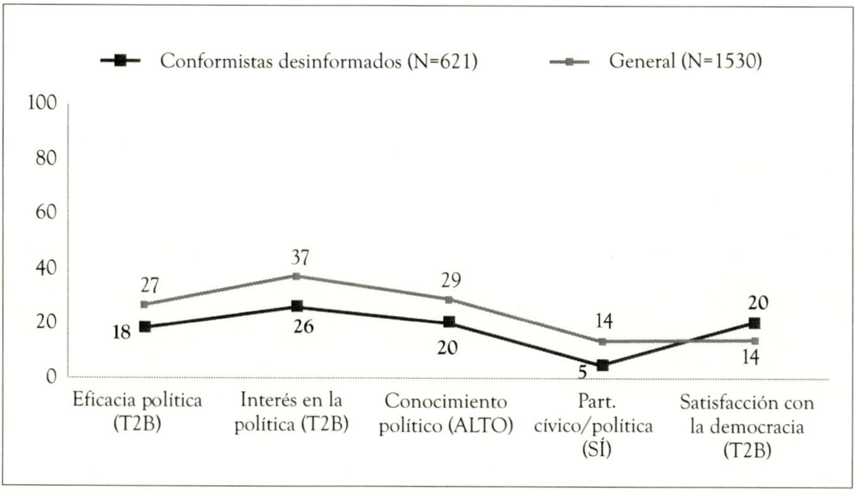

Gráfico 19

Perfil sociodemográfico de los conformistas desinformados (%)

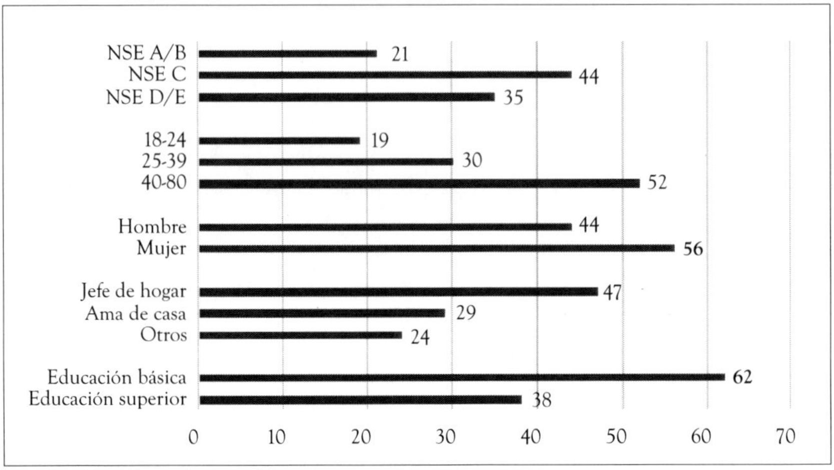

Gráfico 20

Principales diferencias entre los renegados insatisfechos y total población (%)

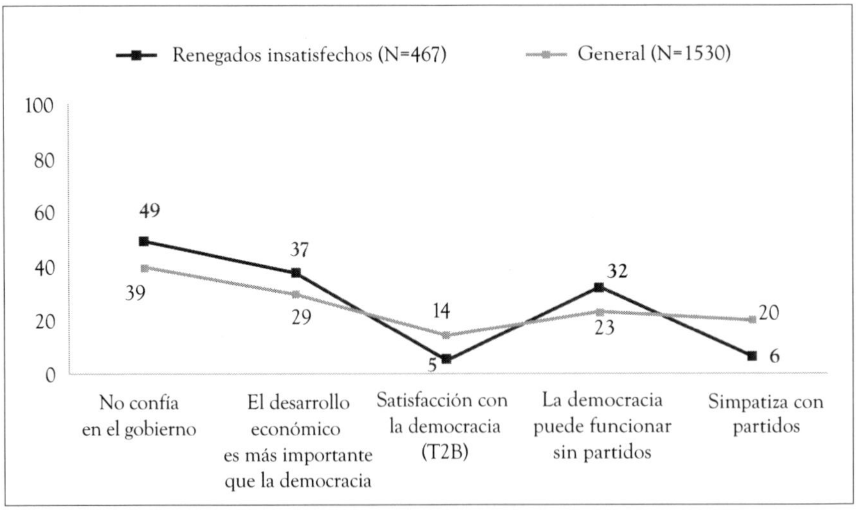

Gráfico 21

Perfil sociodemográfico de los renegados insatisfechos (%)

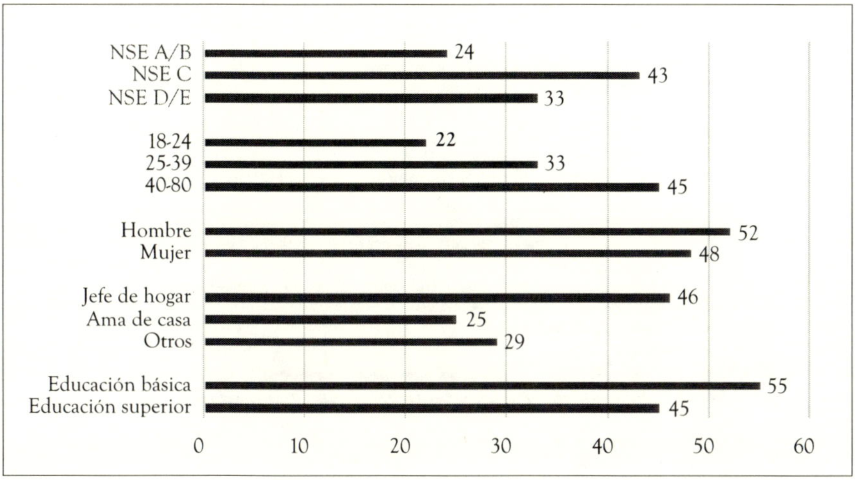

Gráfico 22

Principales diferencias entre los leales institucionales y total población (%)

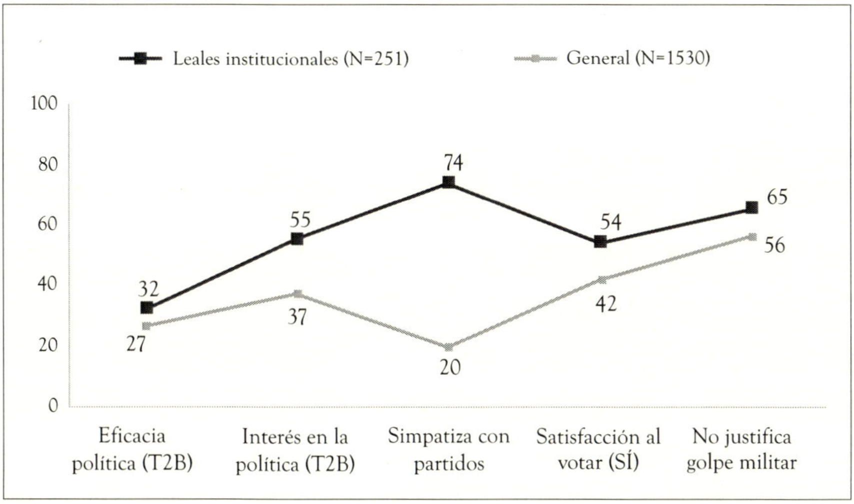

Gráfico 23

PERFIL SOCIODEMOGRÁFICO DE LOS LEALES INSTITUCIONALES (%)

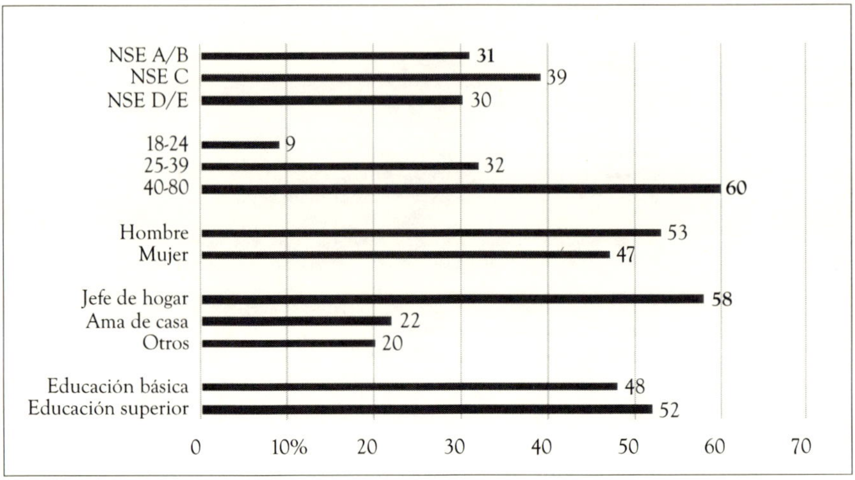

Gráfico 24

PRINCIPALES DIFERENCIAS ENTRE LOS CRÍTICOS PARTICIPATIVOS Y TOTAL POBLACIÓN (%)

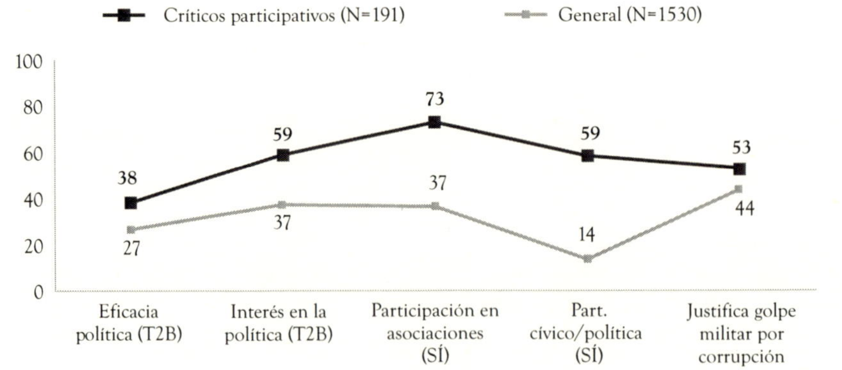

Gráfico 25

Perfil sociodemográfico de los críticos participativos (%)

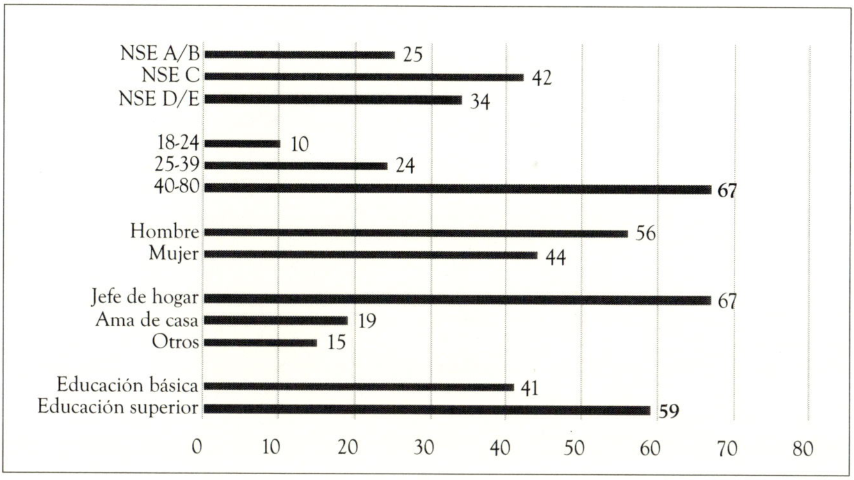

Tabla 53

Autopercepción política según subcultura política

Hoy en día, cuando se habla de tendencias políticas, mucha gente habla de aquellos que simpatizan más con la izquierda o con la derecha. ¿Dónde se ubicaría usted en esta escala?

	Total	Subcultura política			
		Crítico participativo	Conformista desinformado	Leal institucional	Renegado insatisfecho
Base real	1530	183	626	247	474
Base ponderada	1530	191	621	251	467
Izquierda	10%	16%	7%	13%	8%
Centro	55%	55%	51%	54%	61%
Derecha	20%	24%	22%	24%	15%
No sabe/ No precisa	15%	5%	20%	9%	16%

Base vertical 100%. Total de entrevistados.

Escala del 1 al 10. Se consideró 1 al 3 Izquierda, 4 al 7 Centro y 8 al 10 Derecha

Tabla 54

PERCEPCIÓN DE EFICACIA POLÍTICA INTERNA Y EXTERNA SEGÚN SUBCULTURA POLÍTICA

Ahora le voy a leer unas frases sobre el gobierno actual y quisiera que me contestara qué tan de acuerdo o en desacuerdo está con ellas:

% Totalmente de acuerdo/ de acuerdo	Total	Subcultura política			
		Crítico participativo	Conformista desinformado	Leal institucional	Renegado insatisfecho
Base real	1530	183	626	247	474
Base ponderada	1530	191	621	251	467
A los que gobiernan el país les interesa lo que piensa la gente como yo	20%	24%	16%	24%	23%
Personas como yo pueden realmente influir en lo que el gobierno hace	27%	38%	18%	32%	30%

Total entrevistados que responden Totalmente de acuerdo/de acuerdo en cada ítem

Tabla 55

ACTITUDES HACIA EL VOTO SEGÚN SUBCULTURA POLÍTICA

¿Cuál de las siguientes frases describe mejor su sentimiento cuando va a votar?

¿Cuál de las siguientes frases describe mejor su sentimiento cuando va a votar?	Total	Subcultura política			
		Crítico participativo	Conformista desinformado	Leal institucional	Renegado insatisfecho
Base real	1530	183	626	247	474
Base ponderada	1530	191	621	251	467
Lo hago porque es mi deber y no quiero pagar la multa	46%	35%	48%	39%	51%
Molestia, es una pérdida de tiempo	8%	6%	9%	4%	8%
Satisfacción porque ejerzo mi derecho a votar	42%	56%	37%	54%	37%
Nada en particular	5%	3%	7%	3%	4%

Base vertical 100%. Total de entrevistados

Tabla 56

NIVEL DE INTERÉS EN LA POLÍTICA SEGÚN SUBCULTURA POLÍTICA

¿Qué tanto interés diría usted que tiene en la política?

	Total	Subcultura política			
		Crítico participativo	Conformista desinformado	Leal institucional	Renegado insatisfecho
Base real	1530	183	626	247	474
Base ponderada	1530	191	621	251	467
Mucho/Algo de interés	37%	59%	26%	55%	34%
Poco/nada de interés	63%	41%	74%	45%	66%

Base vertical 100%. Total de entrevistados

Tabla 57

INTERÉS EN TEMAS VINCULADOS A PARTIDOS Y CONGRESO SEGÚN SUBCULTURA POLÍTICA

Ahora me gustaría saber ¿Qué tanto interés tiene usted por lo que ocurre con los siguientes temas en nuestro país?

	Total	Subcultura política			
		Crítico participativo	Conformista desinformado	Leal institucional	Renegado insatisfecho
Base real	1530	183	626	247	474
Base ponderada	1530	191	621	251	467
Mucho/algo de interés por lo que ocurre en los partidos	31%	37%	21%	47%	32%
Poco/nada de interés por lo que ocurre en los partidos	70%	63%	79%	53%	68%
Base vertical 100%					
Mucho/algo de interés por lo que ocurre en el Congreso	38%	53%	27%	50%	38%
Poco/nada de interés por lo que ocurre en el Congreso	62%	47%	73%	50%	61%

Base vertical 100%. Total de entrevistados

Tabla 58

Nivel de conocimiento político según subcultura política

	Total	Subcultura política			
		Crítico participativo	Conformista desinformado	Leal institucional	Renegado insatisfecho
Base real	1530	183	626	247	474
Base ponderada	1530	191	621	251	467
Bajo conocimiento político	40%	31%	52%	28%	35%
Conocimiento político intermedio	31%	29%	28%	31%	34%
Alto conocimiento político	29%	40%	20%	42%	31%

Base vertical 100%. Total de entrevistados

Tabla 59

Nivel de uso de medios para informarse sobre asuntos políticos según subcultura política

	Total	Subcultura política			
		Crítico participativo	Conformista desinformado	Leal institucional	Renegado insatisfecho
Base real	1530	183	626	247	474
Base ponderada	1530	191	621	251	467
Uso bajo de medios para informarse de política	55%	31%	72%	43%	50%
Uso mediano de medios para informarse de política	35%	44%	25%	38%	41%
Uso alto de medios para informarse de política	10%	25%	3%	19%	9%

Base vertical 100%. Total de entrevistados

Tabla 60
Frecuencia de uso de medios para informarse sobre asuntos políticos según subcultura política

¿Con qué frecuencia utiliza los siguientes medios para informarse de política?

% Siempre/casi siempre	Total	Subcultura política			
		Crítico participativo	Conformista desinformado	Leal institucional	Renegado insatisfecho
Base real	1530	183	626	247	474
Base ponderada	1530	191	621	251	467
Ve noticias en la TV sobre política	33%	52%	20%	40%	39%
Lee noticias en los periódicos sobre política	22%	38%	11%	33%	24%
Escucha noticias por la radio sobre política	21%	32%	12%	27%	23%
Conversa con amigos y/o familiares sobre política	12%	35%	4%	19%	8%
Lee o escucha noticias en internet sobre política	9%	21%	4%	12%	11%

Total de entrevistados que responden Siempre/casi siempre en cada ítem

Tabla 61
Pertenencia a asociaciones según subcultura política

	Total	Subcultura política			
		Crítico participativo	Conformista desinformado	Leal institucional	Renegado insatisfecho
Base real	1530	183	626	247	474
Base ponderada	1530	191	621	251	467
No pertenece	64%	27%	65%	64%	76%
Si pertenece	36%	73%	35%	36%	24%

Base vertical 100%. Total de entrevistados

Tabla 62

Tipo de participación en asociaciones según subcultura política

	Total	Subcultura política			
		Crítico participativo	Conformista desinformado	Leal institucional	Renegado insatisfecho
Base real	565	135	225	93	112
Base ponderada	559	140	218	90	111
Miembro	89%	84%	93%	83%	91%
Dirigente	11%	16%	7%	17%	9%

Base vertical 100%. Total de entrevistados que participan en alguna organización

Tabla 63

Razones de voto según subcultura política

¿Por qué razón votó por este candidato? (elecciones municipales 2014)

¿Por qué razón votó por este candidato (a la alcaldía)?	Total	Subcultura política			
		Crítico participativo	Conformista desinformado	Leal institucional	Renegado insatisfecho
Base real	1163	147	464	214	338
Base ponderada	1150	152	455	213	330
Porque hizo obras	47%	36%	54%	47%	44%
Por su experiencia en gestión pública	36%	34%	36%	36%	36%
Por sus propuestas/plan de trabajo	31%	36%	27%	30%	37%
Características de la persona	31%	43%	25%	38%	29%
Me pareció mejor que los otros/ menos malo	14%	15%	16%	12%	14%
Porque es buen técnico	6%	8%	4%	8%	7%
Porque combate la inseguridad ciudadana	4%	5%	2%	5%	7%
Porque su partido político lo respalda	3%	5%	2%	5%	3%
Otras razones	1%	1%	1%	2%	1%
NS/NP	0%	-	0%	-	1%

Base vertical múltiple. Total de entrevistados que votaron en las últimas elecciones municipales

Tabla 64

ACTITUD HACIA FORMAS DE PROTESTA CIVIL Y POLÍTICA EXTREMAS
(bloqueo de calles o carreteras y toma de poder por medios violentos)

	Total	Subcultura política			
		Crítico participativo	Conformista desinformado	Leal institucional	Renegado insatisfecho
Base real	1530	183	626	247	474
Base ponderada	1530	191	621	251	467
Actitud negativa hacia las protestas extremas	74%	73%	81%	75%	66%
Actitud indiferente hacia las protestas extremas	18%	19%	14%	15%	25%
Actitud positiva hacia las protestas extremas	8%	9%	5%	10%	9%

Base vertical 100%. Total de entrevistados

Tabla 65

NIVEL DE SATISFACCIÓN CON LA DEMOCRACIA SEGÚN SUBCULTURA POLÍTICA

¿Qué tan satisfecho se encuentra usted con la democracia en nuestro país?

	Total	Subcultura política			
		Crítico participativo	Conformista desinformado	Leal institucional	Renegado insatisfecho
Base real	1530	183	626	247	474
Base ponderada	1530	191	621	251	467
Muy satisfecho/ satisfecho	14%	19%	20%	12%	5%
Ni satisfecho ni insatisfecho	40%	34%	45%	49%	32%
Muy insatisfecho/ insatisfecho	43%	46%	30%	39%	62%
No sabe/no precisa	3%	1%	4%	1%	2%

Base vertical 100%. Total de entrevistados

Tabla 66

APOYO HACIA LA DEMOCRACIA SEGÚN SUBCULTURA POLÍTICA: CONFORMISTAS DESINFORMADOS

¿Qué tan de acuerdo se encuentra con la frase: "Puede que la democracia tenga problemas, pero es mejor que cualquier otra forma de gobierno"?

	Total	Subcultura política			
		Crítico participativo	Conformista desinformado	Leal institucional	Renegado insatisfecho
Base real	1530	183	626	247	474
Base ponderada	1530	191	621	251	467
Totalmente de acuerdo/de acuerdo	67%	69%	71%	74%	57%
Ni de acuerdo ni en desacuerdo	23%	18%	19%	13%	34%
Totalmente en desacuerdo/en desacuerdo	8%	10%	6%	11%	8%
No sabe/no precisa	3%	3%	4%	2%	1%

Base vertical 100%. Total de entrevistados

Tabla 67

ACTITUDES HACIA EL ROL DEL ESTADO CON RELACIÓN AL BIENESTAR SEGÚN SUBCULTURA POLÍTICA

Hasta qué punto está de acuerdo o en desacuerdo con la siguiente afirmación: "El Estado debería ser el principal responsable de asegurar el bienestar de la gente, más que los mismos individuos"?

	Total	Subcultura política			
		Crítico participativo	Conformista desinformado	Leal institucional	Renegado insatisfecho
Base real	1530	183	626	247	474
Base ponderada	1530	191	621	251	467
Totalmente de acuerdo/ de acuerdo	76%	75%	84%	69%	69%
Ni de acuerdo ni en desacuerdo	14%	15%	10%	19%	18%
Totalmente en desacuerdo/ en desacuerdo	9%	10%	6%	11%	13%
No sabe/no precisa	1%	-	1%	1%	0%

Base vertical 100%. Total de entrevistados

Tabla 68

Valores de Schwartz (Top Box) según subcultura política

% Se parece mucho a mí (Top Box)	Total	Subcultura política			
		Crítico participativo	Conformista desinformado	Leal institucional	Renegado insatisfecho
Base real	1530	183	626	247	474
Base ponderada	1530	191	621	251	467
TRADICIÓN					
Para él/ella es importante ser humilde y modesto/a. Trata de no llamar la atención	24%	29%	26%	23%	19%
Las tradiciones son importantes para él/ella. Procura seguir las costumbres de su religión o de su familia	17%	20%	19%	20%	11%
CONFORMIDAD					
Opina que la gente debe seguir las reglas todo el tiempo, aun cuando nadie la esté observando. Las personas deben hacer lo que se les dice que hagan	15%	19%	14%	17%	13%
Es importante para él/ella comportarse siempre correctamente. Evita cualquier cosa que la gente puede juzgar como incorrecta	19%	27%	19%	19%	16%
SEGURIDAD					
Le importa vivir en lugares seguros. Evita cualquier cosa que pudiera poner en peligro su seguridad	29%	34%	27%	34%	26%
Es importante para él/ella que el gobierno lo proteja contra todos los peligros. Quiere que el Estado sea fuerte para que defienda a sus ciudadanos	20%	30%	20%	22%	14%

% Se parece mucho a mí (Top Box)	Total	Subcultura política			
		Crítico participativo	Conformista desinformado	Leal institucional	Renegado insatisfecho
AUTODIRECCIÓN					
Tener ideas nuevas y ser creativo/a es importante para él/ ella. Le gusta hacer las cosas de manera propia y original	22%	24%	19%	26%	23%
Es importante para él/ella tomar sus propias decisiones acerca de lo que hace. Le gusta tener libertad y no depender de los demás	29%	32%	28%	30%	28%
ESTIMULACION					
Le gustan las sorpresas y siempre busca experimentar cosas nuevas. Piensa que es importante hacer muchas cosas diferentes en la vida	14%	20%	14%	10%	13%
Anda siempre en busca de aventuras y le gusta arriesgarse. Tener una vida llena de emociones es importante para él/ella	7%	12%	6%	5%	8%
HEDONISMO					
Pasarla bien es muy importante para él/ella. Le gusta "engreírse" a sí mismo/a	13%	17%	12%	13%	14%
Busca cualquier oportunidad para divertirse. Para él/ella es importante hacer cosas que le resultan placenteras	7%	9%	8%	7%	7%
UNIVERSALISMO					
Piensa que es importante que a todas las personas del mundo se les trate con igualdad. Cree que todos deberían tener las mismas oportunidades en la vida	30%	33%	32%	31%	25%
Le parece importante escuchar a las personas que son distintas a él/ ella. Desea entenderlas, incluso cuando está en desacuerdo con ellas	17%	23%	18%	20%	14%
Cree firmemente que las personas deben proteger la naturaleza. Le importa cuidar el medio ambiente.	24%	33%	22%	24%	22%

BENEVOLENCIA					
Es muy importante para él/ella ayudar a la gente que le/la rodea. Se preocupa por su bienestar	24%	36%	23%	25%	20%
Es importante para él/ella ser leal a sus amigos. Se entrega totalmente a las personas cercanas a él/ella	18%	24%	19%	21%	12%
PODER					
Para él/ella es importante ser rico/a. Quiere tener mucho dinero y cosas caras	3%	2%	3%	4%	4%
Para él/ella es importante ser respetado por la gente. Desea que las personas hagan lo que él/ella dice	11%	13%	10%	10%	11%
LOGRO					
Para él/ella es importante mostrar sus habilidades. Quiere que la gente lo/la admire por lo que hace	13%	14%	12%	13%	13%
Para él/ella es importante ser una persona muy exitosa. Espera que la gente reconozca sus logros	11%	15%	12%	12%	9%

Total entrevistados que responden Se parece mucho a mí en cada ítem

Tabla 69

NIVEL DE TOLERANCIA POLÍTICA SEGÚN SUBCULTURA POLÍTICA

	Total	Subcultura política			
		Crítico participativo	Conformista desinformado	Leal institucional	Renegado insatisfecho
Base real	1530	183	626	247	474
Base ponderada	1530	191	621	251	467
Baja tolerancia politica	21%	14%	20%	11%	30%
Alta tolerancia politica	79%	86%	80%	89%	70%

Base vertical 100%. Total de entrevistados.

Tabla 70

NIVEL DE INTERÉS HACIA LA POLÍTICA SEGÚN SUBCULTURA POLÍTICA

¿Qué tanto interés diría usted que tiene en la política?

	Total	Subcultura política			
		Crítico participativo	Conformista desinformado	Leal institucional	Renegado insatisfecho
Base real	1530	183	626	247	474
Base ponderada	1530	191	621	251	467
Mucho/algo de interés	37%	59%	26%	55%	34%
Poco/nada de interés	63%	41%	74%	45%	66%

Base vertical 100%. Total de entrevistados.

Tabla 71

NIVEL DE INTERÉS POLÍTICO EVENTUAL SEGÚN SUBCULTURA POLÍTICA

Quisiera que me diga qué tan de acuerdo o en desacuerdo se encuentra con las siguientes afirmaciones.

% Totalmente de acuerdo/de acuerdo	Total	Subcultura política			
		Crítico participativo	Conformista desinformado	Leal institucional	Renegado insatisfecho
Base real	1530	183	626	247	474
Base ponderada	1530	191	621	251	467
La política me interesa solo cuando hay elecciones	42%	27%	41%	31%	55%
La política me interesa solo cuando trata temas que me afectan personalmente	38%	28%	33%	31%	51%

Total de entrevistados que responden Totalmente de acuerdo/de acuerdo en cada ítem

Tabla 72

NIVEL DE CONOCIMIENTO POLÍTICO SEGÚN SUBCULTURA POLÍTICA

	Total	Subcultura política			
		Crítico participativo	Conformista desinformado	Leal institucional	Renegado insatisfecho
Base real	1530	183	626	247	474
Base ponderada	1530	191	621	251	467
Bajo conocimiento político	40%	31%	52%	28%	35%
Conocimiento político intermedio	31%	29%	28%	31%	34%
Alto conocimiento político	29%	40%	20%	42%	31%

Base vertical 100%. Total de entrevistados.

Tabla 73

FRECUENCIA DE USO DE MEDIOS PARA INFORMARSE SOBRE POLÍTICA SEGÚN SUBCULTURA POLÍTICA

¿Con qué frecuencia utiliza los siguientes medios para informarse de política?

% Siempre/casi siempre	Total	Subcultura política			
		Crítico participativo	Conformista desinformado	Leal institucional	Renegado insatisfecho
Base real	1530	183	626	247	474
Base ponderada	1530	191	621	251	467
Ve noticias en la TV sobre política	33%	52%	20%	40%	39%
Lee noticias en los periódicos sobre política	22%	38%	11%	33%	24%
Escucha noticias por la radio sobre política	21%	32%	12%	27%	23%
Conversa con amigos y/o familiares sobre política	12%	35%	4%	19%	8%
Lee o escucha noticias en internet sobre política	9%	21%	4%	12%	11%

Total de entrevistados que responden Siempre/casi siempre en cada ítem

Tabla 74

FRECUENCIA CON QUE SE HA JUNTADO PARA RESOLVER ALGÚN PROBLEMA DEL BARRIO/VECINOS

¿Alguna vez se ha juntado con otras personas para resolver algún problema de interés común o para resolver un problema del barrio con sus vecinos? Por favor dígame ¿Con qué frecuencia usted se junta o se ha juntado con otras personas para resolver estos temas?

	Total	Subcultura política			
		Crítico Participativo	Conformista Desinformado	Leal Institucional	Renegado Insatisfecho
Base real	1530	183	626	247	474
Base ponderada	1530	191	621	251	467
Baja cooperación (nunca- una o dos veces al año)	85%	54%	89%	88%	91%
Alta cooperación (una o dos veces al mes/una vez a la semana)	15%	46%	11%	12%	9%

Base vertical 100%. Total de entrevistados

Tabla 75

PERTENENCIA A ASOCIACIONES SEGÚN SUBCULTURA POLÍTICA

	Total	Subcultura política			
		Crítico participativo	Conformista desinformado	Leal institucional	Renegado insatisfecho
Base real	1530	183	626	247	474
Base ponderada	1530	191	621	251	467
No pertenece	64%	27%	65%	64%	76%
Sí pertenece	36%	73%	35%	36%	24%

Base vertical 100%. Total de entrevistados

Tabla 76

ACTITUDES HACIA EL VOTO SEGÚN SUBCULTURA POLÍTICA

¿Cuál de las siguientes frases describe mejor su sentimiento cuando va a votar?

	Total	Subcultura política			
		Crítico participativo	Conformista desinformado	Leal institucional	Renegado insatisfecho
Base real	1530	183	626	247	474
Base ponderada	1530	191	621	251	467
Lo hago porque es mi deber y no quiero pagar la multa	46%	35%	48%	39%	51%
Molestia, es una pérdida de tiempo	8%	6%	9%	4%	8%
Satisfacción porque ejerzo mi derecho a votar	42%	56%	37%	54%	37%
Nada en particular	5%	3%	7%	3%	4%

Base vertical 100%. Total de entrevistados

Tabla 77

DEMANDA DE APERTURA INSTITUCIONAL EN POLÍTICA SEGÚN SUBCULTURA POLÍTICA

¿Qué tan de acuerdo o en desacuerdo se encuentra con la siguiente frase?

Totalmente de acuerdo/de acuerdo	Total	Subcultura política			
		Crítico participativo	Conformista desinformado	Leal institucional	Renegado insatisfecho
Base real	1530	183	626	247	474
Base ponderada	1530	191	621	251	467
Me gustaría tener una manera de participar en cuestiones sociales y/o políticas, pero no sé cómo hacerlo	25%	44%	14%	23%	33%
Si los partidos políticos tuvieran procesos más democráticos sí podría pensar en participar	35%	62%	20%	41%	40%

Total de entrevistados que responden Totalmente de acuerdo/de acuerdo en cada ítem

Tabla 78

NIVEL DE SATISFACCIÓN CON LA DEMOCRACIA SEGÚN SUBCULTURA POLÍTICA

¿Qué tan satisfecho se encuentra usted con la democracia en nuestro país?

	Total	Subcultura política			
		Crítico participativo	Conformista desinformado	Leal institucional	Renegado insatisfecho
Base real	1530	183	626	247	474
Base ponderada	1530	191	621	251	467
Muy satisfecho/satisfecho	14%	19%	20%	12%	5%
Ni satisfecho ni insatisfecho	40%	34%	45%	49%	32%
Muy insatisfecho/insatisfecho	43%	46%	30%	39%	62%
No sabe/no precisa	3%	1%	4%	1%	2%

Base vertical 100%. Total de entrevistados

Tabla 79
Apoyo a la democracia según subcultura política

¿Qué tan de acuerdo se encuentra con la frase: "Puede que la democracia tenga problemas, pero es mejor que cualquier otra forma de gobierno"?

	Total	Subcultura política			
		Crítico participativo	Conformista desinformado	Leal institucional	Renegado insatisfecho
Base real	1530	183	626	247	474
Base ponderada	1530	191	621	251	467
Totalmente de acuerdo/de acuerdo	67%	69%	71%	74%	57%
Ni de acuerdo ni en desacuerdo	23%	18%	19%	13%	34%
Totalmente en desacuerdo/en desacuerdo	8%	10%	6%	11%	8%
No sabe/no precisa	3%	3%	4%	2%	1%

Base vertical 100%. Total de entrevistados

Tabla 80
Actitudes plebiscitarias / delegativas

¿Qué tan de acuerdo se encuentra con la frase?

% Totalmente de acuerdo/de acuerdo	Total	Subcultura política			
		Crítico participativo	Conformista desinformado	Leal institucional	Renegado insatisfecho
Base real	1530	183	626	247	474
Base ponderada	1530	191	621	251	467
El pueblo debe gobernar directamente y no a través de los representantes electos?	16%	21%	14%	8%	22%
El presidente puede ir más allá de las leyes si el país tiene dificultades?	28%	41%	27%	18%	31%

Total de entrevistados que responden Totalmente de acuerdo/de acuerdo en cada ítem

Tabla 81

Actitudes plebiscitarias según subcultura política

¿Qué tan de acuerdo se encuentra con la frase: "Se puede tener un gobierno que no sea elegido por el pueblo, siempre y cuando sea justo y mejore la situación"?

	Total	Subcultura política			
		Crítico participativo	Conformista desinformado	Leal institucional	Renegado insatisfecho
Base real	1530	183	626	247	474
Base ponderada	1530	191	621	251	467
Totalmente de acuerdo/ de acuerdo	30%	43%	28%	20%	34%
Ni de acuerdo ni en desacuerdo	27%	19%	26%	29%	30%
Totalmente en desacuerdo/en desacuerdo	40%	36%	41%	49%	36%
No sabe/no precisa	3%	2%	5%	3%	1%

Base vertical 100%. Total entrevistados

Tabla 82

Simpatía por partidos políticos según subcultura política

En este momento, ¿simpatiza con algún partido político?

	Total	Subcultura política			
		Crítico participativo	Conformista desinformado	Leal institucional	Renegado insatisfecho
Base real	1530	183	626	247	474
Base ponderada	1530	191	621	251	467
Sí	20%	35%	3%	74%	6%
No	80%	64%	97%	26%	94%
No sabe/no precisa	0%	1%	0%	-	-

Base vertical 100%. Total de entrevistados

Tabla 83

Simpatía por partidos y líderes políticos según subcultura política

	Total	Subcultura política			
		Crítico participativo	Conformista desinformado	Leal institucional	Renegado insatisfecho
Base real	1530	183	626	247	474
Base ponderada	1530	191	621	251	467
No simpatiza con partidos y tampoco simpatiza con ningún líder	71%	53%	90%	6%	87%
Simpatiza con partidos pero no con un líder	3%	5%	1%	5%	2%
No simpatiza con partidos pero sí simpatiza con líderes políticos	10%	13%	7%	21%	7%
Simpatiza con partidos y también con un líder político	17%	30%	2%	68%	4%

Base vertical 100%. Total de entrevistados

Tabla 84

Simpatía por partidos políticos e interés en la política según subcultura política

	Total	Subcultura política			
		Crítico participativo	Conformista desinformado	Leal institucional	Renegado insatisfecho
Base real	1530	183	626	247	474
Base ponderada	1530	191	621	251	467
No simpatiza con partidos y tiene bajo interés en la política	53%	30%	72%	9%	61%
Simpatiza con partidos y tiene bajo interés en la política	10%	12%	3%	36%	5%
No simpatiza con partidos y tiene alto interés en la política	27%	36%	25%	17%	32%
Simpatiza con partidos y tiene alto interés en la política	10%	23%	0%	38%	2%

Base vertical 100%. Total de entrevistados

Tabla 85

PREFIERO UN CANDIDATO QUE ROBE Y QUE POR LO MENOS HAGA OBRAS, A UNO HONRADO PERO INEFICIENTE

¿Qué tan de acuerdo se encuentra con la frase: "Prefiero un candidato que robe y que por lo menos haga obras, a uno honrado pero ineficiente"?

Totalmente de acuerdo/ de acuerdo	Total	Subcultura política			
		Crítico participativo	Conformista desinformado	Leal institucional	Renegado insatisfecho
Base real	1530	183	626	247	474
Base ponderada	1530	191	621	251	467
Top Two Box	18%	22%	15%	15%	22%

Total entrevistados que responden Totalmente de acuerdo/de acuerdo

Tabla 86

Confianza en instituciones según subcultura política

T2B (CONFÍA MUCHO + CONFÍA ALGO)	Total	Subcultura política			
		Crítico participativo	Conformista desinformado	Leal institucional	Renegado insatisfecho
Base real	1530	183	626	247	474
Base ponderada	1530	191	621	251	467
CONFIANZA EN INSTITUCIONES DEL *OUTPUT**	88%	91%	87%	90%	86%
La Iglesia	78%	78%	78%	81%	76%
La Defensoría del Pueblo	44%	44%	48%	47%	37%
Las Fuerzas Armadas	40%	40%	44%	43%	33%
La Policía Nacional del Perú	31%	26%	36%	33%	24%
CONFIANZA EN GOBIERNO LOCAL*	57%	56%	60%	64%	48%
La Municipalidad de su distrito	46%	48%	49%	47%	38%
La Municipalidad de Lima	44%	42%	50%	51%	32%
CONFIANZA EN MEDIOS DE COMUNICACIÓN*	51%	50%	57%	58%	39%
Los medios de comunicación	51%	50%	57%	58%	39%
CONFIANZA EN EL GOBIERNO CENTRAL*	25%	28%	26%	25%	22%
El gobierno	19%	21%	22%	20%	14%
El Poder Judicial	10%	14%	10%	12%	8%
El Congreso	9%	11%	10%	11%	6%
CONFIANZA EN PARTIDOS POLÍTICOS*	18%	21%	11%	40%	12%
Los líderes políticos	15%	17%	9%	36%	10%
Los partidos políticos	10%	16%	7%	22%	6%

Total de personas que responden Confía mucho/confía algo en cada ítem

* Considera que por lo menos se respondió Confía mucho/confía algo en al menos uno de los ítems que agrupa

Tabla 87

NIVEL DE INTERÉS EN LA POLÍTICA SEGÚN SUBCULTURA POLÍTICA: LEALES INSTITUCIONALES

¿Qué tanto interés diría usted que tiene en la política?

	Total	Subcultura política			
		Crítico participativo	Conformista desinformado	Leal institucional	Renegado insatisfecho
Base real	1530	183	626	247	474
Base ponderada	1530	191	621	251	467
Mucho/algo de interés	37%	59%	26%	55%	34%
Poco/nada de interés	63%	41%	74%	45%	66%

Base vertical 100%. Total de entrevistados

Tabla 88

INTERÉS EN LOS PARTIDOS Y EL CONGRESO SEGÚN SUBCULTURA POLÍTICA: LEALES INSTITUCIONALES

Ahora me gustaría saber, ¿qué tanto interés tiene usted por lo que ocurre con los siguientes temas en nuestro país?

	Total	Subcultura política			
		Crítico participativo	Conformista desinformado	Leal institucional	Renegado insatisfecho
Base real	1530	183	626	247	474
Base ponderada	1530	191	621	251	467
Mucho/algo de interés por lo que ocurre en los partidos	31%	37%	21%	47%	32%
Poco/nada de interés por lo que ocurre en los partidos	70%	63%	79%	53%	68%
Vertical 100%					
Mucho/algo de interés por lo que ocurre en el Congreso	38%	53%	27%	50%	38%
Poco/nada de interés por lo que ocurre en el Congreso	62%	47%	73%	50%	61%
Vertical 100%					

Total entrevistados que responden Mucho/algo de interés o Poco/nada de interés en cada ítem

Tabla 89

INTERÉS POR ASUNTOS DE DISTRITO Y VECINDARIO SEGÚN SUBCULTURA POLÍTICA: LEALES INSTITUCIONALES

Ahora me gustaría saber, ¿qué tanto interés tiene usted por lo que ocurre con los siguientes temas en nuestro país?

% que tiene mucho interés	Total	Subcultura política			
		Crítico participativo	Conformista desinformado	Leal institucional	Renegado insatisfecho
Base real	1530	183	626	247	474
Base ponderada	1530	191	621	251	467
Por lo que ocurre en su distrito	41%	46%	40%	49%	35%
Por lo que ocurre en su vecindario	54%	63%	53%	62%	49%

Total entrevistados que responden que tiene mucho interés en cada ítem

Tabla 90

NIVEL DE CONOCIMIENTO POLÍTICO SEGÚN SUBCULTURA POLÍTICA: LEALES INSTITUCIONALES

	Total	Subcultura política			
		Crítico participativo	Conformista desinformado	Leal institucional	Renegado insatisfecho
Base real	1530	183	626	247	474
Base ponderada	1530	191	621	251	467
Bajo conocimiento político	40%	31%	52%	28%	35%
Conocimiento político intermedio	31%	29%	28%	31%	34%
Alto conocimiento político	29%	40%	20%	42%	31%

Base vertical 100%. Total de entrevistados

Tabla 91

CONSUMO DE MEDIOS SOBRE POLÍTICA SEGÚN SUBCULTURA POLÍTICA: LEALES INSTITUCIONALES

¿Con qué frecuencia utiliza los siguientes medios para informarse de política?

% Siempre/casi siempre	Total	Subcultura política			
		Crítico participativo	Conformista desinformado	Leal institucional	Renegado insatisfecho
Base real	1530	183	626	247	474
Base ponderada	1530	191	621	251	467
Ve noticias en la TV sobre política	33%	52%	20%	40%	39%
Lee noticias en los periódicos sobre política	22%	38%	11%	33%	24%
Escucha noticias por la radio sobre política	21%	32%	12%	27%	23%
Conversa con amigos y/o familiares sobre política	12%	35%	4%	19%	8%
Lee o escucha noticias en internet sobre política	9%	21%	4%	12%	11%

Total de entrevistados que responden Siempre/casi siempre en cada ítem

Tabla 92

PERTENENCIA A ASOCIACIONES SEGÚN SUBCULTURA POLÍTICA: LEALES INSTITUCIONALES

	Total	Subcultura política			
		Crítico participativo	Conformista desinformado	Leal institucional	Renegado insatisfecho
Base real	1530	183	626	247	474
Base ponderada	1530	191	621	251	467
No pertenece	64%	27%	65%	64%	76%
Sí pertenece	36%	73%	35%	36%	24%

Base vertical 100%. Total de entrevistados

Tabla 93

ACTIVIDAD CÍVICA SEGÚN SUBCULTURA POLÍTICA: LEALES INSTITUCIONALES

Le voy a leer algunas cosas que la gente puede o no realizar. Quisiera que me dijera, en su caso ¿Con qué frecuencia usted...?

% Siempre/casi siempre	Total	Subcultura política			
		Crítico participativo	Conformista desinformado	Leal institucional	Renegado insatisfecho
Base real	1530	183	626	247	474
Base ponderada	1530	191	621	251	467
Avisa al periódico, la radio o TV acerca de algún problema local	2%	11%	1%	2%	1%
Avisa a la policía o a un juzgado acerca de algún problema local	5%	19%	2%	2%	3%
Asiste a reuniones vecinales de su distrito	7%	28%	3%	5%	5%

Total entrevistados que responden Siempre/casi siempre en cada ítem

Tabla 94

ACTITUDES HACIA EL VOTO SEGÚN SUBCULTURA POLÍTICA: LEALES INSTITUCIONALES

¿Cuál de las siguientes frases describe mejor su sentimiento cuando acude a votar?

¿Cuál de las siguientes frases describe mejor su sentimiento cuando acude a votar?	Total	Subcultura política			
		Crítico participativo	Conformista desinformado	Leal institucional	Renegado insatisfecho
Base real	1530	183	626	247	474
Base ponderada	1530	191	621	251	467
Lo hago porque es mi deber y no quiero pagar la multa	46%	35%	48%	39%	51%
Molestia, es una pérdida de tiempo	8%	6%	9%	4%	8%
Satisfacción porque ejerzo mi derecho a votar	42%	56%	37%	54%	37%
Nada en particular	5%	3%	7%	3%	4%

Base vertical 100%. Total de entrevistados

Tabla 95

PARTICIPACIÓN POLÍTICA CONVENCIONAL SEGÚN SUBCULTURA POLÍTICA: LEALES INSTITUCIONALES

% Siempre/casi siempre/ algunas veces	Total	Subcultura política			
		Crítico participativo	Conformista desinformado	Leal institucional	Renegado insatisfecho
Base real	1530	183	626	247	474
Base ponderada	1530	191	621	251	467
Asiste a un mitin político durante campañas electorales.	11%	50%	4%	12%	5%
Asiste a reuniones de partidos políticos	7%	37%	1%	5%	3%
Trabaja para algún candidato o partido político en campañas electorales	4%	26%	1%	3%	1%
Participa en una recolección de firmas o firma una petición	6%	33%	2%	6%	2%
Participa en una marcha autorizada	7%	44%	1%	4%	3%

Total de entrevistados que responden Siempre/casi siempre/algunas veces

Tabla 96

ACTITUDES HACIA LA DEMOCRACIA Y PRESIDENCIALISMO SEGÚN SUBCULTURA POLÍTICA: LEALES INSTITUCIONALES

¿Qué tan de acuerdo se encuentra con la siguiente frase?

% Totalmente en desacuerdo/en desacuerdo	Total	Subcultura política			
		Crítico participativo	Conformista desinformado	Leal institucional	Renegado insatisfecho
Base real	1530	183	626	247	474
Base ponderada	1530	191	621	251	467
La democracia puede funcionar sin partidos políticos	50%	48%	53%	65%	38%
La democracia puede funcionar sin Congreso	56%	51%	57%	67%	51%
La democracia puede funcionar sin Poder Judicial	67%	71%	68%	75%	60%
En ciertas circunstancias, el presidente puede ir más allá de las leyes	53%	47%	55%	62%	48%

Total de entrevistados que responden Totalmente en desarcuerdo/en desacuerdo en cada ítem

Tabla 97

APOYO HACIA LA DEMOCRACIA: SEGÚN SUBCULTURA POLÍTICA: LEALES INSTITUCIONALES

¿Qué tan de acuerdo se encuentra con la frase: Puede que la democracia tenga problemas, pero es mejor que cualquier otra forma de gobierno?

	Total	Subcultura política			
		Crítico participativo	Conformista desinformado	Leal institucional	Renegado insatisfecho
Base real	1530	183	626	247	474
Base ponderada	1530	191	621	251	467
Totalmente de acuerdo/de acuerdo	67%	69%	71%	74%	57%
Ni de acuerdo ni en desacuerdo	23%	18%	19%	13%	34%
Totalmente en desacuerdo/en desacuerdo	8%	10%	6%	11%	8%
No sabe/no precisa	3%	3%	4%	2%	1%

Base vertical 100%. Total de entrevistados

Tabla 98

SATISFACCIÓN CON LA DEMOCRACIA SEGÚN SUBCULTURA POLÍTICA: LEALES INSTITUCIONALES

¿Qué tan satisfecho se encuentra usted con la democracia en nuestro país?

	Total	Subcultura política			
		Crítico participativo	Conformista desinformado	Leal institucional	Renegado insatisfecho
Base real	1530	183	626	247	474
Base ponderada	1530	191	621	251	467
Muy satisfecho/ satisfecho	14%	19%	20%	12%	5%
Ni satisfecho ni insatisfecho	40%	34%	45%	49%	32%
Muy insatisfecho/ insatisfecho	43%	46%	30%	39%	62%
No sabe/no precisa	3%	1%	4%	1%	2%

Base vertical 100%. Total de entrevistados

Tabla 99

ACTITUD HACIA UN GOLPE MILITAR SEGÚN SUBCULTURA POLÍTICA: LEALES INSTITUCIONALES

Algunas personas dicen que en ciertas circunstancias se justificaría que los militares de este país tomen el poder por un golpe de Estado. En su opinión, ¿se justificaría que hubiera un golpe de Estado por los militares frente a las siguientes circunstancias?

	Total	Subcultura política			
		Crítico participativo	Conformista desinformado	Leal institucional	Renegado insatisfecho
Base real	1530	183	626	247	474
Base ponderada	1530	191	621	251	467
Sí se justifica golpe militar*	44%	53%	43%	35%	45%
No se justifica golpe militar	56%	47%	57%	65%	55%

* Total de personas que respondieron que al menos en uno de estos casos se justificaba un golpe militar: frente a mucha delincuencia, frente a mucha corrupción, frente a un alza de precios, frente a desempleo muy alto.

Tabla 100

SIMPATÍA HACIA PARTIDOS Y LÍDERES POLÍTICOS SEGÚN SUBCULTURA POLÍTICA: LEALES INSTITUCIONALES

En este momento, ¿simpatiza con algún partido político?
Dígame ¿simpatiza con algún líder político en particular?

	Total	Subcultura política			
		Crítico participativo	Conformista desinformado	Leal institucional	Renegado insatisfecho
Base real	1530	183	626	247	474
Base ponderada	1530	191	621	251	467
Simpatiza con algún partido político	20%	35%	3%	74%	6%
Simpatiza con algún líder político	27%	42%	9%	89%	11%

Total de personas que respondieron si en cada ítem

Tabla 101

SIMPATÍA CONJUNTA HACIA LÍDERES Y PARTIDOS POLÍTICOS SEGÚN SUBCULTURA POLÍTICA: LEALES INSTITUCIONALES

En este momento, ¿simpatiza con algún partido político?
Dígame ¿simpatiza con algún líder político en particular?

	Total	Subcultura política			
		Crítico participativo	Conformista desinformado	Leal institucional	Renegado insatisfecho
Base real	1530	183	626	247	474
Base ponderada	1530	191	621	251	467
No simpatiza con partidos y tampoco simpatiza con ningún líder	71%	53%	90%	6%	87%
Simpatiza con partidos pero no con un líder	3%	5%	1%	5%	2%
No simpatiza con partidos pero sí simpatiza con líderes políticos	10%	13%	7%	21%	7%
Simpatiza con partidos y también con un líder político	17%	30%	2%	68%	4%

Base vertical 100%
Total de entrevistados

Tabla 102

SIMPATÍA HACIA PARTIDOS POLÍTICOS E INTERÉS EN LA POLÍTICA SEGÚN SUBCULTURA POLÍTICA: LEALES INSTITUCIONALES

	Total	Subcultura política			
		Crítico participativo	Conformista desinformado	Leal institucional	Renegado insatisfecho
Base real	1530	183	626	247	474
Base ponderada	1530	191	621	251	467
No simpatiza con partidos y tiene bajo interés en la política	53%	30%	72%	9%	61%
Simpatiza con partidos y tiene bajo interés en la política	10%	12%	3%	36%	5%
No simpatiza con partidos y tiene alto interés en la política	27%	36%	25%	17%	32%
Simpatiza con partidos y tiene alto interés en la política	10%	23%	0%	38%	2%

Vertical 100%. Total de entrevistados

Tabla 103

CONFIANZA EN INSTITUCIONES SEGÚN SUBCULTURA POLÍTICA: LEALES INSTITUCIONALES

T2B (CONFÍA MUCHO + CONFÍA ALGO)	Total	Subcultura política			
		Crítico participativo	Conformista desinformado	Leal institucional	Renegado insatisfecho
Base real	1530	183	626	247	474
Base ponderada	1530	191	621	251	467
CONFIANZA EN INSTITUCIONES DEL *OUTPUT**	88%	91%	87%	90%	86%
La Iglesia	78%	78%	78%	81%	76%
La Defensoría del Pueblo	44%	44%	48%	47%	37%
Las Fuerzas Armadas	40%	40%	44%	43%	33%
La Policía Nacional del Perú	31%	26%	36%	33%	24%
CONFIANZA EN GOBIERNO LOCAL*	57%	56%	60%	64%	48%
La Municipalidad de su distrito	46%	48%	49%	47%	38%
La Municipalidad de Lima	44%	42%	50%	51%	32%
CONFIANZA EN MEDIOS DE COMUNICACIÓN*	51%	50%	57%	58%	39%
Los medios de comunicación	51%	50%	57%	58%	39%
CONFIANZA EN EL GOBIERNO CENTRAL*	25%	28%	26%	25%	22%
El gobierno	19%	21%	22%	20%	14%
El Poder Judicial	10%	14%	10%	12%	8%
El Congreso	9%	11%	10%	11%	6%
CONFIANZA EN PARTIDOS POLÍTICOS*	18%	21%	11%	40%	12%
Los líderes políticos	15%	17%	9%	36%	10%
Los partidos políticos	10%	16%	7%	22%	6%

Total de personas que responden Confía mucho/confía algo en cada ítem

* Considera que por lo menos se respondió Confía mucho/confía algo en al menos uno de los ítems que agrupa

Tabla 104

ACTITUDES HACIA LA INTERVENCIÓN DEL ESTADO SEGÚN SUBCULTURA POLÍTICA: LEALES INSTITUCIONALES

	Total	Subcultura política			
		Crítico participativo	Conformista desinformado	Leal institucional	Renegado insatisfecho
Base real	1530	183	626	247	474
Base ponderada	1530	191	621	251	467
Menor intervención del Estado	19%	15%	11%	24%	27%
Mediana intervención del Estado	57%	49%	62%	54%	53%
Mayor intervención del Estado	25%	37%	26%	22%	19%

Base vertical 100%. Total de entrevistados

* Véase en Anexo 1 cómo está construido el indicador Actitudes hacia el rol del Estado (ROL2)

Tabla 105

EXPERIENCIAS DE DISCRIMINACIÓN SEGÚN SUBCULTURA POLÍTICA: CRÍTICOS PARTICIPATIVOS

¿Alguna vez se ha sentido discriminado por alguno de los siguientes aspectos?

	Total	Subcultura política			
		Crítico participativo	Conformista desinformado	Leal institucional	Renegado insatisfecho
Base real	1530	183	626	247	474
Base ponderada	1530	191	621	250	467
Por su nivel socioeconómico	21%	28%	18%	18%	22%
Por su color de piel/ raza	15%	22%	15%	15%	14%
Por ser provinciano	13%	23%	12%	9%	12%
Por su nivel educativo	11%	13%	10%	13%	11%
Por sus creencias políticas	5%	12%	4%	4%	6%
Ninguno	59%	45%	62%	63%	59%

Base vertical múltiple. Total de entrevistados

Tabla 106

Autopercepción ideológica según subcultura política: críticos participativos

Hoy en día cuando se habla de tendencias políticas, mucha gente habla de aquellos que simpatizan más con la izquierda o con la derecha.
¿Dónde se ubicaría usted en esta escala?

	Total	Subcultura política			
		Crítico participativo	Conformista desinformado	Leal institucional	Renegado insatisfecho
Base real	1530	183	626	247	474
Base ponderada	1530	191	621	251	467
Izquierda	10%	16%	7%	13%	8%
Centro	55%	55%	51%	54%	61%
Derecha	20%	24%	22%	24%	15%
No sabe/No precisa	15%	5%	20%	9%	16%

Base vertical 100%. Total de entrevistados

Tabla 107

Consumo de medios sobre política según subcultura política: críticos participativos

¿Con qué frecuencia utiliza los siguientes medios para informarse de política?

% Siempre/Casi siempre	Total	Subcultura política			
		Crítico participativo	Conformista desinformado	Leal institucional	Renegado insatisfecho
Base real	1530	183	626	247	474
Base ponderada	1530	191	621	251	467
Mira noticias en la TV sobre política	33%	52%	20%	40%	39%
Lee noticias en los periódicos sobre política	22%	38%	11%	33%	24%
Escucha noticias por la radio sobre política	21%	32%	12%	27%	23%
Conversa con amigos y/o familiares sobre política	12%	35%	4%	19%	8%
Lee o escucha noticias via internet sobre política	9%	21%	4%	12%	11%

Total de entrevistados que responden Casi siempre/siempre en cada ítem

Tabla 108

FRECUENCIA CON QUE SE HA JUNTADO PARA RESOLVER ALGÚN PROBLEMA DEL BARRIO/ VECINOS SEGÚN SUBCULTURA POLÍTICA: CRÍTICOS PARTICIPATIVOS

	Total	Subcultura política			
		Crítico participativo	Conformista desinformado	Leal institucional	Renegado insatisfecho
Base real	1530	183	626	247	474
Base ponderada	1530	191	621	251	467
Baja cooperación (Nunca- 1 o 2 veces al año)	85%	54%	89%	88%	91%
Alta cooperación (Una a dos veces al mes/Una vez a la semana)	15%	46%	11%	12%	9%

Base vertical 100%. Total de entrevistados

Tabla 109

PARTICIPACIÓN EN ASOCIACIONES SEGÚN SUBCULTURA POLÍTICA: CRÍTICOS PARTICIPATIVOS

	Total	Subcultura política			
		Crítico participativo	Conformista d desinformado	Leal institucional	Renegado insatisfecho
Base real	1530	183	626	247	474
Base ponderada	1530	191	621	251	467
No pertenece	64%	27%	65%	64%	76%
Si pertenece	36%	73%	35%	36%	24%

Base vertical 100%. Total de entrevistados

Tabla 110

TIPO DE PARTICIPACIÓN EN ASOCIACIONES SEGÚN SUBCULTURA POLÍTICA: CRÍTICOS PARTICIPATIVOS

	Total	Subcultura política			
		Crítico participativo	Conformista desinformado	Leal institucional	Renegado insatisfecho
Base real	1530	183	626	247	474
Base ponderada	1530	191	621	251	467
No pertenece	64%	27%	65%	64%	76%
Miembro	32%	60%	33%	30%	22%
Dirigente	4%	13%	2%	6%	2%

Tabla 111

Demanda de apertura institucional según subcultura política: críticos participativos

¿Qué tan de acuerdo o en desacuerdo se encuentra con la siguiente frase?

Totalmente de acuerdo/de acuerdo	Total	Subcultura política			
		Crítico participativo	Conformista desinformado	Leal institucional	Renegado insatisfecho
Base real	1530	183	626	247	474
Base ponderada	1530	191	621	251	467
Me gustaría tener una manera de participar en cuestiones sociales y/o políticas, pero no sé cómo hacerlo	25%	44%	14%	23%	33%
Si los partidos políticos tuvieran procesos más democráticos sí podría pensar en participar	35%	62%	20%	41%	40%

Total de entrevistados que responden Totalmente de acuerdo/de acuerdo en cada ítem

Tabla 112

ACTITUDES HACIA EL USO DE LA AUTORIDAD SEGÚN SUBCULTURA POLÍTICA: CRÍTICOS PARTICIPATIVOS

¿Qué tan de acuerdo se encuentra con la frase: "En este país se necesita mano dura para gobernar"?
Qué tan de acuerdo se encuentra con la frase: "Un Presidente puede hacer un buen gobierno con él al mando y un buen grupo de técnicos"?

	Total	Subcultura política			
		Crítico participativo	Conformista desinformado	Leal institucional	Renegado insatisfecho
Base real	1530	183	626	247	474
Base ponderada	1530	191	621	251	467
En este país se necesita mano dura para gobernar	72%	79%	78%	67%	63%
Un Presidente puede hacer un buen gobierno con él al mando y un buen grupo de técnicos	64%	76%	67%	56%	58%

Total de entrevistados que responden Totalmente de acuerdo/de acuerdo en cada ítem

Tabla 113

SIMPATÍA HACIA PARTIDOS POLÍTICOS SEGÚN SUBCULTURA POLÍTICA: CRÍTICOS PARTICIPATIVOS

En este momento, ¿simpatiza con algún partido político?

	Total	Subcultura política			
		Crítico participativo	Conformista desinformado	Leal institucional	Renegado insatisfecho
Base real	1530	183	626	247	474
Base ponderada	1530	191	621	251	467
Sí	20%	35%	3%	74%	6%
No	80%	64%	97%	26%	94%
No sabe/no precisa	0%	1%	0%	-	-

Base vertical 100%. Total de entrevistados

Tabla 114

Razones para votar por un candidato según subcultura política: críticos participativos

¿Por qué razón votó por este candidato? (elecciones municipales 2014)

¿Por qué razón votó por este candidato (a la alcaldía)?	Total	Subcultura política			
		Crítico participativo	Conformista desinformado	Leal institucional	Renegado insatisfecho
Base real	1163	147	464	214	338
Base ponderada	1150	152	455	213	330
Porque hizo obras	47%	36%	54%	47%	44%
Por su experiencia en gestión pública	36%	34%	36%	36%	36%
Por sus propuestas/plan de trabajo	31%	36%	27%	30%	37%
Características de la persona	31%	43%	25%	38%	29%
Me pareció mejor que los otros/menos malo	14%	15%	16%	12%	14%
Porque es buen técnico	6%	8%	4%	8%	7%
Porque combate la inseguridad ciudadana	4%	5%	2%	5%	7%
Porque su partido político lo respalda	3%	5%	2%	5%	3%
Otras razones	1%	1%	1%	2%	1%
NS/NP	0%	-	0%	-	1%

Base vertical múltiple. Total de entrevistados que votaron en las últimas elecciones municipales

3. El estudio cuantitativo: universo y muestra

Tabla 1
Distribución de la muestra por zona geográfica

Zona	Pob. de 18 años a más con DNI	%	Muestra	Margen de error +/- (%)
Lima Centro 1	835,912	13	199	6.9%
Lima Este	1,353,676	22	337	5.3%
Lima Centro 2	1,366,534	22	336	5.3%
Lima Norte	1,621,214	26	398	4.9%
Lima Sur	1,095,436	17	260	6.1%
Total	6,272,772	100	1,530	2.5%

Lima Centro 1: Breña, La Victoria, Lima Cercado, Rímac y San Luis.
Lima Centro 2: Jesús María, La Molina, Lince, Miraflores, Pueblo Libre, San Borja, San Isidro, San Miguel, Santiago de Surco y Surquillo.

Tabla 2
Distribución de la muestra por sexo

Sexo	%	Muestra
Hombre	49.3	754
Mujer	50.7	776
Total	100	1,530

El martgen de error es calculado a un 95% de confianza y p/q = 0.5
Fuente: RENIEC 2013

Tabla 3
Distribución de la muestra por nivel socioeconómico

NSE	%	Muestra
A	5.3	81
B	19.2	293
C	40.5	619
D	26.1	399
E	8.9	136
Total	100	1,530

Tabla 4

DISTRIBUCIÓN DE LA MUESTRA POR EDAD

Edad	%	Muestra proporcionada
18-24	17.0	260
35-39	30.2	462
40-80	52.8	808
Total	100	1,530

Se utilizó un muestreo de tipo polietápico.
Probabilístico en las fases de selección de manzanas y viviendas y por cuotas para elegir las unidades de análisis que permitan obtener una muestra representativa por edad y sexo.
Fuente: RENIEC 2013

Bibliografía

ABUGATTAS, Juan

2004 Ética y cultura política: una relación problemática. Lima: Oficina Nacional de Procesos Electorales.

ACEMOĞLU, Daron y James ROBINSON

2014 *Por qué fracasan los países: los orígenes del poder, la prosperidad y la pobreza.* Buenos Aires: Ariel.

ADRIANZÉN, Alberto

2009 *La transición inconclusa. De la década autoritaria al nacimiento del pueblo.* Lima: Otra Mirada.

ALARCÓN, Walter

1991 "Clases populares, cultura política y democracia". En *Socialismo y Participación*, 54: 1-13.

ALMOND, Gabriel

1956 "Comparative Political Systems". En *The Journal of Politics*, 18: 391-409.

1999 *Una disciplina segmentada. Escuelas y corrientes en las ciencias políticas.* México: Fondo de Cultura Económica.

ALMOND, Gabriel y G. BINGHAM POWELL

1978 *Política comparada. Una concepción evolutiva.* Buenos Aires: Paidós.

ALMOND, Gabriel y Sidney VERBA

1970 *La cultura cívica. Estudio sobre la participación política democrática en cinco naciones.* Madrid: Fundación Foessa.

ALMOND, Gabriel y Sidney VERBA (eds.)

1980 *The Civic Culture Revisited.* Boston: Little Brown & Co.

ALONSO, Jorge
1995 "Construir la democracia desde abajo". En *Nueva Antropología*, vol. XIV, n.° 48. México.

AMAT Y LEÓN, Carlos
2006 *El Perú nuestro de cada día. Nueve ensayos para discutir y decidir*. Lima: Universidad del Pacífico.

AMAYA, Laura, Agustín ESPINOSA y Laura VOZMEDIANO
2011 "Relaciones entre el miedo al delito y el autoritarismo de derecha en estudiantes universitarios de Lima-Perú". En *Boletín de Psicología*, 103: 7-28.

ARAGÓN, Jorge
2010 "Cultura política en perspectiva comparada". En Meléndez, Carlos y Alberto Vergara, eds., *La iniciación de la política. El Perú político en perspectiva comparada* (pp. 297-324). Lima: Fondo Editorial de la Pontificia Universidad Católica del Perú.

ARANDA, Edith
2007 "Las cambiantes formas de sociabilidad y de construcción de identidades en Lima Metropolitana". En *Debates en Sociología*, 32: 109-123.

ARELLANO, Rolando
2003 *Los estilos de vida en el Perú*. Lima: Arellano Marketing.

2010 *Al medio hay sitio. El crecimiento social según los estilos de vida*. Lima: Planeta.

ASTELARRA, Judith
1987 "Cultura política de las mujeres". En Lechner, Norbert, ed., *Cultura política y democratización* (pp. 149-168). Santiago de Chile: Flacso.

BALESTRINI, Miriam
2005 "La integración de los métodos cuantitativos y cualitativos en la investigación social". Ponencia presentada en las I Jornadas de Investigación y Postgrado de la Universidad Nacional Experimental Politécnica de la Fuerza Armada (UNEFA).

BANFIELD, Edward
1958 *The Moral Basis of a Backward Society*. Glencore: The Free Press.

BECKER, Howard
1974 "Historias de vida en sociología". En Balán, Jorge et ál., *Las historias de vida en ciencias sociales: teoría y técnica* (pp. 27-41). Buenos Aires: Ediciones Nueva Visión.

BLUMER, Herbert
1982 *El interaccionismo simbólico: perspectiva y método*. Barcelona: Hora.

BROEK, Andries van den y Felix HEUNKS
1994 "Political Culture: Patterns of Political Orientations and Behavior". En Ester, Peter Loek Halman y Ruud de Moor, eds., *The Individualizing Society: Value Change in Europe and North America* (pp. 67-96). Holanda: Tilburg University Press.

BRUSSINO, Silvina y Hugo RABBIA
2007 "Análisis psicosocial de las tipologías de vinculación política de Dalton en la Argentina post 2001". En *Psicología Política*, 35: 53- 67.

BURBANO DE LARA, Luis Felipe (ed.)
2003 *Democracia, gobernabilidad y cultura política*. Quito: Facultad Latinoamericana de Ciencias Sociales.

CALANDRIA ASOCIACIÓN DE COMUNICADORES SOCIALES
2011 *Reencuentros ciudadanos con la democracia desde la inclusión social. Cultura política ciudadana*. Lima: A. C. S. Calandria.

CAMACHO, Luis
2010 "Los estudios sobre el comportamiento político y la opinión pública en el Perú". En Meléndez, Carlos y Alberto Vergara, eds., *La iniciación de la política. El Perú político en perspectiva comparada* (pp. 297-324). Lima: Fondo Editorial de la Pontificia Universidad Católica del Perú.

CAMACHO, Luis y Cynthia SANBORN
2008 *Desempeño del Estado y sostenibilidad democrática en el Perú*. Documento de Trabajo, n.° 83. Lima: Centro de Investigación de la Universidad del Pacífico y Consorcio de Investigación Económica y Social.

CAMP, Roderic
2001 "Democracy through Latin American Lenses: An Appraisal". En Camp, Roderic, ed., *Citizen Views of Democracy in Latin America* (pp. 3-23). Pittsburgh: University of Pittsburgh Press.

CARREIRA DA SILVA, Filipe, Terry NICHOLS CLARK y M. BRITO
2013 *Political Culture*. The International Encyclopedia of Political Communication.

CARRIÓN, JULIO F., Patricia ZÁRATE, Fernanda BOIDI Y Elizabeth J. ZECHMEISTER
2016-2017 *Cultura política de la democracia en Perú y en las Américas, 2016/17: un estudio comparado sobre democracia y gobernabilidad*. Lima: Instituto de Estudios Peruanos.

CARRIÓN, Julio F., Patricia ZÁRATE y Elizabeth ZECHMEISTER
2014 *Cultura política de la democracia en Perú, 2014: gobernabilidad democrática a través de 10 años del Barómetro de las Américas*. Lima: Instituto de Estudios Peruanos.

Carrión, Julio F., Patricia Zárate y Mitchell Seligson

2006 *Cultura política de la democracia en Perú*. Lima: Instituto de Estudios Peruanos.

2008 *Cultura política de la democracia en Perú, 2008: el impacto de la gobernabilidad*. Lima: Instituto de Estudios Peruanos.

2010 *Cultura política de la democracia en Perú, 2010: consolidación democrática en las Américas en tiempos difíciles*. Lima: Instituto de Estudios Peruanos.

2012 *Cultura política de la democracia en Perú, 2012: hacia la igualdad de oportunidades*. Lima: Instituto de Estudios Peruanos.

Chávez, Jorge

1998 "Juventud y participación política en los noventa: ¿renovando la cultura política en el Perú?". En *Cuestión de Estado*, 23: 71- 75.

Crabtree, John

1996 "Populismo y neopopulismo: la experiencia peruana". En *Foro Internacional*, 36, 3 (145): 566-584.

2005 *Alan García en el poder. Perú: 1985-1990*. Lima: Peisa.

2010 "Democracy without Parties? Some Lessons from Peru". En *Journal of Latin American Studies*, 42 (2): 357-382.

Crompton, Rosemary

1997 *Clase y estratificación social. Una introducción a los debates actuales*. Madrid: Editorial Tecnos S. A.

Dalton, Russell

1984 "Cognitive Mobilization and Partisan Dealignment in Advanced Industrial Democracies". En *The Journal of Politics*, 46 (1): 264-284.

1999 "Political Support in Advanced Industrial Democracies". En Norris, Pippa, ed., *Critical Citizens: Global Support for Democratic Government*. Nueva York: Oxford University Press.

Dalton, Russell y Christian Welzel

2014 "Chapter 1. Political Culture and Value Change". En Dalton, Russell y Christian Welzel, eds., *The Civic Culture Transformed: From Allegiant to Assertive Citizens*. Cambridge: Cambridge University Press.

Dargent, Eduardo

2009 *Demócratas precarios. Élites y debilidad democrática en el Perú y América Latina*. Lima: Instituto de Estudios Peruanos.

Datum Internacional

2014 *Encuesta alcaldía de Lima – 21 de septiembre 2014*. Lima: Datum Internacional.

DEGREGORI, Carlos Iván, Cecilia BLONDET y Nicolás LYNCH
1986 *Conquistadores de un nuevo mundo: de invasores a ciudadanos en San Martín de Porras*. Lima: Instituto de Estudios Peruanos.

DE LA FLOR, Marcia
2000 *Cultura cívica en ambulantes de Lima: concepto de política y confianza interpersonal*. Nimega: Katholieke Universiteit Nijmegen.

DEMUS
2005 *Estudio para la defensa de los derechos de la mujer*. Lima: Estudio para la Defensa de los Derechos de la Mujer.

DESCO
2003 *¿La clase media ¿existe?* Lima: Centro de Estudios y Promoción del Desarrollo.

DÍAZ-ALBERTINI, Javier
2010 *Redes cercanas: el capital social en Lima*. Lima: Editorial de la Universidad de Lima.

DÍAZ DE LANDA, Martha
2007 "Las viejas y las nuevas culturas políticas en ciudades argentinas". En Clark, Terry y Clemente Navarro, eds., *La nueva cultura política: tendencias globales y casos iberoamericanos* (pp. 335-370). Madrid: Miño y Dávila Editores.

DIETZ, Henry
1986 *Pobreza y participación política bajo un régimen militar*. Lima: Centro de Investigación de la Universidad del Pacífico.

2000 *Pobreza urbana y participación política y política estatal: Lima 1970-1990*. Lima: Fondo Editorial de la Pontificia Universidad Católica del Perú.

DITMER, Lowell
1977 "Political Culture and Political Symbolism: Toward a Theoretical Synthesis". En *World Politics*, 29 (4): 552-583.

DURAND, Víctor y María Smith
1996 *Construcción de escalas para la medición de la cultura política de masas*. México: Universidad Nacional Autónoma de México-IIS.

ELIASOPH, Nina y Paul LICHTERMAN
2003 "Culture in Interaction". En *American Journal of Sociology*, 108 (4): 735-794.

FINIFTER, Ada
1970 "Dimensions of Political Alienation". En *The American Political Science Review*, 64 (2): 389-410.

FORMISANO, Ronald

2001 "The Concept of Political Culture". En *Journal of Interdisciplinary History*, 31 (3): 393-426.

GARCÍA, Roberto

2006 "Crítica de la teoría de la cultura política". En *Política y Cultura*, 26: 133-155.

GANOZA, Carlos y Andrea STIGLICH

2015 *El Perú está calato*. Lima: Planeta.

GFK

2012 *Informe Roper. Estudio sobre valores a nivel nacional*. Lima: GfK.

2014 *Encuesta de opinión a nivel nacional – Julio 2014. Temas de política*. Lima: GfK.

2015 *Encuesta de opinión a nivel nacional – Setiembre 2015. Temas de política*. Lima: GfK.

2017 *Encuesta de opinión a nivel nacional – Setiembre 2017. Temas de política*. Lima: GfK.

GOLTE, Jürgen y Norma ADAMS

1990 *Los caballos de Troya de los invasores: estrategias campesinas en la conquista de la gran Lima*. Lima: Instituto de Estudios Peruanos.

GOLTE, Jürgen y Doris LEÓN

2014 *Alasitas: discursos, prácticas y símbolos de un "liberalismo aymara altiplánico" entre la población de origen migrante en Lima*. Lima: Instituto de Estudios Peruanos, Centro de Estudios Regionales Andinos Bartolomé de Las Casas, Universidad Nacional de Juliaca.

GROMPONE, Romeo

2005 *La escisión inevitable. Partidos y movimientos en el Perú actual*. Lima: Instituto de Estudios Peruanos.

2006 "Nuestra obstinada ignorancia. Sobre las elecciones de junio y la presente situación política". En *Argumentos*, año 1, n.º 5, julio.

GU, Mary Man-Li

2013 "Inglehart-Welzel´s Traditional vs. Rational Index Revisited: A Comparison between China and the West". En *Asian Journal of Social Psychology*, 16 (3): 213-227.

GU, Mary Man-Li y Eduard BOMHOFF

2012 "East Asia Remains Different: A Comment on the Index of 'Self-expression Values', by Inglehart and Welzel". En *Journal of Cross-Cultural Psychology*, 43 (3): 373-383.

HERAS, Leticia

2002 "Cultura política: el estado del arte contemporáneo". En *Convergencia. Revista de Ciencias Sociales*, 9 (30): 275-291.

HERRERA, Dora y Willy LENS

2003 "Changes in Future Time Perspective According to the Educational Level and its Association with Values among Adolescents of Private and Public Schools and Universities in Lima". Ponencia presentada en el Congreso Interamericano de Sicología, Lima.

HUBER, Ludwig y Leonor LAMAS

2017 *Deconstruyendo el rombo: consideraciones sobre la nueva clase media en el Perú*. Lima: Instituto de Estudios Peruanos.

HUNTINGTON, Samuel

1972 *El orden político en las sociedades en cambio*. Barcelona: Paidós.

INGLEHART Ronald

1988a "The Renaissance of Political Culture". En *American Political Science Review*, 82 (4): 1203-1230.

1988b "Cultura política y democracia estable". En *Revista Española de Investigaciones Sociológicas*, 42: 45-65.

1991 *El cambio cultural en las sociedades industriales avanzadas*. Madrid: Siglo XXI, Centro de Investigaciones Sociológicas.

1999 "Globalization and Postmodern Values". En *The Washington Quarterly*, 23 (1): 215-228.

2000 *Modernización y postmodernización: el cambio cultural, económico y político en 43 sociedades*. Madrid: Siglo XXI, Centro de Investigaciones Sociológicas.

INGLEHART, Ronald y Christian WELZEL

2006 *Modernización, cambio cultural y democracia: la secuencia del desarrollo humano*. Madrid: Centro de Investigaciones Sociológicas.

INSTITUTO NACIONAL DE ESTADÍSTICA E INFORMÁTICA-INEI

2007 *Censo Nacional 2007- XI de Población y VI de Vivienda*. Lima: Instituto Nacional de Estadística e Informática.

JARAMILLO, Fidel y Omar ZAMBRANO

2013 *La clase media en Perú: cuantificación y evolución reciente*. Banco Interamericano de Desarrollo.

JASNY, Lorien

2013 "Relational Political Culture: A Critique of Inglehart's Post-Materialist Thesis". En American Political Science Association (APSA), ed., *Annual Meeting Paper*.

JOHNSON, James

2003 "Conceptual Problems as Obstacles to Progress in Political Science: Four Decades of Political Culture Eesearch". En *Journal of Theoretical Politics*, 15 (1): 87-115.

JURADO NACIONAL DE ELECCIONES-JNE

2004 *Democracia y cultura política*. Lima: JNE.

KATZ, Elihu y Paul Felix LAZARSFELD

1979 *La influencia personal. El individuo en el proceso de comunicación de masas*. Barcelona: Editorial Hispano Europea.

KLESNER, Joseph

2007 "Social Capital and Political Participation in Latin America: Evidence from Argentina, Chile, Mexico and Peru". En *Latin American Research Review*, 42 (2): 1-32.

LANE, Robert

1959 *Political Life: Why People get Involved in Politics*. Nueva York: Free Press.

1962 *Political Ideology: Why the American Common Man Believes What He Does*. Nueva York: Free Press.

1992 "Political Culture: Residual Category or General Theory". En *Comparative Political Studies*, 25 (3): 362-387.

LATINOBARÓMETRO

2013 *Informe 2013*. Disponible en: <http://www.latinobarometro.org>.

LEVITSKY, Steven

2012 "Construcción de partidos y paradoja del fujimorismo". En *La República*, 19 de febrero de 2012. Disponible en: <http://www.larepublica.pe/columnistas/punto-de-vista-steven-levitsky/construccion-de-partidos-y-paradoja-del-fujimorismo-19-02-2012>.

LEVITSKY, Steven y Maxwell CAMERON

2003 "Democracy without Parties? Political Parties and Regime Change in Fujimori´s Peru". En *Latin American Politics and Society*, 45 (3): 1-33.

LINZ, Juan José

1987 *La quiebra de las democracias*. Alianza Editorial.

LINZ, Juan José y Alfred STEPAN

1996 *Problems of Democratic Transition and Consolidation. Southern Europe, South America and Pos-Communist Europe*. Baltimore: The Johns Hopkins University Press.

LIPSET, Seymour Martin

1996 "Repensando los requisitos sociales de la democracia". En *Agoranúm*, 5: 29-65.

MACASSI, Sandro

1994 "Cultura política de la eficacia: ¿qué hay tras la discusión sobre la dictadura de orden constitucional?". En *Socialismo y Participación*, vol. 58, pp. 65-75.

MARTÍNEZ, José

2003 "Cultura política y democracia: el caso de los sectores populares de San Juan de Lurigancho de Lima". En *Scientia*, 5 (5): 181-204.

MATOS MAR, José

2010 *Estado desbordado y sociedad nacional emergente. Historia corta del proceso peruano: 1940-2010*. Lima: Universidad Ricardo Palma Editorial Universitaria.

MCCLINTOCK, Cynthia

1981 *Peasant Cooperatives and Political Change in Peru*. Princeton: Princeton University Press.

MEDINA, Lucía

2005 "Confianza social y sociabilidad". En Torcal, Mariano, ed., *España: sociedad y política en perspectiva comparada (un análisis de la primera ola de la Encuesta Social Europea)* (pp. 97-112). Valencia: Tirant lo Blanch.

MELÉNDEZ, Carlos

2012a *La soledad de la política. Transformaciones estructurales, intermediación política y conflictos sociales en el Perú (2000-2012)*. Lima: Mitin.

2012b *Partidos inesperados. La institucionalización del sistema de partidos en un escenario de post colapso partidario. Perú 2001-2011*. Lima: Fundación Friedrich Ebert.

MERELMAN, Richard

1998 "The Mundane Experience of Political Culture". En *Political Communication*, 15: 515-535.

MORÁN, María Luz

1999 "Los estudios de cultura política en España". En *Revista Española de Investigaciones Sociológicas*, 85 (99): 97-129.

2008 "Clases medias, cultura y política: una relación por investigar". En *Pensamiento Iberoamericano*, 10: 245-272.

2011a "La cultura política en España: interrogantes, debates y aportaciones". En Flores Dávila, Julia, ed., *A cincuenta años de la cultura cívica:*

pensamientos y reflexiones en honor al profesor Sidney Verba (pp. 101-122). México: Universidad Nacional Autónoma de México, Instituto de Investigaciones Jurídicas.

2011b "La cultura política de las mujeres. Un campo de estudio todavía por explorar". En *Psicología Política*, 42: 45-68.

MORÁN, María Luz y Jorge BENEDICTO

1995 *La cultura política de los españoles: un ensayo de reinterpretación*. Madrid. Centro de Investigaciones Sociológicas.

MUDDE, Cas y Cristóbal ROVIRA

2017 *Populism: A Very Short Introduction*. Nueva York: Oxford University Press.

MUNCK, Gerardo

2010 "Los orígenes y la durabilidad de la democracia en América Latina: avances y retos de una agenda de investigación". En *Revista de Ciencia Política*, 30 (3): 573-597.

MUÑOZ, Paula

2013 "Campaign Clientelism in Peru: an Informational Theory". Tesis de doctorado, Universidad de Texas.

MURAKAMI, Yusuke

2000 *La democracia según C y D. Un estudio de la conciencia y el comportamiento políticos de los sectores populares de Lima*. Lima: Instituto de Estudios Peruanos.

MURGA, Antonio

2008 "Cultura política: un inventario bibliográfico (1985-2005)". En *Revista de Ciencias Sociales de la Universidad de Costa Rica*, 121: 107-131.

2012 *Cultura política: una introducción teórica y metodológica*. Tegucigalpa: Editorial Universitaria y Editorial Iberoamericana.

NATAL, Alejandro

2010 "La sociedad civil como espacio de conflicto, el caso de Valle de Bravo". En Castro, Pablo y Héctor Tejera, coords., *Participación y ciudadanía en México* (pp. 229-262). México: Universidad Nacional Autónoma de México.

NORRIS, Pippa

1999 *Critical Citizens. Global Support for Democratic Governance*. Oxford: Oxford University Press.

NUGENT, Guillermo

1993 "¿Élites? ¿Masas?". En *Cuestión de Estado*, 4 (5): 4-7.

2012 *El laberinto de la choledad. Páginas para entender la desigualdad*. Lima: Universidad Peruana de Ciencias Aplicadas.

PARODI, Jorge

1986 *Ser obrero es algo relativo*. Lima: Instituto de Estudios Peruanos.

PARODI, Jorge y Walter TWANAMA

1993 "Los pobladores, la ciudad y la política: un estudio de actitudes". En Parodi, Jorge, ed., *Los pobres, la ciudad y la política* (pp. 19-89). Lima: Centro de Estudios de Democracia y Sociedad.

PORTOCARRERO, Gonzalo (ed.)

1998 *Las clases medias*. Lima: Sur Casa de Estudios del Socialismo y Oxfam.

2004 *Rostros criollos del mal*. Lima: Red para el Desarrollo de las Ciencias Sociales en el Perú.

2010 "Los fantasmas del patrón y del siervo como desestabilizadores de la autoridad legal en la sociedad peruana". En Portocarrero, Gonzalo, Juan Carlos Ubilluz y Víctor Vich, eds., *Cultura política en el Perú: tradición democrática y democratización anómica* (pp. 13-29). Lima: Red para el Desarrollo de las Ciencias Sociales en el Perú.

PORTOCARRERO, Gonzalo, Juan Carlos UBILLUZ y Víctor VICH (eds.)

2010 *Cultura política en el Perú: tradición democrática y democratización anómica*. Lima: Red para el Desarrollo de las Ciencias Sociales en el Perú.

PROGRAMA DE LAS NACIONES UNIDAS PARA EL DESARROLLO-PNUD

2006 *La democracia en el Perú. El mensaje de las cifras (resumen informativo). Unidad del Informe de Desarrollo Humano*. Lima: PNUD.

PRZEWORSKI, Adam et ál.

1996 "What Makes Democracies Endure?". En *Journal of Democracy*, 7 (1): 39-55.

2000 *Democracy and Development. Political Institutions and Well Being in the World, 1950-1990*. Cambridge: Cambridge University Press.

PUTNAM, Robert

1994 *Making Democracy Work: Civic Traditions in Modern Italy*. Princeton: Princeton University Press.

1995 "Bowling Alone: America's Declining Social Capital". En *Journal of Democracy*, 6 (1): 65-78.

2000 *Bowling Alone: The Collapse and Revival of American Community*. Nueva York: Simon & Schuster.

PYE, Lucian

1974 "Cultura política". En Sills, David, ed., *Enciclopedia internacional de las ciencias sociales* (pp. 323-329). Madrid: Aguilar.

Registro Nacional de Identificación y Estado Civil-Reniec
2013 *Perú: población identificada con DNI por grandes grupos de edad y sexo, según lugar de residencia*. Actualización realizada a diciembre de 2013. Lima: Reniec.

Reyna, Carlos
2010 "Cultura política y gobernabilidad en un espacio social". En Portocarrero, Gonzalo, Juan Carlos Ubilluz y Víctor Vich, eds., *Cultura política en el Perú: tradición democrática y democratización anómica* (pp. 185-206). Lima: Red para el Desarrollo de las Ciencias Sociales en el Perú.

Ruiz, Carlos
2008 "El enfoque multimétodo en la investigación social y educativa: una mirada desde el paradigma de la complejidad". En *Teré, Revista de Filosofía y Socio Política de la Educación*, 8 (4): 13-28.

Samudio, V.
2009 "Re-pensando la cultura política: una visión alternativa a los estudios de opinión pública desde los movimientos sociales de Colombia". Ponencia presentada en el II Congreso Latinoamericano de Opinión Pública, Lima.

Schwartz, Shalom
1994 "Are There Universals Aspects in the Structure and Contents of Human Values?". En *Journal of Social Issues*, 50: 19-45.

2003 "A Proposal for Measuring Value Orientations across Nations". En *Source Questionnaire Development Package* (capítulo 7). Londres: European Social Survey.

Schwartz, Shalom et ál.
2001 "Extending the Cross-cultural Validity of the Theory of Basic Human Values with a Different Method of Measurement". En *Journal of Cross Cultural Psychology*, 32 (5): 519-542.

Schwartz, Shalom y Tammy Rubel
2005 "Sex Differences in Value Priorities: Cross-cultural and Multimethod Studies". En *Journal of Personality and Social Psychology*, 89 (6): 1010-1028.

Schwartz, Shalom y Wolfgang Bilsky
1987 "Toward a Universal Psychological Structure of Human Values". En *Journal of Personality and Social Psychology*, 53 (3): 550-562.

Seligson, Mitchell A.
2002 "The Renaissance of Political Culture or the Renaissance of the Ecological Fallacy?". En *Comparative Politics*, 34 (3): 273-292.

STOKES, Susan
1989 *Política y conciencia popular en Lima: el caso de Independencia*. Lima: Instituto de Estudios Peruanos.

SUDARSKY, John
2007 "Del clientelismo a la nueva cultura política en Colombia. Perspectiva desde la medición del capital social". En Clark, Terry y Clemente Navarro, eds., *La nueva cultura política: tendencias globales y casos iberoamericanos* (pp. 275-310). Madrid: Miño y Dávila Editores.

SULLIVAN, John Lawrence, James PIERSON y George MARCUS
1982 *Political Tolerance and American Democracy*. Chicago: The University of Chicago Press.

TANAKA, Martín
2005 *Democracia sin partidos. Perú 2000-2005. Los problemas de representación y las propuestas de reforma política*. Lima: Instituto de Estudios Peruanos.

2007 *Cultura política democrática en el Perú*. Lima: Jurado Nacional de Elecciones.

2012 "El laberinto de la choledad". En *La República*, 16 de diciembre de 2012. Disponible en: <http://www.larepublica.pe/columnistas/virtu-e-fortuna/el-laberinto-de-la-choledad-16-12-2012>.

TANAKA, Martín (comp.)
1999 *El poder visto desde abajo. Democracia, educación y ciudadanía en espacios locales*. Lima: Instituto de Estudios Peruanos.

TANAKA, Martín y Patricia ZÁRATE
2002 *Valores democráticos y participación ciudadana en el Perú, 1998-2001*. Lima: Instituto de Estudios Peruanos.

TORCAL, Mariano y José Ramón MONTERO
2005 *Political Disaffection in Contemporary Democracies: Social Capital, Institutions and Politics*. Londres: Routledge.

TORRES, Alfredo
2010 *Opinión pública 1921-2021. Un viaje en el tiempo para descubrir cómo somos y qué queremos los peruanos*. Lima: Aguilar.

TORRES, Carlos
2010 "Las bases sociales y políticas del apoyo a la democracia en el Perú". En Meléndez, Carlos y Alberto Vergara, eds., *La iniciación de la política. El Perú político en perspectiva comparada*. (pp. 297-324). Lima: Fondo Editorial de la Pontificia Universidad Católica del Perú.

TUESTA, Fernando
1983 *Elecciones municipales: cifras y escenarios políticos*. Lima: Centro de Estudios y Promoción del Desarrollo.

2014a "La madre de todas las batallas electorales es en la plaza de Lima". En *La República*. Disponible en: <http://www.larepublica.pe/10-10-2014/la-madre-de-todas-las-batallas-electorales-es-en-la-plaza-de-lima>.

2014b "Un país escindido y fraccionado". En *La República*. Disponible en: <http://www.larepublica.pe/12-10-2014/un-pais-escindido-y-fraccionado>.

2017 "La reforma se aleja". En *Polítika*. Disponible en: <http://blog.pucp.edu.pe/blog/fernandotuesta/2017/06/09/la-reforma-se-aleja/>.

Valles, Miguel

2003 *Técnicas cualitativas de investigación social. Reflexión metodológica y práctica profesional*. Madrid: Editorial Síntesis.

Vega-Centeno, Imelda

1994 *Simbólica y política: Perú 1978-1993*. Lima: Fundación Friedrich Ebert.

Vergara, Alberto

2007 *Ni amnésicos ni irracionales. Las elecciones peruanas de 2006 en perspectiva histórica*. Lima: Solar Central de Proyectos.

Wedeen, Lisa

2002 "Conceptualizing Culture: Possibilities for Political Science". En *The American Political Science Review*, 96 (4): 713-728.

Weyland, Kurt

2001 "Clarifying a Contested Concept: Populism in the Study of Latin American Politics". En *Comparative Politics*, 34 (1): 1-22.

2002 "Limitations of Rational Choice Institutionalism for the study of Latin American Politics". En *Studies in Comparative Political Development*, 37 (1): 57-85.

2003 "Neopopulism and Neoliberalism in Latin America: Unexpected Affinities". Ponencia presentada en el panel: Neopopulism in Latin America: Conceptual and Theoretical Issues, XXIV International Congress, Latin American Studies Association. Dallas, 27-29 de marzo de 2003.

Wilson, Richard

2000 "The Many Voices of Political Culture: Assessing Different Approaches". En *World Politics*, 52 (2): 246-273.

Zapata, Antonio

2017 *La guerra senderista. Hablan los enemigos*. Lima: Taurus.

Zechmeister, Elizabeth y Margarita Corral

2010 "El variado significado de 'izquierda' y 'derecha' en América Latina". En *Perspectivas desde el Barómetro de las Américas: 2010*, 38: 1-10.

Made in United States
North Haven, CT
20 January 2026

87028918R00185